Gerhard Maier

# Wer zu mir kommt, den werde ich nicht abweisen

## Das Buch zur Jahreslosung 2022

SCM
R.Brockhaus

# SCM

### Stiftung Christliche Medien

SCM R.Brockhaus ist ein Imprint der SCM Verlagsgruppe, die zur Stiftung
Christliche Medien gehört, einer gemeinnützigen Stiftung, die sich für
die Förderung und Verbreitung christlicher Bücher, Zeitschriften,
Filme und Musik einsetzt.

© 2021 SCM R.Brockhaus in der SCM Verlagsgruppe GmbH
Max-Eyth-Straße 41 · 71088 Holzgerlingen
Internet: www.scm-brockhaus.de · E-Mail: info@scm-brockhaus.de

Soweit nicht anders angegeben, sind die Bibelverse folgender Ausgabe
entnommen:
Lutherbibel, revidiert 2017, © 2016 Deutsche Bibelgesellschaft, Stuttgart.

Weiter wurden verwendet:
Einheitsübersetzung der Heiligen Schrift,
© 2016 Katholische Bibelanstalt, Stuttgart. (EÜ)
Elberfelder Bibel 2006, © 2006 by SCM R.Brockhaus
in der SCM Verlagsgruppe GmbH Witten/Holzgerlingen. (ELB)

Umschlaggestaltung: Miriam Gamper-Brühl, Agentur 3Kreativ, Essen
Autorenfoto: © unbekannt
Satz: τ-lexιs, Heidelberg
Druck und Bindung: GGP Media GmbH, Pößneck
Gedruckt in Deutschland
ISBN 978-3-417-00005-4
Bestell-Nr. 227.000.005

# Inhalt

# Einführung

## Losung? Kein gewöhnlicher Name

Als ich das erste Mal so ein kleines Buch mit dem Titel »Losungen« in die Hand nahm, kam mir dieser Titel seltsam vor. »Losungen«: Passt so etwas überhaupt zu Christen? Ist für uns nicht der Plan Gottes maßgeblich? Aber »Losungen«? Das erinnerte mich fast an ein Würfelspiel. Und später erlebte ich heiße Diskussionen um Christen, die angeblich mit geschlossenen Augen so oft in die Bibel hineingriffen, bis sie auf ein Wort stießen, das ihnen zusagte.

Aber in allem Ernst: Wie geht man mit den Losungen, die die Herrnhuter Brüdergemeine herausgibt, richtig um? Und erst recht: Wie geht man mit der Jahreslosung um? Darauf müssen wir später noch einmal zurückkommen.

## Vielen Losungen bin ich begegnet

Manche Erinnerungen gehen über Jahrzehnte zurück. Beim Militär war eine Losung vor allem bei Nachtübungen wichtig. Wusste man sie nicht mehr, dann gab es Verwirrung, Zeitverlust, Ärger. Filme arbeiten gerne mit geheimen Losungen, deren Verlust im schlimmsten Fall sogar ein gewaltsames Ende bedeuten kann.

Es gibt eine wertvolle Sammlung »Geflügelte Worte – Der Zitatenschatz des deutschen Volks«, deren erste Auflage schon 1864 erschien, verfasst von dem Oberlehrer Georg Büchmann. Heute sind darin über 3500 Zitate enthalten: Losungen quer durch die halbe Weltliteratur, Oberflächliches, Tiefgründiges und Erstaunliches. Die lässig-oberflächliche Losung »Freut euch des Lebens« wurde einst schon von dem Zürcher Johann Martin Usteri (1763–1827) gebraucht und ist heute Teil des alltäglichen Sprachschatzes. Daneben finden sich Losungen, die eher aus der Tiefe des Herzens kommen, aber mit der Bibel nichts zu tun haben. So ist zum Beispiel Gottfried Kellers Losung typisch schweizerisch: »Achte jedes Mannes Vaterland, aber das deinige liebe.« Manches ist schon seltsam. Ausgerechnet aus dem Schauspiel »Maria und Magdalena«, das am 19. Oktober 1872 in Wien aufgeführt wurde, stammt das geflügelte Wort: »Bei Zigarren darf man ja den Preis sagen.«

Eine ganze Ebene tiefer geht es bei manchen Losungen historischer Persönlichkeiten. Ulrich von Hutten (1488–1523), ein Vorkämpfer der Reformation, überschrieb seine späteren Lebensjahre mit dem Wahlspruch »Ich hab's gewagt«. Berühmt geworden ist das lateinische Wort »Alea iacta est« (»Der Würfel ist gefallen«), das Cäsar im Jahre 49 vor Christus gebrauchte, als er den kleinen Fluss Rubicon überschritt und damit das Zeitalter der Cäsaren in Rom einleitete. Man könnte eine ganze Weltgeschichte im Spiegel von Losungen schreiben!

## Was mich besonders bewegte

Persönlich bewegt haben mich solche Losungen, die etwas von der Verbindung mit Gott und Jesus aufleuchten lassen. Die Welt um uns her ist voller Gotteserfahrungen, und man sollte sich nicht täuschen lassen von dem Chor der atheistischen Stimmen, der überall überlaut aufklingt.

Beim 109. Jahresfest der Evangelischen Karmelmission in Schorndorf durfte ich Bruder Werner Hähnel die Hand drücken. Zusammen mit seiner Frau Traudl war er zu diesem Jahresfest aus dem sächsischen Vogtland gekommen. Selbst zu DDR-Zeiten war er aktiv für die Karmelmission tätig, leitete unter anderem die Briefmarkensammelstelle. Nun ist er am 21. Juli 2020 heimgegangen. Sein Lieblingslied lautete:

> Jesus nur alleine
> sei mein Losungswort!
> Nein, von meinem Heiland
> geh ich nicht mehr fort![1]

Welche Entschiedenheit, welches Vertrauen, welch tiefe und zugleich schlichte Lebenserfahrung steckt in diesem kurzen Satz: »Jesus nur alleine sei mein Losungswort!« von Johann Daniel Feddersen (1836–1902). Manchmal will es mir doch schwer aufs Herz fallen, wenn ich mich umschaue und zunächst niemand entdecke, der mit mir ein solches Losungswort teilen würde.

Im Januar 2021 erhielt ich von einem Freund einen spannenden Brief. Zuerst war ich verwirrt. Ausgerechnet dieser Freund fing auch noch mit Corona an, dem Thema, mit dem man uns seit einem Jahr fast totschlug! Ich las: »Was habe ich also in einem Pandemiejahr gemacht? Nun, letztlich nichts anderes als in jedem anderen Jahr, das von meinem König souverän regiert wird: Das Angesicht Gottes beständig suchen und aus seiner Gnade leben.« Und dann schaute ich endlich auf die Überschrift, die über dem ganzen Briefbogen stand: »Jesus ist Sieger!«. Das also war die Losung, die mein Freund dem gesamten Jahr 2020 geben wollte! Und von diesem Moment an bekamen alle vier Briefseiten, die er schickte, ein ganz anderes Profil und einen ganz anderen Zuschnitt. Ich verstand: Die Losung »Jesus ist Sieger!« verwandelte alles. Es könnte sein, dass auch unsere Jahreslosung

> Die Losung »Jesus ist Sieger!« verwandelte alles. Es könnte sein, dass auch unsere Jahreslosung 2022 alles, was in diesem Jahr geschieht, in einem anderen Licht erscheinen lässt.

2022 alles, was in diesem Jahr geschieht, in einem anderen Licht erscheinen lässt.

Vieles, was in den Losungsbüchern der letzten Jahre stand, hakte sich ein, es wurde unversehens aus einer Tageslosung zu einer Art geistlichen Jahreslosung. So war es bei mir lange Zeit mit dem Lied von Benjamin Schmolck, dessen 3. Strophe sich immer wieder neu bewährte:

Unsre Wege wollen wir
nur in Jesu Namen gehen.
Geht uns dieser Leitstern für,
so wird alles wohl bestehen
und durch seinen Gnadenschein
alles voller Segen sein.[2]

Der rote Leitfaden all dieser Losungen, die unser Leben prägen, scheint zu sein, dass wir es mit Jesus zu tun haben.

Solche Erlebnisse habe ich nicht nur bei mir beobachtet. Als Philippus, unser Ältester, um die 16 Jahre alt war, begleitete er mich zu einem Besuch bei dem alten Bruder Binder. Letzterer war bald 100 Jahre alt. Ganz hinfällig lag er in seinem Bett und sagte zunächst nichts. Dann schaute er mit einem Mal Philippus mit sehr wachen Augen an und sagte unver-

Der rote Leitfaden all der Losungen, die unser Leben prägen, scheint zu sein, dass wir es mit Jesus zu tun haben.

mittelt den 9. Vers aus dem 119. Psalm: »Wie wird ein junger Mann seinen Weg unsträflich gehen? Wenn er sich hält an dein Wort.« Philippus hat diese Szene bis heute nicht vergessen. Psalm 119,9 ist für ihn eine Lebenslosung geworden, die ihn immer wieder gestärkt hat.

Tief einschneidend in unserem Leben wurde Jesaja 52,12. Das war die Tageslosung, als wir uns zum ersten Mal auf den Weg nach Baiersbronn machten. In diesem Frühjahr 1968 hatte die Landeskirche darum gebeten, dass ich meine Assistentur am neutestamentlichen Lehrstuhl von Professor D. Michel in Tübingen nicht verlängern, sondern stattdessen in den Kirchendienst gehen sollte. Aber wohin? Damals durfte man als Vikar Wünsche äußern, hatte also eine Art beschränktes Wahlrecht. Dem Personalreferenten, zu dem ich ein gutes Verhältnis hatte, sagte ich: »Auf keinen Fall Schwarzwald.« Er bat mich jedoch dringend, wenigstens eine Stelle im Schwarzwald anzusehen, wo gerade große Not herrschte. Am Morgen, als wir in den Schwarzwald aufbrachen, lasen wir folgende Losung aus Jesaja 52,12: »Der HERR wird vor euch herziehen und der Gott Israels euren Zug beschließen.« Das traf. Große Not dort, wo wir hinfuhren? Und wenn der HERR wirklich vor uns herzog? Mussten wir da nicht zusagen? Als wir ankamen, war der Pfarrer weg in einer Kur. Die Wohnung war bescheiden für uns als fünfköpfige Familie, aber sauber. Alles war schon vorbereitet. Es war eine Riesenstelle mit circa 5000 Gemeindegliedern, die es zu versehen galt. Wir schauten uns die Gemeinde an, wir erinnerten uns an die Losung – wir sagten zu. Damit begann eine Segensgeschichte, die bis heute andauert.

## Aber es sind doch nur Worte ...

In Goethes »Faust« sinniert der Doktor Faust über den Anfang des Johannesevangeliums. Er stockt schon bei den ersten Worten: »Im Anfang war das Wort.« Darüber kommt er nicht hinweg. Sein Urteil lautet: »Ich kann das Wort so hoch unmöglich schätzen. Ich muss es anders übersetzen.« Und dann kommt eine Überlegung nach der anderen. »Im Anfang war der Sinn« – »Im Anfang war die Kraft« – Nein! Am Ende schreibt er: »Im Anfang war die That!«

Ich denke, wir alle können ihn nur allzu gut verstehen. »Es sind doch nur Worte«, wird den Predigern und Missionaren immer wieder vorgehalten. »Wortlose Diakonie« war in meiner Ausbildungszeit das angestrebte Ziel vieler Christen. Wir sollten uns jedoch daran erinnern, dass es eine Kraft des Wortes gibt, aus der eine ganze Schöpfung hervorgegangen ist. Am Anfang des Schöpfungsberichtes in der Bibel steht nicht ein Werkstatt-Bericht aus der Schöpfungs-Werkstatt Gottes, sondern ganz simpel – im Hebräischen nur zwei Worte! – ein Wort Gottes:

»Und Gott sprach: Es werde Licht!« Die Folge: »Und es ward Licht« (1. Mose 1,3). Voller Staunen registriert später das Neue Testament: »Durch den Glauben erkennen wir, dass die Welt durch Gottes Wort geschaffen ist« (Hebräer 11,3).

## Von Gott geschenkte Worte

Zu den unzähligen Wohltaten unseres Lebens gehören auch die Worte, die uns als Abendmahlsworte, Konfirmandensprüche, Morgengrüße, Gruß-Postkarten und so weiter begleiten. Man muss nicht über jedes dieser Worte eine Andacht schreiben oder krampfhaft nachsinnen. Manches darf auch einfach kommen und gehen. Doch es gibt Tröstungen und Ermahnungen, die uns auf dem Weg mit Jesus befestigen. In zweitausend Jahren Christentum sind hier Erfahrungen entstanden, auf die in abgewandelter Weise die letzten Worte des Johannes-Evangeliums zutreffen: »… so würde, meine ich, die Welt die Bücher nicht fassen, die zu schreiben wären« (Johannes 21,25).

Vor Jahrzehnten konnten meine Frau und ich noch das alte Korea erleben. In den alten Vierteln der Hauptstadt Holzroste, auf denen man ging, die alten Gastmähler, eine tiefe Bibelgläubigkeit, geboren aus dem hundertjährigen Leiden der christlichen Gemeinde. Am Ende meiner Vorlesungen an der Hapdong-Hochschule gaben mir die Studierenden das

Wort aus 1. Korinther 15,58 mit: »Seid fest und un-
erschütterlich und nehmt immer zu in dem Werk des
Herrn, denn ihr wisst, dass eure Arbeit nicht vergeb-
lich ist in dem Herrn.« Wie oft hat mich dieses Wort
in den nachfolgenden schweren Jahren gestärkt! Ich
konnte fest davon ausgehen, dass Gottes Geist dafür
gesorgt hatte, dass ich exakt dieses Wort bekam.

Solche Begleitworte treten manchmal in selt-
samen Formen auf. Manchmal schlagen sie ein wie
der Blitz. Manchmal wirken sie erst ganz langsam,
wie ein wohldosiertes Medikament. Ich weiß nicht
mehr, in welchem Jahr das war – sicher Jahrzehnte
zurück –, da standen wir
vor der kleinen Kirche in **Worte aus der Bibel, die uns**
Ammelbruch bei Din- **begleiten, schlagen manchmal**
kelsbühl. Der Kunstfüh- **ein wie der Blitz, und manchmal**
rer enthielt einen Hin- **wirken sie erst ganz langsam, wie**
weis, dass es dort drin **ein wohldosiertes Medikament.**
einen kunstgeschichtlich
interessanten Gegenstand gab. Nun standen wir also
vor der Eingangstür und bemerkten über dieser Ein-
gangspforte ein Wort aus Jakobus 1,22: »Seid Täter
des Worts und nicht Hörer allein.« »Siehst du«, sagte
ich zu meiner Frau, »wenn sich ein Gottesdienstbe-
sucher auf dem Heimweg noch einmal umdreht und
zurückschaut, dann muss er diese Mahnung mitnehmen: Seid Täter des Worts!« »Das gilt auch für dich«,
antwortete meine Frau. Was ich darauf entgegnete,
weiß ich nicht mehr. Aber im Lauf vieler Jahre tauch-

ten immer wieder die Kirche von Ammelbruch und das Wort aus Jakobus 1 in meinem Gedächtnis auf. Ein solcher Begleiter ist mehr wert als einige Millionen Euro.

## Missverständnisse

Mehr als einmal habe ich es erlebt, dass Christen nach dem Lesen der Losung ganz geschlagen waren. Sie hatten ein Wort gelesen, das nach ihrer Meinung für den betreffenden Tag Unheil oder einen schweren Schicksalsschlag ankündigte, zum Beispiel Römer 8,28: »Wir wissen aber, dass denen, die Gott lieben, alle Dinge zum Besten dienen«, oder Jesaja 61,1-2: »Der HERR … hat mich gesandt … zu trösten alle Trauernden.« Es ist ja gut, wenn man die Losungen ganz persönlich nimmt. Aber unsere Losungen sind keine Orakel wie die heidnischen Orakel in Delphi oder die Sibyllengestalten, die im Chorgestühl des Ulmer Münsters abgebildet sind. Vielmehr lenken sie unsere Augen zu Gott hin, dem liebenden Vater, der alles wohl machen wird (Galater 4,6; Psalm 37,5). Gott kann uns durch solche Losungen sicherlich auch warnen. Aber wir sollten uns immer wieder daran erinnern, dass Gott sogar ein prophetisch angesagtes Unheil, wie das bei Hiskia (2. Könige 20,1-11) oder Jona (Jona 1 bis 4), wieder rückgängig machen kann.

Ein Missverständnis ist es auch, wenn man sich vornimmt, mal eben noch einen schnellen Blick ins Losungsbuch zu werfen. Schnell gelesen – schnell vergessen. Ich würde gegen das schnelle Vergessen eine Schreibausgabe der Losungen empfehlen. Dann tut es gut, auch an einem müden Abend noch mal ins Losungsbuch reinzuschauen und wenigstens eine kurze Anmerkung zur Tageslosung zu notieren.

Zu den Vorzügen des Losungsbuchs gehört es, dass es sehr geduldig ist. Wenn ich einige Tage oder sogar länger nicht reingeschaut habe, gibt es keine Verpflichtung, die übersprungenen Losungen noch mal aufzuschlagen und über jede gebührend nachzudenken. Gott begegnet mir mit jedem Tag neu.

Zu den unzähligen Wohltaten
unseres Lebens gehören
auch Bibelworte, die uns
als Abendmahlsworte,
Konfirmandensprüche,
Morgengrüße oder
Gruß-Postkarten begleiten.

# Wer spricht hier?

Unsere Jahreslosung formuliert sehr einfach: »Jesus Christus spricht«, und dann folgt Johannes 6,37 (EÜ): »Wer zu mir kommt, den werde ich nicht abweisen.« Die ersten Worte, »Jesus Christus spricht«, sind schlichtweg von Vers 35 zu Vers 37 hinübergezogen worden.

Wer ist Jesus Christus? Was weiß man von ihm? Es sind ganz grundlegende Fragen, in die uns die Jahreslosung 2022 hineinführt.

## Jesus hat tatsächlich gelebt und gepredigt

Auch wenn es keine Evangelien gäbe, kein Neues Testament, keine alte christliche Überlieferung, wüsste man dennoch, dass Jesus gelebt hat. Mehr noch: dass er eine bedeutende Gestalt der menschlichen Geschichte war.

**Wenn es keine Evangelien und keine christliche Überlieferung gäbe, wüsste man dennoch, dass Jesus gelebt hat und eine bedeutende Gestalt der Geschichte war.**

## Römische Geschichtsquellen

Das zeigt schon ein Blick in die römische Geschichts-schreibung. Dort, wo der berühmte römische Ge-schichtsschreiber Tacitus den Brand von Rom im Jahre 64 nach Christus behandelt, erwähnt er auch die Maßnahmen, die der damalige römische Kaiser Nero traf, um die Schuld von sich abzuwälzen:

> Nero gab denen, die wegen ihrer Schandtaten verhasst das Volk Christen nannte, die Schuld, und belegte sie mit den ausgesuchtesten Stra-fen. Der, von welchem dieser Name ausge-gangen, Christus, war unter der Regierung des Tiberius vom Prokurator Pontius Pilatus hingerichtet worden. Der für den Augenblick unterdrückte verderbliche Aberglaube brach nicht nur in Judäa, dem Vaterlande dieses Un-wesens, sondern auch in Rom ... wieder aus.[3]

Tacitus, der etwa von 55 bis 120 nach Christus lebte, nahm diese Sätze in seine Annalen auf und hinter-ließ uns damit einige interessante Nachrichten über Jesus Christus.

1. Jesus wurde am Ende seines Auftretens hingerich-tet, starb also keinen normalen, friedlichen Tod.
2. Diese Hinrichtung geschah unter dem Kaiser Ti-berius, der 14–37 nach Christus regierte, und der Statthalterschaft des Prokurators Pontius Pilatus, die von 26–36 nach Christus währte. Demnach

bleiben für die zeitliche Ansetzung des Kreuzestodes Jesu nur die Jahre 26–36.

3. Die Hinrichtung fand in dem von den Römern
   verwalteten Judäa statt.

4. Die Hinrichtung war die Folge eines römischen
   Strafprozesses.

5. Jesus wurde weder als politischer Aufrührer noch
   als Revolutionär noch als krimineller Straftäter
   hingerichtet, sondern als Urheber eines »verderb-
   lichen Aberglaubens«, das heißt als Haupt einer
   religiösen jüdischen Bewegung.

6. Seine Anhänger nannten sich »Christen«, abge-
   leitet von »Christus«, wie auch Jesus selber sich
   nannte.

Man kann nur staunen, dass ein solcher »Aberglau-
be« sogar in der Hauptstadt Rom 30 Jahre lang geduldet wurde, nämlich bis zum Stadtbrand im Jahre
64 nach Christus!

An einer Stelle verstärkt ein anderer römischer Geschichtsschreiber, nämlich Sueton (70–146
n. Chr.), die Angaben des Tacitus. In seinen Biogra-
phien »De viris illustribus« erwähnt er, dass es um
49/50 nach Christus in der Judenschaft Roms zu
schweren Kämpfen kam, und zwar wegen der Chris-
tusfrage. Das heutige Stadtviertel Trastevere muss
damals ein Pulverfass gewesen sein. Der amtierende
Kaiser Claudius (41–54 n. Chr.) sah keinen anderen
Ausweg mehr, als eine Anzahl Juden aus Rom zu

vertreiben. Damals kamen nach Apostelgeschichte 18,2 Aquila und Priszilla nach Korinth. Die Stelle bei Sueton lautet: »Judaeos impulsore Chresto assidue tumultantes Roma expulit«,[4] auf Deutsch: »Er vertrieb die Juden aus Rom, weil sie beständig Unruhen verursachten. Der Auslöser dieser Unruhen war Chrestus« (womit Christus gemeint ist).

### Jüdische Geschichtsquellen

Eine andere wichtige Geschichtsquelle ist der jüdische Talmud. Weil er nicht leicht zu lesen und in manchen Punkten auch nicht leicht zu entschlüsseln ist, wurde er lange unterschätzt. Notieren wir einige wichtige Stellen: Im babylonischen Traktat Sanhedrin wird gelehrt, dass man Jesus am Vorabend des Passafestes, das ist am Freitagnachmittag, gehängt habe, und zwar deshalb, weil er Zauberei getrieben und Israel verführt habe.[5] Hier wird die Verantwortung für die Hinrichtung Jesu von den jüdischen Stellen übernommen. Weitere Nachrichten, vor allem in den babylonischen Traktaten Schabbat und Sanhedrin, sind: Josef sei keinesfalls sein leiblicher Vater, Jesus sei in Ägypten gewesen und aus Ägypten ins Israelland zurückgekehrt, Jesus habe Wunder getan, die römische Regierung sei Jesus nahegestanden. An vielen Punkten unterstützt also der Talmud die Berichte der Evangelien. Besonders wichtig ist ein Ausspruch des berühmten Rabbi Jochanan ben Zakkai, eines Zeitgenossen von Paulus, über Jesus: »Anfangs war er Prophet, nachher wurde er Zauberer.«[6]

Noch ins 1. Jahrhundert nach Christus zurück führt uns ein Bericht des jüdischen Schriftstellers Josephus, der etwa von 37/38 bis 100 nach Christus lebte. In seinen »Jüdischen Altertümern«, die er in den Neunzigerjahren des ersten Jahrhunderts vollendete, findet sich auch ein kurzer Abschnitt über Jesus.[7] Aber wir können nicht mehr sagen, ob nicht ein späterer christlicher Herausgeber darin Veränderungen vornahm. Nur so viel steht offenbar fest: Josephus hielt es für wichtig und wertvoll, im Rahmen seiner jüdischen Geschichte auch Jesus zu erwähnen.

## Islamische Geschichtsquellen

Wie begegnete Mohammed Jesus? Mohammed standen drei Geschichtsquellen zur Verfügung.

1. Das Neue Testament. Wie weit er es, zum Beispiel in syrischer Übersetzung, benutzte, wissen wir nicht mit Sicherheit.
2. Die zum Teil mündlichen und außerbiblischen Überlieferungen der arabischen Christen. Man darf nicht vergessen, dass zu Mohammeds Zeiten noch ein Drittel Arabiens christlich war.
3. Seine persönlichen Verbindungen zu einzelnen Christen in Arabien, die einflussreicher waren als zum Teil angenommen. Jedenfalls ist Jesus nach Mohammed die zweitwichtigste Figur im Koran.

Was sagt der Koran über Jesus? Wir nennen hier nur einige Punkte:

1. Jesus wurde von der Jungfrau Maria geboren.
2. Jesus tat wirklich Wunder.
3. Jesus lebte in Israel und erlebte dort den Widerstand jüdischer Autoritäten.
4. Jesus war ein normaler Mensch und kein Gottessohn.
5. Mit äußerster Schärfe leugnet es schließlich der Koran, dass Jesus am Kreuz für uns gestorben sei: »Sie haben ihn aber nicht getötet und nicht gekreuzigt, sondern einen anderen, der ihm ähnlich war« (Sure 4,158).

Halten wir noch einmal fest: Selbst wenn es keine Evangelien gäbe und kein Neues Testament, wüssten wir dennoch, dass Jesus gelebt hat und dass er eine bedeutende Gestalt der Geschichte war.

»Und in keinem andern ist das Heil, auch ist kein andrer Name unter dem Himmel den Menschen gegeben, durch den wir sollen selig werden.«

Apostelgeschichte 4,12

## Wichtige Stationen seines Lebens
## vor der Kreuzigung

Das Geburtsjahr lässt sich über einen so langen Zeitraum hinweg noch erstaunlich genau erfassen. Eine große Hilfe ist dabei, dass wir über den Landesherrn, unter dem Jesus geboren wurde, relativ gut Bescheid wissen. Das war Herodes der Große, der von den Römern im Jahre 40 vor Christus als König der Juden eingesetzt wurde, und der im Jahre 4 vor Christus starb. Er ist der Schuldige am Kindermord von Bethlehem (Matthäus 2,16-18). Da Herodes eine zweijährige »Unschärfe-Frist« einkalkulierte, könnte Jesus eventuell schon 7 vor Christus geboren sein. Vorsichtshalber rechnet man mit der Zeitspanne 7 bis 5 vor Christus, innerhalb der Jesus geboren wurde.

Zu demselben Ergebnis kommt man, wenn man vom »Stern von Bethlehem« ausgeht. Unser schwäbischer Landsmann Johannes Kepler

**Der »Stern von Bethlehem« steht für einen König (Jupiter) und für die Juden (Saturn). So lautete auch die Inschrift auf dem Kreuz Jesu.**

machte 1604 erstmals den Vorschlag, den »Stern«, dem die Magier aus dem Osten folgten, mit Saturn und Jupiter zu verbinden, die im Jahre 7 vor Christus dreimal eng zusammen beim Sternbild der Fische gesehen wurden. Jupiter stand für einen König, Saturn für die Juden, die Sternkombination bedeutete also »König der Juden«. So lautete eigenartigerweise auch die Inschrifttafel auf dem Kreuz Jesu (Johannes 19,19).

Geboren wurde Jesus, wie vom Propheten Micha geweissagt, in Bethlehem (Micha 5,1; Matthäus 2,1; Lukas 2,4-7). Dadurch, dass Josef, der Mann der Maria, das Kind wie sein eigenes annahm, also zum juristisch verantwortlichen Vater wurde, wurde Jesus selbst ein Teil der davidischen Familie. Mit Recht wird er »Davids Sohn« genannt.

Das hatte tiefgreifende Folgen für sein Aufwachsen und seine Erziehung. Zunächst einmal herrschte in seiner Familie eine echte, tiefgehende Frömmigkeit. Nach den Vorschriften des Alten Testaments galt Josef als ein wahrhaftig »Gerechter« (Matthäus 1,19). Man hielt sich zum Beispiel an die Opfervorschriften (Lukas 2,22-24) und besuchte zusammen mit andern Festpilgern regelmäßig die Wallfahrtsfeste in Jerusalem. Als Jesus mit zwölf Jahren religionsmündig wurde, konnte er schon mit den Jerusalemer Schriftgelehrten tiefgründige Auslegungsfragen diskutieren (Lukas 2,41-49). Es war selbstverständlich, dass er die Synagoge und die Schule in seinem Heimatort besuchte. Das bedeutete: Er lernte nicht nur die Schriften des Alten Testaments kennen, sondern auch die Sprache, in der sie geschrieben waren, nämlich das Hebräische. So waren ihm sprachlich schon früh Aramäisch (die Heimatsprache in Galiläa) und Hebräisch vertraut. Das ist jedoch nicht alles. Vielmehr kann man mit guten Gründen vermuten, dass

Jesus von seiner Familie auch in die alten Überlieferungen der Davidsfamilie eingeführt wurde.

Ein weiterer Umstand, der für Jesu Denken und
Leben wohl von einiger Bedeutung war, wird im
Neuen Testament nur sehr zurückhaltend angesprochen. Das ist die Verbindung zu priesterlichen Kreisen in Israel. Woher kannte der Täufer Johannes, der
ja aus einer priesterlichen Familie stammte, diesen
Jesus, der zur Taufe kam (Matthäus 3,13-17)? Und gab
es nicht eine überraschende Beziehung zwischen der
alten Priesterfamilie des Zacharias und der Elisa-
beth und Maria, der Mutter Jesu (Lukas 1,5-56)? Liegt
eventuell auch in Johannes 18,16 eine Spur, die zeigt,
dass es Kontakte zwischen Jesus und dem priesterlichen Israel gab?

Jedenfalls liegt eine lange Zeit zwischen dem Bericht vom zwölfjährigen Jesus im Tempel und dem
Kommen Jesu zur Taufe am Jordan. Insgesamt sind
das gut zwanzig Jahre. Wie verlief Jesu Leben in diesen zwei Jahrzehnten? Eine Andeutung davon findet
sich dort, wo die Evangelien vom Besuch des schon
von Jüngern umgebenen Jesus in Nazareth berich-
ten. Die Evangelien halten fest, dass Jesus dort auf-
wuchs, dass er Josefs Sohn genannt wurde, dass seine
Mutter Maria hieß, dass nach ihm noch vier Brüder – nämlich Jakobus, Joses oder Josef, Simon und
Judas – und mindestens zwei Schwestern geboren
wurden, dass Josef »Zimmermann« oder »Baumeister« war (beides mit demselben griechischen Wort

bezeichnet), dass Jesus denselben Beruf ausübte, also wohl die Werkstatt des Vaters nach dessen Tod übernahm, und dass seine Familie damals immer noch in Nazareth wohnte. Solche Notizen finden sich in Matthäus 13,53-58; Markus 6,1-6; Lukas 4,16-30.

Daraus ergibt sich, dass Jesus rund zwei Jahrzehnte als verantwortlicher Handwerker arbeitete, eine Werkstatt leitete und sicherlich nicht nur in Nazareth, sondern auch in dessen Umgebung Arbeiten ausführte. Bei der Zweisprachigkeit Galiläas, das in der Bibel »Galiläa der Heiden« genannt wird (Jesaja 8,23; Matthäus 4,15), war es daher selbstverständlich, dass er genügend Griechisch sprach. Es braucht uns deshalb nicht zu wundern, dass er später auf Griechisch predigen und mit Pontius Pilatus auf Griechisch reden konnte (Johannes 12,20-36; 18,33-38). Was die soziale und ökonomische Situation betrifft, so können wir Jesus dem damaligen Mittelstand zurechnen.

## Jesu öffentliches Wirken bis zur Situation von Johannes 6

Jesu öffentliches Wirken beginnt mit seinem Anschluss an die Taufbewegung am Jordan. Aus den zeitlichen Angaben von Lukas 3,1-2 kann man schließen, dass Johannes der Täufer ungefähr um 27 nach Christus am Jordan zur Taufe aufrief. Jesus ließ sich demnach um das Jahr 27/28 selbst am Jordan taufen. Dort, in der Taufbewegung des Johannes, lernte er seine ersten Jünger kennen (Johannes 1,35-39). Wenig später begann er damit, den Kreis der Zwölf zu begründen (Matthäus 4,18-22; 10,1-4).

Man nennt die Anfangszeit Jesu den »Galiläischen Frühling«, denn ungeheuer war der Andrang der Menschen. Sie kamen aus Syrien, Galiläa, den Zehn Städten (Dekapolis im Ostjordanland), Jerusalem, Judäa, Peräa (»jenseits des Jordans«) und Idumäa. Ihr Vertrauen war unbeschreiblich. Denn er »heilte alle Krankheiten und Gebrechen im Volk« (Matthäus 4,23). Aber wichtiger noch als seine Wunderheilungen war seine Predigt. »Er lehrte … und predigte das Evangelium von dem Reich«: so haben die Evangelisten Jesu Predigttätigkeit zusammengefasst (Matthäus 4,23; siehe dazu auch Markus 1,14-15). Johannes der Täufer saß damals schon im Gefängnis. Viele seiner Jünger folgten jetzt Jesus nach, unter anderem Petrus, Andreas, Johannes, Jakobus, Philippus, Nathanael (der an anderer Stelle Bartholomäus genannt wird).

Wie schon angedeutet, lassen sich die Anfangsphasen des öffentlichen Wirkens Jesu durch die beiden Themen »Predigt« und »Wunder« zusammenfassen. Für das Thema »Predigt« steht exemplarisch die »Bergpredigt«. Für das Thema »Wunder« bilden alle Evangelien zumeist in der ersten Hälfte jeweils schwerpunktmäßig Kapitel. Danach dominieren die Auseinandersetzungen.

Wenden wir uns dem Johannesevangelium zu, aus dem unsere Jahreslosung 2022 genommen ist. Wir kommen mit Johannes 6 an eine Bruchstelle des Evangeliums. Eben noch speiste Jesus auf so wunderbare Weise 5000 Mann, dass zwölf Körbe übrig waren (Johannes 6,1-13). Eben noch wollten sie ihn offiziell zum König über Israel einsetzen (Johannes 6,14-15). Eben noch ging Jesus nach den Gottesverheißungen des Alten Testaments über das sturmgepeitschte Galiläische Meer (Johannes 6,16-21). Jetzt predigt er in der Synagoge von Kapernaum über das Brot des Lebens und erklärt, weshalb er selbst in seiner Person dieses Brot des Lebens ist (Johannes 6,22-59). In diesem Zusammenhang sagt Jesus auch die Worte: »Wer zu mir kommt, den werde ich nicht hinausstoßen« (Johannes 6,37). Da kommt es zum Bruch. Viele Juden murren in der Synagoge über ihn, viele streiten seinetwegen untereinander (Johannes 6,41.52). Am Ende spaltet sich auch die bisherige Jüngerschaft Jesu: »Von da an wandten sich viele seiner Jünger ab und gingen hinfort nicht mehr mit ihm« (Johannes 6,66).

Was Jesus selbst dort durchlitten hat, lässt sich nur ahnen.

# Was verspricht Jesus?

## Ein kleiner Stolperstein

Die Jahreslosung in unserem kleinen Buch lautet so einfach: »Wer zu mir kommt, den werde ich nicht abweisen.« Menschen aus unserer älteren Generation haben aber teilweise noch den Luthertext im Ohr: »Wer zu mir kommt, den werde ich nicht hinausstoßen.« Was ist nun richtig? Man stolpert als evangelischer Christ zunächst doch ein wenig.

Nach dem griechischen Urtext ist es ganz klar. Dort heißt es *ekbaloo,* auf Deutsch »ich werde hinauswerfen« oder »hinaustreiben«. In dieser Linie stehen dann auch die Lutherbibel (auch noch die Revision von 2017!), die Revidierte Elberfelder Bibel, die nordamerikanische Lutheran Study Bible und die katholische Benedikt-Bibel von 2007. Anders jedoch die katholische Einheitsübersetzung, die Neue Jerusalemer Bibel und von evangelischer Seite die BasisBibel, die Gute Nachricht und die Neue Genfer Übersetzung, die das »abweisen« vorziehen.

Lassen wir uns hier nicht zu lange aufhalten. Ich persönlich neige zu dem kräftigeren »hinausstoßen«, da es näher am Urtext steht.

## Ein riesiger Horizont

Man muss schon zweimal darüber nachdenken, um etwas von dem Horizont zu ahnen, den Jesus hier im Blick hat. Wer ist überhaupt angesprochen? Warum sagt Jesus nicht: »Jeder aufrichtige Israelit, der zu mir kommt, den werde ich nicht hinausstoßen«? Oder: »Jeder, der meine prophetische Botschaft fördern will und zu mir kommt, den werde ich nicht hinausstoßen«? Oder: »Alle, die Leid tragen und zu mir kommen, die werde ich nicht hinausstoßen«? Oder: »Alle Armen und Elenden dieser Erde, die zu mir kommen, die werde ich nicht hinausstoßen«?

Stattdessen formuliert Jesus viel weiter: Sein Einladungswort gilt der ganzen Welt! Ich kann mir vorstellen, dass unsere Jahreslosung in jede Missions- oder Evangelisations- **Jesu Einladungswort** Predigt hineinpasst. **gilt der ganzen Welt!**

## Was heißt: »Wer zu mir kommt«?

Das Thema »Kommen« ist ein zentraler Punkt aller Schriften des Neuen Testaments. Es gibt kein

Evangelium, in dem nicht von einem »Kommen zu Jesus« die Rede ist. Mehr noch: Auch viele andere Schriften des Neuen Testaments greifen dieses Thema auf. Sie alle aufzuführen, würde unseren Rahmen sprengen.

## Ist jeder Mensch frei zu kommen?

Nach vielen Vorträgen und auch nach dem Lesen bestimmter Bücher wird mir immer wieder folgende Frage gestellt: Kann denn jeder Mensch zu Jesus kommen? Oder können es nur bestimmte Menschen? Ein wenig theologischer ausgedrückt: Entscheidet hier nicht die Vorherbestimmung, die Prädestination? Wie viele Zeitalter, wie viele Ausleger haben sich mit dieser Frage herumgeschlagen!

Durch alle Zeitalter hindurch enthält die Bibel zwei Grundaussagen:

Erstens: Das Gesamtgeschehen, unsere ganze menschliche Geschichte, verläuft nach Gottes Plan, ist also vorherbestimmt.

Zweitens: Die menschliche Entscheidung Gott gegenüber, unser Ja oder Nein zu Gott, ist aber eine Sache freier Willensentscheidung. Hier gibt es keinen göttlichen Zwang.

Nun ein kurzer Gang durch die Zeiten und Antworten der Bibel:

Das Gesamtgeschehen, unsere ganze menschliche Geschichte, verläuft nach Gottes Plan, ist also vorherbestimmt. Die menschliche Entscheidung Gott gegenüber, unser Ja oder Nein zu Gott, ist aber eine Sache freier Willensentscheidung. Hier gibt es keinen göttlichen Zwang.

## Die Mosebücher

Erstaunlicherweise treffen wir schon am Anfang der Geschichte Israels wegweisende Aussagen zu der Frage, ob jeder Mensch zu Gott kommen kann: »Siehe, ich lege dir heute das Leben und das Gute vor, den Tod und das Böse. ... Ich habe euch Leben und Tod, Segen und Fluch vorgelegt, dass du das Leben erwählst« (5. Mose 30,15.19). Der Mensch darf, ja er soll sogar wählen, ob er zu Gott kommen will.

## Die Propheten

Wir nehmen als Beispiel Hesekiel 18,23, also eine Prophetie aus dem 6. Jahrhundert vor Christus: »Meinst du, dass ich Gefallen habe am Tode des Gottlosen, spricht Gott der HERR, und nicht vielmehr daran, dass er sich bekehrt von seinen Wegen und am Leben bleibt?«

Wieder ist uns klar: In der Antwort auf Gottes Botschaft darf – ja muss! – der Mensch wählen zwischen Annahme und Ablehnung.

## Zwischen Altem und Neuem Testament

Eine der größten Krisen, die Israel durchgemacht hat, war die Begegnung mit der glänzenden griechischen Kultur. Griechisch war Weltsprache – unser Neues Testament ist griechisch geschrieben! –, griechische Weisheit (1. Korinther 1,22) und griechische Philosophie herrschten im Orient und im Okzident, darüber hinaus stand das Israelland erst unter der Herrschaft der ägyptisch-griechischen (seit 320 v. Chr.), dann unter der Herrschaft der syrisch-griechischen Könige (seit 200 v. Chr.). Wie sollte der kleine jüdische Kulturkreis mit dem Glanz einer fast universalen griechischen Kultur konkurrieren? Als die Assimilierung auch noch militärisch-gewaltsam betrieben wurde, schienen jüdisches Leben und jüdischer Glaube an ihr Ende gekommen zu sein. Man lese hierzu das 1. und 2. Makkabäerbuch. In dieser fast hoffnungslosen Zeit versuchten jüdische Lehrer, das überkommene Gesetz der Väter und die Aussagen der Heiligen Schrift aufrechtzuerhalten. Ein Zeugnis dieses Ringens ist das Sirachbuch. Interessanterweise wird dort gerade auch die Freiheit der menschlichen Willensentscheidung im Verhältnis zu Gott betont und jede Prädestination in unserem Verhältnis zu Gott abgelehnt:

> Du darfst nicht sagen: »Bin ich abtrünnig geworden, so hat's der HERR getan.« Denn was Gott hasst, das tut er nicht. Du darfst nicht sagen: »Er selbst hat mich verführt.« Denn er braucht keinen Frevler. ... Er hat im Anfang den Menschen geschaffen und ihm die Wahl gelassen: Wenn du willst, so kannst du die Gebote halten und in rechter Treue tun, was ihm gefällt. Er hat dich vor Feuer und Wasser gestellt: Wähle, was du willst! Der Mensch hat vor sich Leben und Tod; was er wählt, wird ihm gegeben werden.
>
> *Sirach 15,11-17*

## Die pharisäischen Lehrer zur Zeit Jesu

Auch bei den Pharisäern gibt es eine ganz klare Linie, die sich an Mose, die Propheten und die Lehrer zwischen Altem und Neuem Testament anschließt.

In dem babylonischen Talmud-Traktat *Pirke Abot* (»Sprüche der Väter«) lesen wir: »Alles wird beobachtet, und die freie Wahl ist gegeben.«[8] Mit »beobachten« wird zum Ausdruck gebracht, dass Gott alles regiert und durch seine Vorherbestimmung beherrscht. Aber »freie Wahl« ist insofern gegeben, als der Mensch sich für oder gegen Gott frei und ohne Zwang entscheiden kann.

> **Der Mensch kann sich in einer freien Wahl ohne Zwang für oder gegen Gott entscheiden.**

## Und Jesus selbst?

Kurz vor der Kreuzigung hinterließ Jesus seinen Jüngern die Anweisung: »Auf dem Stuhl des Mose sitzen die Schriftgelehrten und die Pharisäer. Alles nun, was sie euch sagen, das tut und haltet« (Matthäus 23,2-3). Dieses Einverständnis mit den pharisäischen Lehrern betrifft auch – nicht nur! – die Frage von Willensfreiheit und Prädestination. Wie ernst es Jesus damit meinte, zeigt Matthäus 23,37: »Jerusalem, Jerusalem ... Wie oft habe ich deine Kinder versammeln wollen, wie eine Henne ihre Küken versammelt unter ihre Flügel; und ihr habt nicht gewollt!« Jesus lehrt also, dass wir zu Gott kommen können, wenn wir es nur wirklich wollen. Das sehen wir auch am

Schluss der Bibel. Unsere Bibel endet mit der Einladung des auferstandenen Jesus: »Und wen dürstet, der komme; wer da will, der nehme das Wasser des Lebens umsonst« (Offenbarung 22,17).

## Fazit: Der Himmel öffnet sich für uns

Wir kehren zurück zu unserer Ausgangsfrage: Wer kann zu Jesus kommen? Die Antwort lautet aufgrund der Heiligen Schrift von Mose bis Jesus: Jeder, der will. Eine Vorherbestimmung gibt es in diesem Punkt nicht.

Damit entfaltet die einfache Wendung »zu Jesus kommen« eine unerhörte Kraft. Sie hat nichts Lähmendes, nichts Abschreckendes an sich, wie es der Fall wäre, wenn es in dieser Hinsicht eine Prädestination gäbe. Im Gegenteil: Man sieht die weit geöffneten Arme Jesu und des Vaters vor sich, etwa so, wie der Vater in Lukas 15,20 beschrieben wird. Manfred Siebald drückt es in einem Lied so aus: »Jesus, zu dir kann ich so kommen, wie ich bin.«

Viele Lieder im Gesangbuch rufen ebenfalls zum Kommen zu Jesus auf: Paul Gerhardts Weihnachtslied von 1666: »Kommt und lasst uns Christus ehren, Herz und Sinne zu ihm kehren« oder Ernst Moritz Arndts Abendmahlslied von 1819: »Kommt her, ihr seid geladen« oder Gerhard Tersteegens Nachfolgelied von 1738: »Kommt, Kinder, lasst uns gehen, der Abend kommt herbei«.

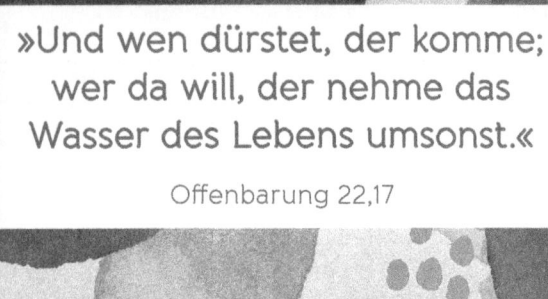

»Und wen dürstet, der komme;
wer da will, der nehme das
Wasser des Lebens umsonst.«

Offenbarung 22,17

Längst vor unseren Gesangbuchliedern rufen schon die Kirchenväter zum Kommen zu Jesus auf. Im 2. Jahrhundert nach Christus ist es vor allem der aus der Johannes-Schule stammende Irenäus, der ein ganzes Kapitel über den freien Willen des Menschen schreibt[9] und der uns herzlich einlädt: »Für uns also hat der Herr alles so eingerichtet, damit wir ... in aller Liebe zu ihm verharren.« Und Augustinus (354–430 n. Chr.) betont eindringlich: »Gott liebt jeden Einzelnen von uns so, als gäbe es außer uns niemand, dem er seine Liebe schenken könnte.«

## Doch was bremst uns, zu Jesus zu kommen?

Sobald wir darüber nachdenken, erhebt sich eine Mauer nach der anderen. Ich hätte nie gedacht, dass da so viel im Wege steht.

### »Ich bin nicht gut genug«

Zunehmend begegnet mir gerade bei älteren Glaubensgeschwistern eine Haltung der Angst, nicht gut oder nicht fromm genug zu sein. Man denkt, der Bruder oder die Schwester seien gereifte Christen. Nun tut sich stattdessen ein Abgrund auf. »Ich habe noch so viele Sünden an mir«, sagen manche. Man könnte antworten: »Gut, wenn du das weißt – oder haben wir je etwas anderes gelernt?« Der alt gewordene Paulus schreibt:

> Mir, der ich das Gute tun will, hängt das Böse an. Denn ich habe Freude an Gottes Gesetz nach dem inwendigen Menschen. Ich sehe aber ein anderes Gesetz in meinen Gliedern, das widerstreitet dem Gesetz in meinem Verstand und hält mich gefangen im Gesetz der Sünde, das in meinen Gliedern ist.
>
> *Römer 7,21-23*

Und was er hier im Römerbrief schreibt, hat er ganz ähnlich schon im Galaterbrief geschrieben: »Denn das Fleisch begehrt auf gegen den Geist und der Geist gegen das Fleisch; die sind gegeneinander, sodass ihr nicht tut, was ihr wollt« (Galater 5,17). Wollen wir Paulus zum Lügner machen und sagen, es sei bei uns nicht so? Martin Luther hat die Verhältnisse im Christenleben kurz und richtig auf die Formel gebracht: »Gerecht und Sünder zugleich.« Allerdings kommt es darauf an, wer in unserem Leben auf dem Thron sitzt: Jesus oder das Ich. Wenn Jesus auf dem Thron sitzt, trägt er mich am Ende durch alles hindurch (Galater 2,20; Jesaja 46,4).

**Wenn Jesus auf dem Thron meines Lebens sitzt, trägt er mich am Ende durch alles hindurch.**

Umso notwendiger, umso hilfreicher ist das Kommen zu Jesus gerade dann, wenn ich meine: »Ich bin nicht gut genug, ich bin nicht fromm genug.«

## Leid und Krankheit

Oft ist es eine Mauer des Leidens, die sich zwischen uns und Jesus schieben will. Einer unserer Prediger hat einmal auf ein Wort des Arztes und Naturforschers Paracelsus, eines Zeitgenossen Luthers, hingewiesen, der sagte: »Jede Krankheit ist eine persönliche Angelegenheit zwischen Gott und dem Einzelnen.« Was bin ich heute noch meinem Seelsorger Paul Müller dankbar, der wirklich trösten konnte und der das wunderbare Buch schrieb: »Unter Leiden prägt der Meister«. Er war mit 28 unheilbar krank geworden, war seither an den Rollstuhl gefesselt und musste sich hauptsächlich von Weizenkeimen ernähren, war aber ganz von Jesus und seinem Geist erfüllt! Es kann für jeden von uns wahr werden, was Paul Müller in seinem Buch schreibt und was der schwer kranke Prälat Dr. Karl Hartenstein sagte:

> Das Leiden ist tief hineingeordnet in unseren gesamten Lebensweg, in unser ganzes Lebensschicksal. Seine Zeit, seine Tiefen und seine Gnaden sind ein Teil und vielleicht der wichtigste Teil der geheimen Geschichte, die Gott mit jedem Einzelnen hat.[10]

Und gerade in diese Geschichte, die wir während des Leidens mit unserem Gott haben, gehört die Einladung Jesu hinein: »Wer zu mir kommt, den werde ich nicht hinausstoßen.« Das heißt für jeden Leidenden unter uns: »... um den werde ich mich annehmen.« Vielleicht hilft uns die Erinnerung daran, dass sowohl Paulus als auch Timotheus unheilbare Krankheiten hatten (2. Korinther 12,7-10; 1. Timotheus 5,23). Und weil die Bücher von Dr. Paul Müller heute wohl vergriffen sind, notiere ich aus einem anderen seiner Bücher – »Nimm mir, was mich quält – gib mir, was noch fehlt!« –, was er dort als Sinn unserer Krankheiten nennt: Leiden als Ruf in die Nachfolge Jesu; Leiden zur Läuterung und Erziehung; Leiden zur Bewährung; Leiden zur Bewahrung; Leiden zur Verherrlichung Gottes; Leiden um Jesu willen. Noch einmal können wir festhalten: Gerade Leidende sind dazu eingeladen, zu Jesus zu kommen. Zu den Erfahrungen Karl Hartensteins in seiner Leidenszeit gehört es sogar, dass »Christus die Seele eines Menschen mit der Seligkeit und Süßigkeit seiner vergebenden Gnade ... zu erfüllen vermag.«

Als Student und Assistent an einem neutestamentlichen Lehrstuhl versuchte ich zu lernen, wie man Krankenbesuche macht. Es schien mir so schwierig, Kranke zu trösten. In unserem Ort am Albrand bei Reutlingen besuchte ich deshalb immer wieder einen Schwerkranken. Er konnte nicht einmal mehr den Löffel zum Mund führen. Reden konnte er nicht mehr. Nur wenige Laute ließen ahnen, ob er Ja oder Nein sagen oder etwas haben wollte. Zog ich dann ein Glaubensbuch hervor, dann nickte er heftig. Die Augen blieben eine halbe Stunde aufmerksam. Ich durfte erst aufstehen, wenn wir gebetet hatten. Schweren Herzens läutete ich am Haus, wenn ich kam. Aber ich selbst war getröstet, wenn ich wieder ging. Dieser Schwerkranke blieb mir fürs ganze Leben ein unvergesslicher Tröster. »Wer zu mir kommt«: Wir ahnen kaum, welche Dimensionen in diesem Wort Jesu liegen.

## Sorgen

Oft ist es ein Meer von Sorgen, was uns bremst. Welle um Welle zerstreut uns, versetzt uns aufs Neue in Unruhe, treibt uns wieder weg von Jesus. Nirgendwo bin ich beim Versuch der Seelsorge so kläglich gescheitert wie bei den Sorgen. Man betet, der Himmel ist strahlend wie an einem Frühlingstag und keine Wolke steht am Himmel. Aber am nächsten Tag ist der Himmel wieder eingetrübt, und die Wolken der Sorgen ziehen sich zusammen.

Kein Wunder, dass uns die Bibel mit so vielen Worten in unserem Sorgen-Alltag begleitet. Und fast alle diese Worte sind Praxis-Anweisungen. Das gewichtigste Bibelwort zu dem Thema ist ein Wort Jesu: »Sorget nicht um euer Leben«: So beginnt einer der größten Abschnitte der Bergpredigt (Matthäus 6,25). Jesus fährt fort: nicht um Nahrung, nicht um Kleidung, nicht um eure Lebensdauer. Er fasst diesen Abschnitt zusammen in einen Seelsorge-Ratschlag, der uns zeitlebens zu denken gibt: »Darum sorgt nicht für morgen, denn der morgige Tag wird für das Seine sorgen. Es ist genug, dass jeder Tag seine eigene Plage hat« (Matthäus 6,34). Wer will, kann Matthäus 13,22, eine Stelle aus dem Sämanns-Gleichnis, damit vergleichen. Unser kritischer Kopf fragt zurück: Was bietest du dann anstelle der Sorgen an? Antwort: Gerade das, was einen nachdenklichen Kopf im Vertrauen festigen kann, nämlich die Beobachtung der Güte Gottes in der Schöpfung. Keine Seelenmassage, kein Moralisieren! Stattdessen:

**Die Beobachtung der Güte Gottes in der Schöpfung kann das Vertrauen in Gott festigen.**

Seht euch um! Die Vögel unter dem Himmel – der Vater im Himmel ernährt sie ohne alles Sorgen. Die unendlich vielen Lilien auf dem Feld – der Vater im Himmel macht sie schöner als Salomos Kleider. Und dann so typisch für Jesus: Zieht eure Schlüsse, eure Konsequenzen! Kommt zu diesem Vater im Himmel! Und jetzt ganz aktuell wieder in unserer Jahreslosung: Kommt zu mir!

Wenn wir unsere Sorgen nicht nur *ab*geben, sondern *über*geben in Jesu Hand, zeigen wir damit ein kindliches und herzliches Vertrauen mit Kopf und Herz. Dazu gehört auch, dass wir darum beten, dass wir die Sorgen nicht wieder aufnehmen und weiterführen müssen. Petrus hat das sehr zentral erfasst, wenn er in 1. Petrus 5,7 schreibt: »Alle eure Sorge werft auf ihn; denn er sorgt für euch. Und ganz nahe neben ihm ist Jakobus, der seinen Mitchristen schreibt: Man bitte im Glauben und zweifle nicht; denn wer zweifelt, der gleicht einer Meereswoge, die vom Winde getrieben und aufgepeitscht wird« (Jakobus 1,6). Abgeben an Jesus: Manchmal schon habe ich fast niedergeschlagen gedacht: Gibt es denn so wenig Christen, die abgeben können? Haben wir es zu wenig geübt?

Zahlreiche Lieder, die man täglich beten kann, helfen uns dabei: von Gottfried Arnold, Johann Albrecht Bengel, Paul Gerhardt, Philipp Friedrich Hiller, Gerhard Tersteegen und anderen. Ein schönes Beispiel ist das folgende Lied von Philipp Friedrich Hiller (1699–1769):

> Es sorge, wer nicht traut!
> Mir soll genügen: wovor mir
> jetzt noch graut,
> das wird Gott fügen.
> Er weiß, was nötig sei,
> so mag er sorgen;
> Mir ist des Vaters Treu
> auch nicht verborgen.
>
> Es zage, wer nicht hofft!
> Ich will mich fassen;
> Er hat mich's schon so oft
> erfahren lassen:
> Er hört Gebet in Not,
> wann sie am größten,

sein Geist kann auch im Tod
mit Jesus trösten.

So wein ich, wenn ich wein,
doch noch mit Loben;
das Loben schickt sich fein
zu solchen Proben.
Man kann den Kummer sich
vom Herzen singen.
Nur Jesus freuet mich.
Dort wird es klingen.[11]

Ein Stichwort darf hier nicht fehlen: die Dankbarkeit. Sehe ich es recht, dann gibt es ein gewisses geistliches Grundgesetz: Wo viel Dankbarkeit ist, da gibt es weniger Sorgen.

## Die Hetze unserer Tage

Ein häufig übersehenes Hindernis ist die Unruhe, die Hetzjagd unserer Tage. Ich kann mir vorstellen, dass ein viel beschäftigter Handwerker oder mittelständischer Unternehmer aus Kapernaum sich mit viel Mühe losgeeist hat, um an einer der Buchten am See Genezareth die Predigt Jesu anzuhören. Er steht etwas weiter hinten. Da tippt ihm jemand auf die Schulter: »Komm rasch zurück! Da sind ein paar Leute mit Geld! Das gibt ein Bombengeschäft!« Und der Angesprochene geht zurück, er kann ein solches Geschäft nicht versäumen. Zu Jesus kommen? – Geht jetzt nicht!

Es ist ein geistliches Grundgesetz: Wo viel Dankbarkeit ist, da gibt es weniger Sorgen.

Es geht jetzt nicht – ist das nicht eine Grundmelodie unseres Lebens? Vielfach ist es nicht eiskalte Ablehnung, die Jesus entgegenschlägt. Meiner Beobachtung nach ist es vielmehr die ununterbrochene Unruhe, das Im-Augenblick-einfach-keine-Zeit-Haben, was viele Menschen davon abhält, zu Jesus zu kommen. Und der Teufel heizt diese Hetzjagd an. Die sogenannte Corona-Krise ist ein schlagendes Beispiel: Wo stecke ich mich womöglich an? Wie kann ich mich schützen? Wann kommt die nächste Welle? Wird die nächste Mutation noch gefährlicher sein? Kann ich überhaupt noch unter Menschen gehen? Und keiner, auch keine Regierung, weiß, wie es in drei, vier Wochen weitergehen soll.

Was demgegenüber inmitten der Trümmer des Dreißigjährigen Krieges die Ruhe bedeutet, die Jesus den Seinen schenkt, spürt man den Versen von Paul Gerhardt ab, die er 1653 verfasst hat:

Hat er dich nicht von Jugend auf
versorget und ernährt?
Wie manches schweren Unglücks Lauf
hat er zurückgekehrt!

Er hat noch niemals was versehn
in seinem Regiment,
nein, was er tut und lässt geschehn,
das nimmt ein gutes End.[12]

## Ein unguter Blick auf andere Menschen

Im Masai-Mara-Wildpark in Kenia bekamen wir vor vielen Jahren das Frühstück im Freien serviert. Gegen Ende, wenn schon die meisten Gäste ihre Tische verlassen hatten, stürmte regelmäßig eine halbwilde Affenherde auf die Tische, um sich's an den Frühstücksresten wohlgehen zu lassen. Kamen sie an unseren Tisch, so brauchte ich nur rasch den Arm zu heben, und die ganze Affenbande stob davon. Ist es nicht ähnlich mit der Furcht vor anderen Menschen? Da braucht nur einer das Gesicht zu verziehen, nur einer etwas halblaut zu murmeln oder vielleicht jemand eine spöttische Bemerkung zu machen, und unser Vorsatz, einen Glaubensschritt zu wagen oder auch nur einen Glaubenssatz zu sagen, ist dahin.

Zu Jesus kommen? Ich habe es erlebt, dass Menschen sagten: »Solange der (oder die) in der Kirche sitzt, gehe ich nicht hinein.« Der Schatten eines anderen Menschen kann für uns so groß sein, dass er uns Jesus verdunkelt.

## Was bedeutet »zu mir«?

Ich denke, das fällt allen Leserinnen und Lesern unserer Jahreslosung auf, dass Jesus sehr betont formuliert: »Wer *zu mir* kommt …«

Warum sagt er nicht: »Wer zu Gott kommt …«? Oder: »Wer in unsere Gemeinde kommt …«? Warum ist die Person Jesu so wichtig?

Halten wir zuerst fest: Jesus schließt es tatsächlich aus, dass andere Heilsbringer oder gar andere Heilsgötter uns zum lebendigen Gott, dem Vater im Himmel, und ins ewige Leben bringen können.

**Jesus schließt aus, dass andere Heilsbringer uns zum lebendigen Gott bringen können.**

### Die falschen Messiasse

Schon zur Zeit Jesu traten falsche Messiasse auf. Allein das Neue Testament nennt uns drei Namen: Theudas, Judas der Galiläer und »der Ägypter« (Apostelgeschichte 5,36-37; 21,38). Vor ihnen warnte sogar der kluge Gamaliel, der einer der Lehrer von Paulus war (Apostelgeschichte 22,3; 5,34-37). Gehörte sogar der Samaritaner Simon, dessen Denkmal auf der Tiber-Insel stand, in diese Reihe (Apostelgeschichte 8,9-13)? Jesus nahm diese Verführer sehr genau wahr und warnte immer wieder vor ihnen (Johannes 10,1-15; Matthäus 24,5.11.23.24).

Erstaunlicherweise setzte sich die Reihe falscher Messiasse auch nach der Zeit Jesu und der Apostel fort. Einer der Bekanntesten ist Bar Kochba, der »Sternensohn«, der sich nach 4. Mose 24,17 so nannte. Er führte den zweiten jüdischen Krieg gegen Rom an (132–135 n.Chr.) und wurde nach heldenhaftem Kampf im Jahr 135 getötet. Der hoch-berühmte Rabbi Akiba, der ihn unterstützte, kam ebenfalls 135 unter grauenhaften Martern um. Ganz anders verlief das Leben von Schabbtai Zwi aus Smyrna, der sich am 31. Mai 1665 selbst zum Messi-as Israels proklamierte. Als ihn die Türken 1666 ge-fangen nahmen und vor die Wahl stellten, entweder zu sterben oder Moslem zu werden, trat Schabbtai Zwi zum Islam über.

## Viele haben den Anspruch, Heilsbringer der Menschen zu sein

Es sind zu viele, die sich als Heilsbringer der Men-schen präsentieren, als dass man sie alle aufführen könnte. Indische Gurus, tibetanische Religionsfüh-rer, schamanistische Zauberer – alles blüht in unse-rer Zeit. Wie viele Europäer sind schon nach Indien aufgebrochen, um dort das Heil zu finden!

Nicht alles kommt freilich religiös daher. Auch die Verehrung von Marx, Lenin oder Mao Tse-tung kann messianische Züge annehmen.

## »Zu mir« ist hochaktuell in der heutigen Zeit der Religionsvermischung!

Wie oft hört man den oberflächlichen Satz: »Ver-schiedene Religionen können einander bereichern.« Inwiefern eigentlich? Muss da wirklich neben Jesus noch ein anderer »Religionsstifter« stehen, der mir Erfahrungen und Einsichten bringt, die ich vermissen würde, wenn ich nur Jesus hätte?

Ein anderer heute beliebter Satz lautet: »Wir glauben doch alle an denselben Gott.« Man kann als Christ jedoch nicht annehmen, dass der Koran »denselben Gott« verkündigt wie die christlichen Prediger und Missionare und erst recht das Neue Testament. Dazu nur wenige Beispiele. Der Koran sagt: »Vor Allah ist Jesus Adam gleich« (Sure 3,60). Das Neue Testament aber sagt: »... durch die Sünde des Einen« (Adam) ist »die Verdammnis über alle Menschen gekommen, aber durch die Gerechtigkeit des Einen« (Jesus als zweiter Adam) »für alle Menschen die Rechtfertigung ..., die zum Leben führt« (Römer 5,18). Verdammnis durch Adam, Heil durch Jesus: Wie kann ein solch völliger Gegensatz durch die Aussage verdeckt werden, Jesus sei »Adam gleich«? Tiefer noch geht es bei der Beurteilung des Kreuzestodes Jesu. Für uns Christen geschieht durch seinen Kreuzestod unsere umfassende Erlösung: »In ihm haben wir die Erlösung durch sein Blut, die Vergebung der Sünden« (Epheser 1,7). Der Koran aber behauptet ohne jede geschichtliche Überlieferung: »Sie haben ihn nicht getötet und nicht gekreuzigt, sondern einen anderen, der ihm ähnlich war« (Sure 4,158). Wie kann man da von einem »Glauben an den gleichen Gott« sprechen?

Ein drittes Beispiel ist die Gottessohnschaft Jesu und die Dreieinigkeit Gottes. Auf die Frage im Prozess: »Bist du Christus, der Sohn des Hochgelobten (gemeint ist Gott)?«, antwortet Jesus: »Ich bin's« (Markus 14,61-62). Aber dieser Aussage, die Jesus selbst gemacht hat, widerspricht der Koran völlig. Eine der vielen Ablehnungen steht in Sure 19,36, wo es heißt: »Es ziemt sich nicht für Allah, dass er einen Sohn hätte.« Wie kann man bei solchen direkten Widersprüchen zwischen Koran und Neuem Testament behaupten, wir würden an denselben Gott glauben?

## Jesu Versprechen

Am Anfang dieses Kapitels haben wir uns gefragt, was Jesus verspricht. Im griechischen Urtext sind es nur vier Worte, im deutschen Jahreslosungstext nur fünf, die das Versprechen Jesu enthalten: »den werde ich nicht hinausstoßen«.

### Sein Versprechen: Aufnahme in die Jüngerschaft

Es bleibt eine der eindrucksvollsten Seiten der Evangelienberichte, dass Jesus keine Elite gesammelt hat. Wie viele verschiedene Herkunftsorte und wie viele verschiedene Lebensläufe sehen wir schon bei den zwölf Aposteln! Kapernaum, Betsaida, Kerijot als Herkunftsorte, Fischer, Zöllner, Zelot als Berufslaufbahnen, manche aus der Bußbewegung am Jordan stammend (Petrus, Andreas, Johannes, Jakobus, Philippus), einer

aus den von den frommen Juden verachteten Zöllner-
kreisen (Matthäus), einer aus der Aufstandsbewegung
der Zeloten (Simon Zelotes, Lukas 6,15) – wahrhaftig,
die Zwölf kommen aus allen Schichten.

Und das Bild wird erst recht bunt, wenn man auf
die Gesamtheit der Jüngerschaft schaut: Da sind solche aus der Gegend von El Kursi (früher Gergesa) am
Ostufer des Sees Genezareth (Matthäus 8,28-34), da
sind Samaritaner (Johannes 4,39-42; Lukas 17,16), da
sind Menschen aus Phönizien und Syrien (Matthäus 15,21-28), da sind Jerusalemer (Matthäus 26,18), außerdem Menschen aus der Umgebung von Jerusalem
(Matthäus 26,6) und Menschen aus dem Ostjordanland (Matthäus 19,1), dazu unzählige Galiläer – und
wer weiß, wie viele Gläubige aus der griechischen
Diaspora (Johannes 12,20)?

»Den werde ich nicht hinausstoßen«: Das ist zunächst klipp und klar die Zusage: Du darfst in meine
Jüngerschaft und in meine Nachfolge eintreten. Mag
deine Vergangenheit der Vergangenheit der Maria
Magdalena gleichen (Lukas 8,2), magst du wie Johan-
na aus den vornehmsten Kreisen kommen, magst du
ein Leben geführt haben wie die Sünderin von Lukas 7,36-50 oder ausgestoßen sein wie der Aussätzige
von Lukas 17,11-19 – in meiner Jüngerschaft gibt es
für dich Platz.

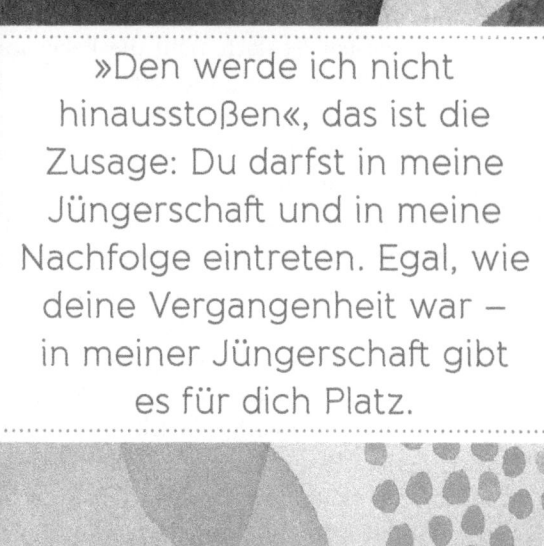

»Den werde ich nicht hinausstoßen«, das ist die Zusage: Du darfst in meine Jüngerschaft und in meine Nachfolge eintreten. Egal, wie deine Vergangenheit war – in meiner Jüngerschaft gibt es für dich Platz.

## Sein Versprechen:
## Du darfst jederzeit zu mir zurückkommen

Unglaublich! Eine viel zu wenig beachtete Seite der Evangelien sind die Berichte über das Zurückkommen schuldig gewordener Jünger und Jüngerinnen.

Am bekanntesten ist doch wohl die Lebensgeschichte des Petrus. Er, der ein Fels sein sollte, brach vor einer Magd zusammen, leugnete, Jesus zu kennen, und schwor sogar den Meineid: »Ich kenne den Menschen nicht« (Matthäus 26,69-75). Dann erscheint der auferstandene Jesus diesem Petrus (Lukas 24,34). Nach einem eindringlichen Vergebungsgespräch sagt Jesus ihm dreimal die Vergebung zu und beauftragt ihn dreifach (Johannes 21,15-19). Ausgerechnet Petrus wird zum anerkannten Leiter der Urgemeinde in Jerusalem, zum Missionar in kleinasiatischen und griechischen Teilen des Römischen Reiches und sogar zum Leiter der Hauptstadtgemeinde in Rom (Apostelgeschichte 1-12; Galater 2; 1. Petrus 5,13: Babylon ist hier eine verschlüsselte Bezeichnung für Rom). Die Prophezeiung von Jesus in Johannes 21,18-19 bestätigt sich am Lebensende von Petrus. Unglaublich! Wir dürfen zu Jesus zurückkommen, denn: »... den werde ich nicht hinausstoßen.«

Aber Petrus ist keineswegs das einzige Beispiel. Markus berichtet von einem geheimnisvollen »jungen Mann«, der ein Jesusnachfolger war, Zeuge seiner Verhaftung in Gethsemane wurde, beinahe zusammen mit Jesus verhaftet worden wäre und schließlich gerade noch nackt entfliehen konnte. Wahrscheinlich war das Markus selbst. Später beteiligte sich dieser Markus an der urchristlichen Mission, wurde Mitarbeiter des Petrus und schrieb unser Markus-Evangelium: Geflüchtet, zurückgekommen, aufgenommen und nicht hinausgestoßen (Markus 14,51-52; 1. Petrus 5,13).

Und was ist mit der kleinen Notiz in Markus 14,50: »Da verließen ihn alle und flohen«? Flüchtende, von Angst getriebene Apostel: Das waren sie alle Zwölf (Judas ist ein Sonderfall!). Aber sie wussten, dass sie zu Jesus zurückkommen durften: »… den werde ich nicht hinausstoßen.« Am Abend des Auferstehungstages Jesu, diesem ersten Ostern der Geschichte, waren sie alle wieder einträchtig versammelt (Johannes 20,19) und wurden Jesu Zeugen im Israelland, in Samarien, ja bis an das Ende der Erde (Apostelgeschichte 1,8).

Wie sollten wir da nicht den Mut finden, zu Jesus zurückzukommen, wenn wir schuldig geworden sind?

Die Segensgeschichte der Evangelien ist dort besonders eindrucksvoll, wo äußerlich Gestrandete erlebten, was das heißt: »… den werde ich nicht hinausstoßen«. Ich denke an die Geschichte von dem amerikanischen Chorleiter, der musikalisch hochbegabt war. Dann wurde er als Chorleiter abgesetzt – warum, weiß ich nicht mehr. Aus Mitleid gab ihm der Gemeindeleiter noch eine kleine Aufgabe: Er solle immer spätabends an der Kirche nachsehen, ob sie auch abgeschlossen sei. Der abgesetzte Chorleiter nahm diese Aufgabe gern und demütig an. Jeden Abend kam er mit dem Schlüssel zu seiner Kirche. Er hatte vollen Frieden. Er war überzeugt, dass es Jesus so recht gemacht hatte und freute sich, dass er »nicht hinausgestoßen« worden war.

Ich denke auch an die Geschichte, die uns Winrich Scheffbuch einmal erzählte. In China wurde der Leiter einer christlichen Hausgemeinde verhaftet. Die monatelange Haft, die Strafen zermürbten ihn. Schließlich erklärte er der Behörde sein Einverständnis zu einer schriftlichen Erklärung, dass er keine Veranstaltungen der Hausgemeinde mehr abhalten und nicht mehr predigen werde. Man ließ ihn frei. Wieder zu Hause, wurde er mit dem, was er unterschrieben hatte, einfach nicht fertig. Eines Tages ging er zur Behörde und sagte: »Ich kann mein Versprechen nicht halten. Ich muss weiter von Jesus predigen.« Er wurde erneut verhaftet. Was aus ihm wurde, weiß ich nicht mehr. So viel aber ist mir klar: die Zusage »den werde ich nicht hinausstoßen« hat sich auch an ihm erfüllt.

## Sein Versprechen: Es gibt keine Altersbegrenzung

Unvergesslich ist mir ein Ereignis, das ich selbst erlebte. Eine 76-jährige Frau aus einer sehr liberalen Familie, die viel Wohltätigkeit übte, aber geistig sozusagen turmhoch über dem Christentum stand, sagte eines Tages ganz ruhig und abgeklärt, sie wolle sich zu Jesus bekehren. Das tat sie auch. Von da an lebte sie als bewusste Christin. Und das mit 76 Jahren! »Nicht hinausstoßen«: Dafür gibt es keine Altersbegrenzung. Doch wie ist es am anderen Ende der Skala? Längere Zeit war ich skeptisch, ob die Bekehrungen von Kindern wirklich echte Bekehrungen sein könnten und ob sie durchhielten. Ein Markstein auf dem Weg meiner Erfahrungen wurden dann die Aufnahmegespräche im Albrecht-Bengel-Haus. Überraschend oft sagten Bewerberinnen und Bewerber, sie seien als Kinder zum Glauben gekommen. »Und das hat durchgehalten?«, fragte ich zurück. »Ja«, war die Antwort. Natürlich hätten sich im Laufe der Jahre manche Veränderungen in puncto Erfahrung und Erkenntnis ergeben. Aber die Grundverbindung zu Jesus sei geblieben. Was wir bei der Taufhandlung zitieren: »Lasset die Kinder zu mir kommen« (Matthäus 19,14), hat also eine ganz reale Bedeutung.

**»Nicht hinausstoßen«: Dafür gibt es keine Altersbegrenzung.**

## Sein Versprechen: Die Aufnahme ins ewige Leben

Seinen letzten Ernst gewinnt das Versprechen »den werde ich nicht hinausstoßen« angesichts des Weltgerichts. »Und ich sah die Toten, Groß und Klein, stehen vor dem Thron, und Bücher wurden aufgetan« (Offenbarung 20,12), so schildert Johannes seinen Durchblick in die Zukunft, den der Herr ihm gab. »Nicht hinausstoßen«: Das kann in dieser Situation nur heißen, dass uns der Weltenrichter auf dem weißen Thron im Buch des Lebens stehen lässt und unseren Namen nicht daraus vertilgt.

Wie viel Unruhe kann uns dieser letzte Akt am Ende der Weltgeschichte machen! Und dies umso mehr, als weder der Islam noch das Judentum eine Heilsgewissheit kennen. Für den Moslem entscheidet Allah am Ende ganz souverän, ob er einen Menschen ins Paradies aufnimmt oder nicht. Kein Mensch kann wissen, ob er zu den Aufgenommenen zählt. Jüdische Lehrer haben schon vor rund 2000 Jahren das Bild vom Aufschreiben der Taten des Menschen wie bei einem Ladenbesitzer gebraucht: »Der Laden ist offen, der Krämer borgt, das Buch ist aufgeschlagen und die Hand schreibt.«[13] – Aber niemand weiß, ob er am Ende mehr gute oder mehr schlechte Taten aufzuweisen hat. Völlig anders die Christen. Sie wissen: Wer mit Jesus im Glauben verbunden ist, wird auch im Jüngsten Gericht bestehen. »Ich bin gewiss«, schreibt Paulus (Römer 8,38-39), »dass weder Tod noch Leben … uns scheiden kann von der Liebe Gottes, die in Christus Jesus ist.« Eines der alten Lieder in den christlichen Gemeinschaften enthält die Strophe:

Bis zum Schwören darf ich's wissen,
dass mein Schuldbrief ist zerrissen.[14]

Wir leben also in der Gewissheit des Heils – nicht, weil wir uns in Selbstsicherheit etwas vormachen, sondern weil wir auf Jesu Zusicherung bauen können: »den werde ich nicht hinausstoßen«.

Und was ist dann mit den Werken? Sagt das Neue Testament nicht immer wieder, alle würden gerichtet »nach ihren Werken« (Offenbarung 20,12.13; 2. Korinther 5,10; Matthäus 7,21-27)? Die Antwort lautet: Der Schlüssel liegt gerade in Johannes 6,37, unserer Jahreslosung: »Wer zu mir kommt, den werde ich nicht hinausstoßen.« Es entscheidet letztendlich also der Glaube, in dem ich mich an Jesus hänge. Das wird noch einmal bestätigt durch Johannes 6,29, wonach das einzige Werk, worauf es ankommt, eben dies ist, »dass ihr an den glaubt, den er gesandt hat«, nämlich Jesus. Und 1. Korinther 3,15 erklärt dies noch einmal so: »Wird aber jemandes Werk verbrennen, so wird er Schaden leiden; er selbst aber wird gerettet werden, doch so wie durchs Feuer hindurch.«

Schauen wir uns dazu noch das Gleichnis von der königlichen Hochzeit an (Matthäus 22,1-14). Es endet damit, dass der König am Ende den Hochzeitssaal betritt, um nach den Gästen zu schauen. Überraschenderweise stößt er auf jemand, »der kein hochzeitliches Gewand« anhatte (Matthäus 22,11). Wie konnte das sein? Alle übrigen hatten ein solches Hochzeitsgewand! Das Rätsel löst sich durch einen Blick in die Bibel: Bei festlichen Anlässen beschenkte der König schon einmal die Eingeladenen durch Festgewänder (2. Könige 10,22), und vor allem beschenkt Gott alle Erlösten mit Kleidern des Heils (Jesaja 61,10; Offenbarung 3,5; 19,8). Wenn im Gleichnis Jesu jemand ohne Hochzeitsgewand angetroffen wird, dann muss der Betreffende dieses Geschenk abgelehnt oder für nichts geachtet haben. Mit Recht stößt der König ihn hinaus. Es ist nun interessant, dass für dieses »hinauswerfen« oder »hinausstoßen«

**Jesus sagt zu, dass er am Ende der Zeiten den, der zu ihm kommt, nicht aus der Gemeinschaft der Erlösten hinauswerfen wird.**

in Matthäus 22,13 dasselbe griechische Wort benützt wird wie für das »hinausstoßen« in unserer Jahreslosung aus Johannes 6,37. Noch einmal gewinnt also unsere Losung ein besonderes Profil: Jesus sagt zu, dass er den, der zu ihm kommt, nicht aus der Gemeinschaft der Erlösten am Ende der Zeiten, nämlich in der neuen Schöpfung, hinauswerfen wird. Welche Heilsgewissheit für uns Christen!

## Wie kann uns Jesus so Gewaltiges versprechen?

Alles hängt an drei Buchstaben: »ich« beziehungsweise »zu mir«. In der ganzen Weltgeschichte gibt es Gestalten, die ihn nachzuahmen versuchten. Doch alle diese Nachahmer glichen der Gans, die Nils Holgersson auf seiner Reise trug und die am Ende eine Fantasiegestalt blieb. Um es an einem einzigen Punkt zu verdeutlichen: Keiner der sogenannten

Religionsstifter, wie Mohammed, Zarathustra, Siddhartha Gautama, Konfuzius, ist jemals auferstanden. Der eine und einzigartige Auferstandene ist Jesus. Nur er hat vom himmlischen Vater die Vollmacht zu sagen: »den werde ich nicht hinausstoßen«. Denn er ist der Weltenrichter im Jüngsten Gericht, der Wiederkommende, der Gottes Reich aufrichtet, der Retter und der Erlöser, der als Einziger sein Leben hingab, um uns »die Erlösung durch sein Blut« und »die Vergebung der Sünden« (Epheser 1,7) zu schenken, kurz gesagt: Er ist der vollmächtige Gottessohn und Messias.

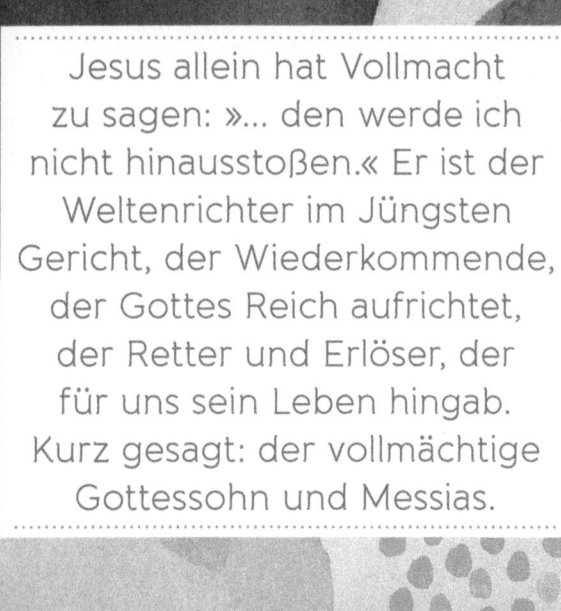

Jesus allein hat Vollmacht
zu sagen: »... den werde ich
nicht hinausstoßen.« Er ist der
Weltenrichter im Jüngsten
Gericht, der Wiederkommende,
der Gottes Reich aufrichtet,
der Retter und Erlöser, der
für uns sein Leben hingab.
Kurz gesagt: der vollmächtige
Gottessohn und Messias.

## Unsere Antwort ist gefragt

Woher wissen wir, dass das stimmt,
was in den Evangelien steht?

Bis heute staune ich darüber, dass unsere Evangelien zweitausend Jahre alt sind! Da kann unsereinem
schon die Frage kommen: Wie hat man all das zu-
verlässig über die Jahrhunderte hinweg aufbewahrt?
Und fast noch drängender ist die Frage: Wussten die
Evangelisten noch genau Bescheid? Lag nicht alles
viel zu weit zurück? Mussten sie am Ende gar noch
was erfinden?

In meiner Studienzeit wurde uns immer wieder
eingebläut, es gebe einen »garstigen Graben« zwischen *event* und *scripture*, zwischen dem Ereignis
und eventuell einer Er-
innerung daran. Mir fiel **Wie sollten die Jünger Jesu die**
aber auf, dass wir in unse- **Äußerungen und Taten ihres**
rer Familiengeschichte weit **Lehrers und Propheten und**
größere Zeiträume über- **sogar ihres Messias vergessen?**
brückten. Mein Großvater
wurde 1874 geboren, von heute an gerechnet also vor
fast 150 Jahren. Ich erinnere mich aber bis heute an
seinen Gang, sein Aussehen, seine Stimme, manche

Aussprüche. Wie sollten die Jünger Jesu die Äußerungen, die Taten, die Aktionen und Reaktionen des Lehrers und Propheten, ja weit mehr: ihres Messias, vergessen?

Hinzu kommt ein Punkt, der heute viel zu wenig bedacht wird. Das Gedächtnis war zur Zeit Jesu ganz anders geschult als heute. Gehe ich heute einkaufen und kaufe zwei Artikel zu je 2,30 Euro, dann tippt die Verkäuferin sorgfältig zweimal 2,30 in ihren Apparat und sagt mir am Ende strahlend das Ergebnis: 4,60 Euro. Kaum jemand rechnet heute noch etwas im Kopf aus. Interessanterweise konnte man dieser Tage in der Frankfurter Allgemeinen Zeitung und wohl auch sonst Artikel darüber lesen, dass sich sogar Wissenschaftler ihre Kenntnisse über Wikipedia beschaffen und ihr Wissen nicht mehr im Kopf behalten. Das Gedächtnis lässt in Schulen, in Jugendgruppen, beim Konsum von Nachrichten rapide nach. Anders zur Zeit der Entstehung der Evangelien. Um ein Beispiel aus dem jüdischen Talmud zu nehmen: Im babylonischen Traktat *Pirke Abot* (»Sprüche der Väter«) wird beschrieben, wie der berühmte Rabbi Jochanan ben Zakkai die Vorzüge seiner fünf engsten Schüler aufzählt. Rabbi Jochanan war ein Zeitgenosse des Apostels Paulus. Beim ersten Schüler, Rabbi Eliezer ben Hyrkanos, rühmt er: Er »ist wie eine ausgekalkte Zisterne, die keinen Tropfen verloren gehen lässt.«[15] Dieser Eliezer behielt also alles, Wort für Wort, im Gedächtnis. Solche Jünger suchte man!

Ein anderes Beispiel finden wir im Neuen Testament selbst. In Johannes 21,23 korrigiert Johannes eine Abweichung von den Worten Jesu in der christlichen Jüngerschaft, die uns verständlich erscheint, die er aber dennoch kritisch zurechtrückt: »Da kam unter den Brüdern die Rede auf: Dieser Jünger stirbt nicht. Aber Jesus hatte nicht zu ihm gesagt: Er stirbt nicht, sondern: Wenn ich will, dass er bleibt, bis ich komme, was geht es dich an?« Wie streng achteten die ersten Christen darauf, dass man die Worte Jesu nicht veränderte oder gar verdrehte!

Sehen wir uns an, was die Evangelisten speziell zum Inhalt ihrer Berichte erläutern.

## Lukas

Zwei von ihnen bieten einen Einblick in ihre Arbeitsweise. Der erste ist Lukas. Er stellt einen ausgesprochen methodischen Vorspann vor sein Evangelium. Dieser Vorspann lautet:

> Da es nun schon viele unternommen haben, Bericht zu geben von den Geschichten, die sich unter uns erfüllt haben, wie uns das überliefert haben, die es von Anfang an selbst gesehen haben und Diener des Wortes gewesen sind, habe auch ich's für gut gehalten, nachdem ich alles von Anfang an sorgfältig erkundet habe, es für dich, hochgeehrter Theophilus, in guter Ordnung aufzuschreiben, auf dass du den

sicheren Grund der Lehre erfährst, in der du unterrichtet bist.

*Lukas 1,1-4*

Das heißt: Es gab schon viele ähnliche Berichte über das Auftreten Jesu, ehe Lukas selbst ans Werk ging. Man hatte also von frühesten Zeiten an Worte und Taten Jesu aufgeschrieben. Und wann schrieb Lukas nun sein Werk? Er muss sowohl sein Evangelium als auch seine Apostelgeschichte vor der Hinrichtung der christlichen Gemeindeleiter in Rom im Jahre 64 nach Christus abgeschlossen haben (Apostelgeschichte 28,30-31). Das wäre etwa 30 Jahre nach dem Kreuzestod Jesu. Das griechische Wort für »Geschichten« heißt *pragmata*, was man auch durch »Tatsachen«, »Ereignisse«, »Fakten« wiedergeben kann. Jedenfalls handelt es sich um wirklich geschehene Geschichte und nicht um Spekulationen, religiöse Philosophie oder Ähnliches.

Der Maßstab, an dem Lukas seine Quellen prüft, ist streng:

1. »Augenzeugen« (so wörtlich), und zwar »von Anfang an«.
2. »Diener des Worts«, das heißt Zeugen der Wahrheit, müssen es sein, die ihm die Informationen geliefert haben.

Er selbst fühlt sich der »sorgfältigen« Arbeit verpflichtet. Es gibt wohl keine strengeren Maßstäbe für ein solches Unternehmen als diese.

## Johannes

Der zweite Evangelist, der über die Grundlagen seiner Arbeit spricht, ist Johannes. An zwei Stellen äußert er sich im Evangelium selbst. Nach der Schilderung der Vorgänge am Kreuz bemerkt er in Johannes 19,35: »Und der das gesehen hat, der hat es bezeugt, und sein Zeugnis ist wahr, und er weiß, dass er die Wahrheit sagt.« Er beansprucht also, ein wirklicher Zeuge Jesu zu sein, und macht dies in zweierlei Richtung fest: Zum einen hat er das Berichtete tatsächlich gesehen und zum anderen versichert er felsenfest, »dass er die Wahrheit sagt«. – Das Johannesevangelium zu einem Evangelium zweiter Hand zu erklären oder gar zu einer Art Nachdichtung, würde bedeuten, diesen Johannes zu einer Art Lügner zu machen. Die zweite Stelle im Evangelium finden wir in Johannes 21,24. Dort sagt der Verfasser nach Abschluss seiner Auferstehungsberichte über sich selbst: »Dies ist der Jünger, der das bezeugt und aufgeschrieben hat, und wir wissen, dass sein Zeugnis wahr ist.« Halten wir dreierlei fest:

1. Er bekennt, ein Jünger Jesu zu sein.
2. Er, dieser Jünger Jesu selbst, hat dieses Evangelium aufgeschrieben.
3. Die ihn umgebende Christenschar, von der ein Teil aus dem Israelland stammt, was man aus Johannes 19,27 schließen kann, bezeugt zusammen mit ihm, dass es wahr ist, was er geschrieben hat.

Was für Zeugnisse für die Wahrheit unserer Evangelien! Wie gesagt, schrieb Lukas vermutlich vor 64 nach Christus, Johannes als der letzte der vier Evangelisten auf jeden Fall vor dem Jahr 96, dem Todesjahr des Kaisers Domitian (so der Kirchenvater Irenäus).

## Die Inspiration

Es gibt einen weiteren Umstand, der bisher unerwähnt blieb, der aber im Blick auf die Glaubwürdigkeit der Heiligen Schrift keine geringe Rolle spielt. Das ist die Inspiration, das heißt, das Wirken des Heiligen Geistes bei der Entstehung der Heiligen Schrift.

Für die neutestamentlichen Verfasser ist ganz klar, dass die heiligen Schriften des Alten Testaments vom Heiligen Geist inspiriert sind. Paulus formuliert das geradezu klassisch: »… alle Schrift, von Gott eingegeben« (griechisch *theopneustos*, auf Deutsch »gottesgeistbewirkt«), »ist nütze zur Lehre …« (2. Timotheus 3,16). Er nimmt damit nur auf,

**Für die neutestamentlichen Verfasser ist ganz klar, dass die heiligen Schriften des Alten Testaments vom Heiligen Geist inspiriert sind.**

was Jesus in Matthäus 5,17-19 und Johannes 10,35 sagt und was die übereinstimmende Lehre aller jüdischen Lehrer im 1. Jahrhundert nach Christus war, nämlich, dass alle Bücher der jüdischen Bibel »durch die Inspi-

## Zeugnisse für die Wahrheit

Der Evangelist Johannes: »Und der das gesehen hat, der hat es bezeugt, und sein Zeugnis ist wahr, und er weiß, dass er die Wahrheit sagt.«

Johannes 19,35

Der Jünger Petrus: »Denn wir sind nicht ausgeklügelten Fabeln gefolgt, als wir euch kundgetan haben die Kraft und das Kommen unseres Herrn Jesus Christus; sondern wir haben seine Herrlichkeit mit eigenen Augen gesehen.«

2. Petrus 1,16

ration« entstanden sind, so Josephus.[16] Sehr bald setzte man auch die Worte Jesu mit der Heiligen Schrift gleich (1. Timotheus 5,18), und die Apostel bestätigten einander, dass ihre Briefe »nach der Weisheit« Gottes geschrieben sind (2. Petrus 3,15) – selbst wenn sie zeitweise in Einzelpunkten stritten. Gegenüber den Gemeinden betonen sie noch in ihren letzten Schriften die Wahrheit ihrer Aussagen: »... was wir gehört haben, was wir gesehen haben mit unsern Augen, was wir betrachtet haben und unsre Hände betastet haben ... was wir gesehen und gehört haben, das verkündigen wir auch euch« (1. Johannes 1,1-3), so Johannes. Und Petrus erklärt mit derselben Eindeutigkeit:

> Denn wir sind nicht ausgeklügelten Fabeln (wörtlich: Mythen) gefolgt, als wir euch kundgetan haben die Kraft und das Kommen unseres Herrn Jesus Christus; sondern wir haben seine Herrlichkeit mit eigenen Augen gesehen. Denn er empfing von Gott, dem Vater, Ehre und Preis durch eine Stimme, die zu ihm kam von der großen Herrlichkeit: Dies ist mein lieber Sohn, an dem ich Wohlgefallen habe. Und diese Stimme haben wir gehört vom Himmel kommen, als wir mit ihm waren auf dem heiligen Berge.

> *2. Petrus 1,16-18; vgl. Matthäus 17,1-5*

Als letztes Buch der Bibel schärft die Johannes-Offenbarung ein, dass daran nichts geändert werden darf:

> Wenn ... jemand etwas hinzufügt, so wird Gott ihm die Plagen zufügen, die in diesem Buch geschrieben stehen. Und wenn jemand etwas wegnimmt von den Worten des Buchs dieser Weissagung, so wird Gott ihm seinen Anteil wegnehmen am Baum des Lebens und an der heiligen Stadt, von denen in diesem Buch geschrieben steht.

*Offenbarung 22,18-19*

Das ist dieselbe Warnung wie bei der heiligen Tora Israels (5. Mose 4,2; 29,19).

Ich schließe hier mit Worten Augustins: zwar sei die Heilige Schrift von Menschen geschrieben, aber »durch die Menschen sprach der Geist Gottes«. Folglich »kann sich die Heilige Schrift nicht irren« – lateinisch der berühmte Satz: »Sancta Scriptura fallere non potest«. Wir stehen also auch bei Johannes 6,37 auf festem Grund.

## Mission bei den frühen Christen

Hatten es die frühen Christen leichter, ihre Botschaft den Menschen nahezubringen? Dieser Gedanke kommt uns bei der Frage nach der frühchristlichen Mission. Und darüber nachzudenken, ist deshalb besonders interessant, weil uns Heutigen die Mission zum Teil sehr schwerfällt. Im Folgenden möchte ich einfach ein paar persönliche Eindrücke niederschreiben:

## Die Doppelspur der frühen Mission

Sehe ich es recht, dann folgten die frühen Christen gleichzeitig zwei Spuren: die der Predigt und die der Diakonie.

### Die Diakonie

Beginnen wir mit der Diakonie. Sie war nicht wie heute in erster Linie nach außen gewandt, sondern konzentriert nach innen. Sie war in erster Linie Diakonie innerhalb der Gemeinde. Es gibt ein berühmtes Wort des christlichen Schriftstellers Tertullian aus der Zeit um 200 nach Christus (übrigens ein Nordafrikaner), der in seiner Verteidigungsschrift für die verfolgten Christen unter anderem schreibt:

> … doch eben solcher Liebe Werk drückt uns in den Augen vieler ein Mal auf. »Seht«, sagen sie, »wie sie sich gegenseitig lieben« – sie selbst nämlich hassen sich gegenseitig –, »und wie sie füreinander zu sterben bereit sind« – sie selbst nämlich wären eher einander umzubringen bereit.[17]

Diese Äußerung Tertullians erinnert uns an die Mahnung von Paulus in Galater 6,10: »… lasst uns Gutes tun an jedermann, allermeist aber an des

Glaubens Genossen.« Eine »wortlose Diakonie« hat man damals auf jeden Fall nicht empfohlen.

Dabei denke ich zurück an eine Begegnung in Galați an der unteren Donau. Wir besuchten die Erzdiözese »Untere Donau« und Erzbischof Cassian. Für mich als Ulmer und Kind der Donau war es besonders interessant, die Donau am Ende ihrer Wege kurz vor ihrem Delta zu sehen, breit wie eine Meeresbucht. Eines Tages stand ein Besuch bei der Diakonie von Galați auf dem Programm. Wir fuhren vor einen kleinen Kirchenkomplex. Eine lange Schlange von Wartenden, Gemeindeglieder und Obdachlose. Priester und Frauen teilten das Essen aus. »Was bekommen die?«, wollte ich wissen. »Was die Gemeindeglieder bringen«, war die Antwort. »Bringen sie viel, bekommen sie viel. Bringen sie nichts, bekommen sie nichts. Bringen sie Rüben, gibt es Rüben. Bringen sie Kartoffeln, dann gibt es Kartoffelsuppe.« Diese direkte Diakonie hat mich stark beeindruckt. Haben wir nicht viel zu viel in Hochhäuser verlagert, bürokratisiert, digitalisiert und dem Direktkontakt entzogen? Wie anschaulich kann man sich dort auch den Hintergrund des Pauluswortes vorstellen: »Ich kann … satt sein und hungern« (Philipper 4,12)!

## Die Predigt

Das Tempo der missionarischen Ausbreitung der frühen Christen war atemberaubend. Schon 20 Jahre nach der Auferstehung Jesu gab es ansehnliche Gemeinden in Rom. Es gab Gemeinden in Samarien, Syrien, Zypern, Kleinasien, Griechenland. Wenige Jahre später wirkten Mitarbeiter von Paulus im heutigen Albanien, Kroatien und auf Kreta. Bei seiner Überstellung nach Rom fand Paulus schon Glaubensgeschwister in Süditalien vor. Petrus schrieb an Gemeinden am Schwarzen

**Das Tempo der missionarischen Ausbreitung der frühen Christen war atemberaubend. Schon 200 n. Chr. gab es Bischöfe in Trier, Köln und Mainz.**

Meer und in mehreren Provinzen in der heutigen Türkei. Um 180 nach Christus gab es schon Bischöfe in Frankreich, Ägypten, Libyen, Tunesien, Algerien, Marokko, im heutigen Irak, und wohl um 200 oder kurz danach Bischöfe in Rumänien, in der heutigen Schweiz, Österreich, Spanien, Trier, Köln und Mainz.

## Verschiedene Orte zur Verkündigung

Wo es ging, nutzte man öffentliche Gebäude und Einrichtungen zur Verkündigung und zur Mission. Ein Beispiel dafür ist die Halle Salomos im Tempelbezirk (Apostelgeschichte 3,11; 5,12) oder das heidnische öffentliche Lehrgebäude des Tyrannus in Ephesus (Apostelgeschichte 19,9) oder auch der Areopag in Athen (Apostelgeschichte 17,22). Selbstverständlich nutzten Judenchristen auch die Möglichkeit, die ihnen die Synagogen boten.

## Die Rolle der Hausgemeinden

Die Rolle der Hausgemeinden kann man kaum über-
schätzen. Allein für Rom ergeben sich aus Römer 16
mindestens fünf Hausgemeinden. In die allerers-
te Zeit führen uns Apostelgeschichte 2,46 und 5,42
mit der Bemerkung, man habe sich »hin und her in
den Häusern« getroffen. Noch heute kann man kleine Räumlichkeiten, die vermutlich solchen Hausgemeinden dienten, in den römischen Kirchen San
Martino ai Monti, Santi Giovanni e Paolo oder auch
San Clemente besichtigen. Solche Räumlichkeiten
und Hausgemeinden scheinen hervorragende Mittel
der Evangelisation gewesen zu sein.

Vor Jahren hatten wir im Missionszweig des Al-
brecht-Bengel-Hauses einen jungen Chinesen aus
Hongkong, der heute Pastor in Australien ist. Wir
verstanden uns menschlich und biblisch bestens.
Eines Tages waren wir jedoch beim Thema Evangelisation. »Ich verstehe euch nicht«, sagte er zu mir.
»Ihr seid reich, ihr habt alle Mittel. Warum ladet ihr
nicht mehr Leute zu euch nach Hause ein? Wenn wir
Chinesen jemand für Jesus gewinnen wollen, dann
versuchen wir zuerst, eine Freundschaft aufzubauen.
Dann laden wir die Leute zu uns nach Hause ein.
Dabei entsteht Offenheit, und wir können über Jesus
sprechen. Wir nennen das Freundschaftsevangelisa-
tion.« Das gab mir manchen Stoff zum Nachdenken.
Freundschaftsevangelisation? Ist das stärker dran,

wenn man uns Christen langsam aus dem öffentlichen Leben hinausdrückt? Jedenfalls haben die alten Christen über ihre Hausgemeinden eine enorme Reichweite entfaltet.

## Ungewöhnliche Wege

Die Aussage in Galater 4,4: »Als aber die Zeit erfüllt war, sandte Gott seinen Sohn«, enthält offensichtlich auch einen Hinweis auf die besonders günstigen Umstände in jener Zeit, als das Christentum aufblühte.

Einer jener günstigen Faktoren war das römische Militär. Die Legionen wurden immer wieder an der unendlich langen Reichsgrenze verschoben. Im Militär wuchs die Zahl der Christus-Anhänger immer mehr. Das hing mit der Leidensbereitschaft der Soldaten bis hinein ins Offizierskorps zusammen. Sebastian ist einer der Namen jener Christuszeugen und Märtyrer, die bis heute als Vorbilder gelten. Jedenfalls wurde gerade durch das römische Militär die Ausbreitung des Christentums stark gefördert.

## Leidensbereitschaft

Zu den Wundern der frühen Zeit des Christentums gehört die Leidensbereitschaft. Alte und Junge, Frauen und Männer gaben selbst unter schlimmsten Misshandlungen und Martern ihren Glauben nicht auf.

Freundschaftsevangelisation: Ist das stärker dran, wenn man uns Christen langsam aus dem öffentlichen Leben hinausdrückt? Jedenfalls haben die alten Christen über ihre Hausgemeinden eine enorme Reichweite entfaltet.

Schon das Neue Testament selbst legt davon Zeugnis ab. Das Vorbild schlechthin war dabei Jesus, »der unter Pontius Pilatus bezeugt hat das gute Bekenntnis«, wie Paulus in 1. Timotheus 6,13 schreibt. Namentlich genannt sind im Neuen Testament als Blutzeugen Jakobus (Apostelgeschichte 12,2), Stephanus (Apostelgeschichte 7,54-60) und Antipas (Offenbarung 2,13). Angekündigt werden zahlreiche Martyrien (Matthäus 23,34; 24,9-13; Offenbarung 6,11; 13,10).

Der Schriftverkehr zwischen dem römischen Statthalter Plinius in Kleinasien und dem Kaiser Trajan am Anfang des 2. Jahrhunderts nach Christus zeigt, wie wenig wert das Leben der Christen damals war. Plinius beschreibt sein Vorgehen so: »Einstweilen habe ich es mit denen, die mir als Christen angegeben wurden, so gehalten: Ich fragte sie, ob sie Christen seien. Gestanden sie, so fragte ich sie unter Androhung der Todesstrafe zum zweiten und dritten Mal. Blieben sie dabei, so ließ ich sie zum Tode führen.« In erster Linie starben viele Bischöfe: Ignatius von Antiochia, Polycarp von Smyrna, Pothinus von Lyon, wohl auch Irenäus von Lyon.

Für uns Deutsche lohnt sich ein Besuch der Kirchen St. Paulin und St. Maximin in Trier. Im 4. Jahrhundert nach Christus feierte man auf dem Gelände von St. Paulin bereits Märtyrergedächtnisse. Bei der Nachbarkirche St. Maximin stapelte man Sarkophage verstorbener Christen übereinander, darunter vielleicht auch Märtyrer. Was brachte einfache Soldaten und bewunderte Offiziere, Menschen aller sozialen Schichten dazu, ihr Leben als Märtyrer Christi zu geben?

Bei meiner Vorlesungsreise nach Korea 1986 staunte ich über das rasche Wachstum der christlichen Kirchen. »Woher kommt das?«, fragte ich immer wieder. Es beeindruckte mich sehr, dass die Antwort häufig lautete: »Durch die Bibel und durch Leiden.« In der Tat, seit der erste namentlich bekannte christliche Missionar im 19. Jahrhundert in Korea an Land gegangen und dann sofort enthauptet worden war, ging Jesu Gemeinde dort von einer Verfolgungswelle in die andere. Doch die Menschen wurden tief berührt von dieser Leidensbereitschaft. Unaufhaltsam wuchs die christliche Gemeinde.

Ein Blick ins heutige Europa ist erschütternd. Wer würde sein Leben für Christus geben, wo ein einziger Corona-Virus die Leute in Panik versetzt? Aber könnten wir nicht wenigstens das Eine tun: uns so gut wie möglich auf die kommenden Leiden vorbereiten?

## Eine Einheit trotz schwerer innerer Kämpfe

Am 7. März 2021 war ich in Rielingshausen in Württemberg zu einem Vortrag in eine evangelische freikirchliche Gemeinde eingeladen. Thema: »Die Einheit der Christen nach Johannes 17«. Trotz Pandemie machte ich mich noch mal an das spannende Einheits-Thema heran und musste in diesem Zusammenhang auch zum wiederholten Male die Geschichte der frühen Kirche Revue passieren lassen. Ich staunte aufs Neue!

Wir betrachten ja die Geschichte der frühen Kirche mit einiger Zurückhaltung, sehen viele Fehler und wollen uns auf keinen Fall in den falschen Glauben hineintreiben lassen, die Epoche damals sei ein goldenes Zeitalter gewesen. Und doch gab es in jener Zeit durch Gottes Fügung eine Reihe von Wundern, von denen wir heute noch zehren.

Schon der erste Brief des Neuen Testaments, der Römerbrief, bringt uns hier zum Nachdenken. Rom, damals eine Zweimillionenstadt, müsste doch nach unseren Begriffen in viele Kirchen zersplittert gewesen sein. Aber warum gibt es nur einen einzigen Brief von Paulus nach Rom? Warum nicht mehrere: zum Beispiel an die Gemeinde von Priska und Aquila auf dem

**Warum gibt es nur einen einzigen Brief von Paulus an die Gemeinden in Rom? Weil sie eine Einheit gebildet haben!**

Reichenviertel des Aventin? Warum nicht an die Gemeinde des Pudens im zentralen Teil Roms, wo heute die Santa Pudenziana steht? (Pudens ist in 2. Timotheus 4,21 erwähnt.) Oder an die Christen in der Kaiserkaserne, dem heutigen Castro Pretorio? (Siehe dazu Philipper 1,13.) Warum konnte Kaiser Nero einfach die Gesamtleitung der Christen in Rom mit Petrus an der Spitze verhaften, ohne die verschiedenen einzelnen Gemeindeleitungen in Haft zu nehmen? Irgendwie müssen doch demnach diese Gemeinden eine Einheit gebildet haben und alle zusammen unter der Leitung von Petrus und Paulus gestanden haben. Noch heute sieht man zahllose Täfelchen in den Katakomben mit der Aufschrift »Petre et Paule, petite pro nobis« (»Petrus und Paulus, betet für uns«).

Ein fast unglaubliches Zeichen der Einheit unter den Christen der ersten Jahrhunderte ist die Tatsache, dass sie uns eine gemeinsame Bibel überliefert haben. Natürlich fertigten die Irrlehrer eigene und ganz verschiedene Bibeln an. Aber die »orthodoxen«, rechtgläubigen Christen bewahrten bis in die Zeit der Reformation ein gemeinsames Neues Testament. Seine 27 Bücher entsprechen der Liste, die der alexandrinische Bischof Athanasius (etwa 295–373 n. Chr.) wie selbstverständlich in einen seiner Osterfestbriefe aufnahm. Das Alte Testament hatte man von den Juden übernommen, oft in der Textform der griechischen Übersetzung, der sogenannten Septuaginta. Im Wesentlichen war das christliche Neue Testament schon im 2. Jahrhundert nach Christus abgeschlossen. Wir können es gar nicht mehr hoch genug schätzen, dass der alte Kern unserer Bibel Kirchenspaltungen, Konfessionskämpfe und kritische Angriffe bis heute überdauert hat.

Ich stutze: eine gemeinsame Bibel? Seien wir ehrlich: Der heutige Protestantismus hat sie nicht mehr. Am Anfang meines Pfarrdienstes war schon eine ganze Reihe von Lutherbibeln in Gebrauch: die von 1892, 1912, 1984, später dann noch die von 2017. Daneben zahlreiche andere Bibelübersetzungen, wie die Elberfelder, Genfer, Zürcher, Menge, die Basis-Bibel und die Gute Nachricht sowie mehrere katholische Bibeln. Auch dieses Buch zur Jahreslosung weist zwei Fassungen von Johannes 6,37 auf.

Eine Art Schlüsselerlebnis hatte ich vor wenigen Jahren auf der Frankfurter Zeil. Dort lief die Aktion »Lies den Koran!«. Es ist völlig selbstverständlich, dass es den Koran in der Einheitssprache Arabisch überall in der Welt gibt, in Indonesien und in Kenia, in Brasilien und in Berlin. Aber was machen wir, wenn uns jemand nach Matthäus 28,19 oder Johannes 1,14 fragt? Welche Fassung bieten wir an?

Ein zweites wunderbares Zeichen der Einheit unter den alten Christen waren die kirchlichen Bekenntnisse wie das Apostolische oder das Nizänische Glaubensbekenntnis. Dass sich alle drei Patriarchate in Antiochia, Alexandria und Konstantinopel, dazu der Bischof der Hauptstadtkirche Rom auf solch grundlegende Texte einigen konnten, bleibt zum Staunen. Natürlich blieben sie lange umkämpft. Natürlich drängten die Kaiser auf eine Einigung. Und doch setzten sich solche Texte allmählich in so vielen Regionen durch.

Wenn die früheren Christen ihre Botschaft anderen nahebringen konnten, dann hing das auch damit zusammen, dass sie nicht in unzählige Parteien aufgesplittert waren, sondern sich weithin im Grundsätzlichen einig waren.

## Gebet

Die frühe Mission war getragen vom Gebet. Es lohnt sich, die Apostelgeschichte und die Briefe des Neuen Testaments einmal unter diesem Gesichtspunkt durchzulesen. Fast immer, wenn es um Gemeindeversammlungen geht, kommen die Verfasser auf das Gebet zu sprechen. Der erste Hinweis auf das Gebet steht schon in Apostelgeschichte 2,42: »Sie blieben aber beständig … im Gebet«, das gilt für den Lobpreis, der den Römerbrief abschließt (Römer 16,25-27), das gilt für die Petrus- **Ohne das heiße Gebet der** briefe, die Johannesbriefe, den **frühen Christen wäre die** Jakobus- und Judasbrief und **frühe christliche Mission gar** auch für den Schluss der Of- **nicht vorstellbar gewesen.** fenbarung (siehe dazu auch Römer 15,30; 2. Korinther 1,11; Epheser 6,18; Kolosser 4,3). Viele Gebetsanliegen drehen sich um die Vollmacht und das Anliegen der offenen Tür für die Mission. Ohne das heiße Gebet der frühen Christen wäre die frühe christliche Mission gar nicht vorstellbar gewesen.

Gewissermaßen einen Hauch dieses Gebetsgeistes erlebte ich in den indigenen Territorien Südwest-Brasiliens. Wir waren gerade von der Feldkonferenz

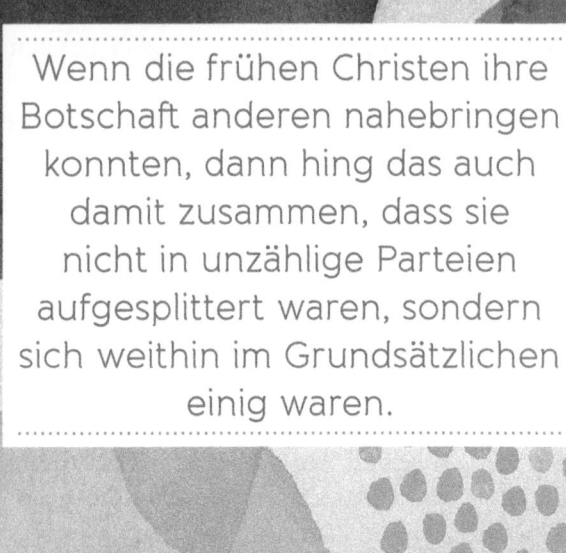

Wenn die frühen Christen ihre Botschaft anderen nahebringen konnten, dann hing das auch damit zusammen, dass sie nicht in unzählige Parteien aufgesplittert waren, sondern sich weithin im Grundsätzlichen einig waren.

der Missionare zurückgekommen. In diesen Tagen und Wochen hatte ein einheimischer Brasilianer auf unser Grundstück aufgepasst. Nun schloss er die Tür zu seinem einfachen Haus auf, freute sich, redete eine ganze Weile mit uns, übergab uns die Schlüssel zu unseren Gebäuden. »Wir wollen noch beten und danken«, hieß es von allen Seiten. »Moment noch«, sagte der Brasilianer. Dann holte er sein Jackett – vielleicht sein einziges –, zog es über, knöpfte den einzigen Knopf, den es hatte, ins Knopfloch und sagte: »So, jetzt können wir beten.« Der Respekt vor Gott erheischte es, dass er zum Beten sein Jackett anzog.

Unsere Jungs beten mit den Händen in den Hosentaschen, die Hemden schief eingeknöpft, zwei bis drei Handys in jedem Ohr. Auch das ist eine erlaubte Gebetshaltung. Aber am unvergesslichsten blieb mir jener Brasilianer – ich meinte, einen Hauch des urchristlichen Geistes zu spüren.

## Ein Blick zurück: Welche Antworten bekam Jesus auf seine Einladung?

Man lernt immer wieder für sich selbst, wenn man sich hineinversetzt in die Geschichte, die unser Herr am eigenen Leib zu spüren bekam.

## Ablehnende Antworten

Es ging lebhaft zu in der Synagoge von Kapernaum. Die Anwesenden stellten Fragen. Sie brachten Einwände vor. Sie forderten Jesus auf zu geben, was sie brauchten. Sie murrten. Sie stritten, und zwar zunächst untereinander. Können wir die Gründe für die Ablehnung erkennen? Aus Johannes 6,30-54 lässt sich Folgendes entnehmen:

### Enttäuschung, dass er die Speisungswunder nicht fortsetzt

Seit der Versuchung Jesu (Matthäus 4,3-11) trifft er immer wieder auf die Forderung, er solle »Steine zu Brot werden« lassen. Ein uralter Menschheitstraum ist das. Wer den Hunger beseitigt, ist in allen Völkern willkommen. In Rom fassten die beiden Worte »panem et circenses« (»Brot und Spiele«) alles zusammen, was die Volksmassen ersehnten. Am Ende der Tage wird einmal der Antichrist diesen leiblichen Hunger stillen. (Vergleiche Offenbarung 13,16-18 über das Kaufen und Verkaufen.)

### Forderung nach weiteren Zeichen

Offenbar konnten sich die Predigthörer in Kapernaum nichts anderes vorstellen, als dass Jesus durch fortgesetzte Wunderzeichen immer wieder bestätigte, dass er der wahre Messias sei. Johannes 6 erinnert uns an das Pauluswort: »Denn die Juden fordern

Zeichen und die Griechen fragen nach Weisheit«
(1. Korinther 1,22).

Ich erinnere mich an eine Zeit, in der man immer
wieder zu besonderen »Heilungsgottesdiensten« ein-
lud. Und mir ist im Gedächtnis geblieben, wie zurückhaltend ältere Glaubensgeschwister bei solchen
Einladungen waren. »Der Heiland stellte das Wort
voran«, sagten sie, »nicht die Wunder.« Heute, einige
Jahrzehnte älter, verstehe ich noch viel besser, was sie
meinten. In der Zeit des Antichristen wird es nur so
Wunder regnen (Offenbarung 13,3.13-15). Deshalb ist
es ratsam, nicht gerade die Heilungen an die Spitze
unserer Einladungen zu stellen.

## Ablehnung der Aussage Jesu, er sei vom Himmel gekommen

Dass himmlische Wesen auf Erden erscheinen, nämlich aus der Engelwelt, ist den Juden seit Abraham und
Gideon vertraut. Auch dass der Messias vom Himmel
kommt, ist vorstellbar. Aber Jesus? »Ist dieser nicht
Jesus … dessen Vater und Mutter wir kennen? Wie
kann er jetzt sagen: Ich bin vom Himmel gekommen?« (Johannes 6,42). An der schlichten menschlichen Person Jesu, der »keine Gestalt« besaß, »die uns
gefallen hätte« (Jesaja 53,2), zuckten sie zurück.

## Ablehnung des Geheimnisses vom Sühnetod

Jesus hat das Geheimnis seines stellvertretenden Todes für die Sünden der Menschen in die Aussage ge-

kleidet: Das Lebensbrot für alle Menschen »ist mein Fleisch«. Das ist am Kreuz ja auch buchstäblich in Erfüllung gegangen. Denn dort hat er, wie Petrus sagt, »im Fleisch gelitten«, um unsere Sündenschuld zu tragen und uns von dieser Sündenschuld frei zu machen. Brot des Lebens – so deutet es Jesus selbst beim Abendmahl: Das Brot »ist mein Leib«. Aber anscheinend lehnt eine Mehrheit in Kapernaum die Botschaft ab, dass der Messias sein Leben hingibt und für die Menschen sterben soll.

Was lernen wir aus dem Widerspruch, der Jesus in Kapernaum traf?
Offenbar steckt in dem Kapitel, in dem sich unsere Jahreslosung findet, auch etwas Prophetisches. Denn alle die Einwände, auf die Jesus trifft, begegnen uns heute wieder.

Da ist der scharfe Widerspruch des Korans:
- Jesus sei nicht vom Himmel gekommen, er sei nur wie Adam, aber keinesfalls Gottes Sohn.
- Er sei gar nicht gekreuzigt worden, sondern ein anderer, der ihm ähnlich war.
- Er habe keineswegs unsere Schuld auf sich genommen und sein Fleisch und Blut nicht für uns gegeben.

Da ist der scharfe Widerspruch der protestantisch-kritischen Theologie:

- Unsere Jahreslosung stamme überhaupt nicht vom geschichtlichen Jesus.
- Die Gottessohnschaft sei ein reiner Mythos.
- Die Erlösung durch sein Leiden und Sterben am Kreuz sei eine Erfindung späterer Christen, denn »Gott brauche doch kein blutiges Opfer«.

Alles wiederholt sich in der Geschichte. Umso wichtiger ist die Ankündigung, die Jesus allen Gegnern seiner Botschaft gegenüber machte: »Himmel und Erde werden vergehen; aber meine Worte werden nicht vergehen« (Matthäus 24,35).

## Zustimmung

Ganz nüchtern bleibt festzuhalten: So weit wir es erkennen, bildeten die, die Jesus ablehnten, damals die Mehrheit, und die, die seiner Botschaft zustimmten, waren in der Minderzahl. Aber in jedem Fall ist doch die Frage interessant: Was bewegte einen Teil der Jüngerschaft dazu, trotz heftigen Widerspruchs bei Jesus zu bleiben?

### Zustimmung kann etwas kosten

Ich frage mich beim Lesen unserer Jahreslosung und des ganzen Kapitels, in dem sie steht: Wären auch heute noch treue Jünger und Jüngerinnen da, die sich nicht von ihrem Glauben an Jesus abspenstig machen ließen?

Es gibt so manches, was mich nachdenklich macht. Zu DDR-Zeiten, als die Atheismus-Propaganda auf Hochtouren lief, wurde an einem Ort im Harz ein Vortrag angeboten, der den Glauben an einen Schöpfer widerlegen sollte. Am Ende der Diskussion rief der Redner aus: »Ich glaube, es ist niemand in diesem Saal, der noch von einem Schöpfer sprechen möchte!« Stille. Da stand ganz hinten im Saal ein Abiturient auf. Er hielt keine Rede, sagte nichts, stand nur da. Die Versammlung wurde geschlossen. Beim Hinausgehen schlug jemand dem Abiturienten auf die Schulter und murmelte halblaut: »Gut, dass Sie aufgestanden sind.« Warum standen die andere nicht auf?

**Selbst im schlimmsten Hexenkessel wird Gott die Kraft geben, dass wir schwache Menschen Zeugnis für Jesus ablegen dürfen.**

Ich bin überzeugt, dass Gott selbst im schlimmsten Hexenkessel die Kraft gibt, dass sogar wir schwache Menschen ein Zeugnis für Jesus ablegen dürfen.

Unter den Missionsnachrichten, die mich anfangs 2021 erreichten, fand sich auch eine aus Pakistan. Fanatische Muslime ließen einen Lieferwagen über die Beine eines Mannes fahren, weil er seinen Glauben an Jesus nicht aufgeben wollte. »Ich musste davon ausgehen, dass ich nie wieder gehen kann. ... Aber der Herr Jesus hat mich geheilt«, schrieb er. Unsere Glaubens- und Missions-

**Unsere Glaubens- und Missionsgeschichte wird eine Wundergeschichte bleiben, bis Jesus wiederkommt.**

geschichte wird eine Wundergeschichte bleiben, bis Jesus wiederkommt.

## »Du hast Worte des ewigen Lebens«

Zurück zu unserer Frage: Was bewegte einen Teil der Jüngerschaft dazu, dennoch bei Jesus zu bleiben? Petrus hat es geradezu klassisch formuliert: »Du hast Worte des ewigen Lebens; und wir haben geglaubt und erkannt: Du bist der Heilige Gottes« (Johannes 6,68-69). »Worte«, sagt Petrus – nicht etwa Taten, auch keine Wunder. »Dein Wort ist meines Fußes Leuchte und ein Licht auf meinem Wege«, heißt es schon in Psalm 119,105. Und ich höre heute noch Schalom Ben-Chorin sagen: »Worte Gottes sind wie Bojen draußen auf dem Meer, die den Schiffen den Weg zeigen.« So ähnlich äußert sich jetzt also Petrus: »Du hast Worte, die uns ins ewige Leben bringen.« – Wer kann uns mehr geben? Niemals wird man die Sehnsucht nach einem ewigen Leben aus dem Menschen ausrotten können. Die Corona-Zeit bietet dafür die besten Beispiele. Wie sehr bemühen sich viele Menschen darum, nur ein paar Monate länger zu leben. Wie viel sind sie zu opfern bereit, auch wenn sie, wie ich, schon 80 Jahre alt oder noch älter sind. Wenn man aber schon um ein paar Monate so sehr kämpft, wie viel mehr sollte einem dann das ewige Leben wert sein!

### »Du bist der Heilige Gottes«

Daneben steht etwas Erstaunliches: »Du bist der Heilige Gottes.« »Der Heilige«, das bedeutet so viel wie »der Auserwählte«. Seltsam: Den Ausdruck »Heiliger« verbinden wir eher mit Gott selbst oder mit seinem Geist. Aber mit dem Messias? Wer spricht bei uns schon von einem »heiligen Messias«, selbst vom »heiligen Jesus« spricht man selten. Hier kann uns die Jahreslosung mit den umgebenden Versen den Blick öffnen: Die Verse, die der Jahreslosung folgen, machen klar, was auch Petrus sagt: Jesus ist der Einzige, der dazu auserwählt ist, uns ins ewige Leben zu führen (Johannes 6,38-40).

### Noch eine Anmerkung für nachdenkliche Leserinnen und Leser

Beim Vergleich der Bibelübersetzungen fällt auf, dass die Lutherübersetzung die Petrusfrage so wiedergibt: »Herr, wohin sollen wir gehen?« (Johannes 6,68) – während die Elberfelder und andere Übersetzungen seine Frage in folgender Form wiedergeben: »Herr, zu wem sollten wir gehen?« Der Urtext zeigt eindeutig, dass die Frage lauten muss: »Herr, *zu wem* sollen wir gehen?« Petrus ist samt der ganzen Jüngergruppe, für die er spricht, also davon überzeugt, dass sie nicht nur in ganz Israel, sondern auf der ganzen Welt niemand finden können, der ihnen den Weg zum ewigen Leben zeigt, außer Jesus.

Um das festzustellen, werden allerdings fünf Minuten nicht genügen. Eine solch gründliche Überzeugung braucht ihre Zeit. Vor Jahren nahm ich an einer großen Jugendveranstaltung in Oberndorf teil. Es wurde neben anderem auch Gelegenheit zum Gespräch und zur Aussprache angeboten. Ein noch ziemlich junger Mitarbeiter kam zu mir. Er erzählte, dass er sich zwei Jahre zuvor bekehrt habe. »Nun aber«, sagte er, »bin ich zwei Jahre lang Mitarbeiter in der Kinderkirche und in der Jugendarbeit gewesen. Und ich habe festgestellt, dass am Christentum nichts dran ist. Ich werde mich von den Christen verabschieden.« Ich sagte: »Zwei Jahre ist zu wenig. Da müssten Sie schon mindestens fünf Jahre dabeibleiben, um so was feststellen zu können.« Wie die Sache weiterging, weiß ich nicht. Aber ich bin heute noch überzeugt, dass zwei Jahre Lernzeit mit Jesus zu wenig sind. Petrus hatte nach den Ereignissen von Kapernaum noch Jahrzehnte voller Erfahrungen, die ihm bis zu seiner Hinrichtung in den Vatikanischen Gärten bestätigt haben: Jesus hat Worte des ewigen Lebens.

> **Petrus hatte Jahrzehnte voller Erfahrung, die ihm bis zu seiner Hinrichtung bestätigt haben: Jesus hat Worte des ewigen Lebens.**

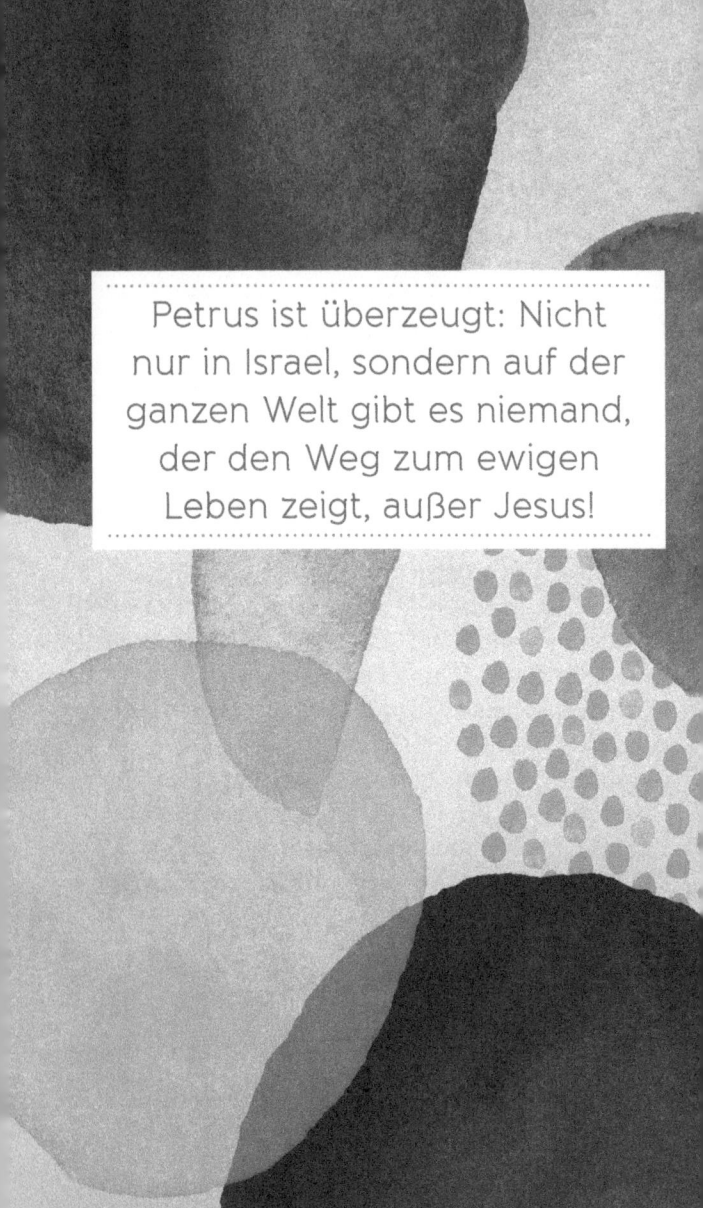

Petrus ist überzeugt: Nicht nur in Israel, sondern auf der ganzen Welt gibt es niemand, der den Weg zum ewigen Leben zeigt, außer Jesus!

## Welche Konsequenzen beobachte ich in meiner Umgebung?

Wir haben schon überlegt, was Menschen davon abhält, zu Jesus zu kommen. Aber es geht im Christentum ja nicht nur um Einzelschicksale. Es geht auch
um das große Ganze.

### Die christliche Predigt

Wie in allen Zeiten, so führt auch heute die christliche Predigt zu einer Spaltung unter den Hörern.
Manche junge Zeugen Jesu, sogar junge Prediger,
sind entsetzt, wenn sie solche Spaltungen beobachten müssen. Die sind aber normal. Wir müssen bloß
aufpassen, dass wir solche Konsequenzen nicht zu
einem Mantel machen, mit dem wir eigenes Versa-
gen oder eigene Schuld zudecken möchten oder – um
mit Petrus zu sprechen – sie gar zum »Deckmantel«
unserer eigenen »Bosheit« nehmen (1. Petrus 2,16).

### Islam

Sieht man auf das ganze Weltgeschehen, dann werden
auch die Muslime unter den Hörern mit unterschied-
lichem Echo reagieren. Weil sie Jesus als Vorläufer
Mohammeds betrachten, können sie Johannes 6,37
zunächst so stehen lassen, werden es aber als Einladung zum Islam betrachten. Wir werden immer

wieder die Erfahrung machen, dass die Islamwissen-
schaftler recht haben, wenn sie urteilen, dass Christen
und Muslime keineswegs an denselben Gott glauben.

## Judentum

Schon vor zweitausend Jahren waren die Juden in
der Synagoge von Kapernaum gespalten. Ganz ähnlich verlief es in der späteren Geschichte – bis heute.

Jesus gewann sogar gläubige Nachfolger im Hohen Rat (Nikodemus, Josef von Arimathäa), unter den
Synagogenvorstehern (Jairus), unter den vornehmen
Herodianern (Lukas 8,3; Apostelgeschichte 13,1) und
selbst in angesehenen rabbinischen Kreisen. Ein so
hochberühmter Gelehrter wie Rabbi Jochanan ben
Zakkai konnte von Jesus sagen: »Am Anfang war er
ein Prophet.« Vermutlich hat es seither nicht eine einzige Generation ohne Judenchristen gegeben. Die uralte Kirche Santa Sabina auf dem Aventin hat das in
einem Mosaik auf der Eingangswand wunderschön
dargestellt. Und die Zahl der messianischen Juden in
der Welt wächst heute langsam, aber stetig.

Allerdings steht zwischen der jüdischen Mehrheit
und dem Christentum, auch insbesondere der Jahreslosung, nach wie vor die Messiasfrage. Als Christen leben wir in der Überzeugung, dass der Messias
in der Gestalt Jesu schon gekommen ist. Jüdische
Menschen in ihrer Mehrheit glauben dagegen, dass
er erst in der Zukunft kommen wird.

## Lutherzeit

Für Luther und die damaligen Anhänger der Reformation war klar, dass Christus jeden unter die Seinen aufnimmt und ins ewige Leben führt, der zu ihm kommt. Die Böhmischen Brüder fassten das schon 1544 in die Liedzeilen:

> Dich hat er sich erkoren,
> durch sein Wort auferbaut,
> bei seinem Eid geschworen,
> dieweil du ihm vertraut,
> dass er deiner will pflegen
> in aller Angst und Not,
> dein Feinde niederlegen,
> die schmähen dich mit Spott.[18]

In Kurt Alands wertvollem Lutherlexikon finden sich die interessanten Sätze Luthers: »Gott will nicht, dass man auf einem anderen Wege zu ihm gehe«, als auf dem Weg zu Christus – und: »Was man an Christus spart, wird man zehnfältig dem Teufel zutragen.«[19]

### Historisch-kritische Theologie

Eine ganz andere Welt begegnet uns in der historisch-kritischen Theologie, die heute die Mehrheit der traditionellen protestantischen Kirchen dominiert.

In der Jahreslosung steckt die Zusage: Ich will dich bei mir bewahren, dich begleiten und auf dich aufpassen bis zum letzten Augenblick, sogar bis hin zum Jüngsten Gericht.

Vor mir stehen die Anfänge meines Theologiestudiums. Das erste Proseminar in der Praktischen Theologie begann mit der spannenden Frage: »Was wollen Sie mit Ihrer Predigt erreichen?« Gestellt wurde sie von einem jungen, engagierten, zielstrebigen Dozenten. »Aber«, fügte er hinzu, »kommen Sie mir nicht mit Jesus.« Stille, Nachdenken. Ich dachte: Na, irgendwas muss es doch mit Jesus zu tun haben. Dann meldete ich mich: »Die Menschen unter die Herrschaft Jesu bringen«, schlug ich vor. Unser Dozent war von meinem Vorschlag erkennbar nicht begeistert. Andere Vorschläge kamen. Das Gespräch lief weiter. Ein wenig genierte ich mich und versuchte, den anderen zuzuhören. Jetzt, mit unserer Jahreslosung, stehen solche Erinnerungen wieder auf. »Zu Jesus führen« – so oder ähnlich müsste doch unser Predigtziel lauten, wenn Jesus den »nicht hinausstoßen« wird, der zu ihm kommt.

Bleiben wir noch einen Augenblick beim Theologiestudium und bei der Praktischen Theologie. Inzwischen war ich im Oberseminar angekommen, das einer der Professoren hielt. Er war ein hoch angesehenes Mitglied der Fakultät und auch durch viele kirchliche Veranstaltungen ringsum im Land bekannt. Unsere Probe-Predigten fanden in der Tübinger Schlosskapelle statt. An jedem Termin predigten jeweils zwei von uns Oberseminar-Teilnehmern. Mir fiel ein Text aus dem Prediger-Buch zu. Genaueres weiß ich nicht mehr. Jedenfalls folgte den Probepredigten jeweils eine Einladung ins gastfreundliche Haus des Professors. Eifrig wurde die Predigt diskutiert, die vor mir gehalten worden war. Dann wäre ich an der Reihe gewesen. Es war wohl schon kurz vor zehn. »Ja«, sagte der Professor und wandte sich mir zu, »über die Predigt von Herrn Maier zu sprechen, lohnt sich nicht mehr. Ich denke, wir können Schluss machen.« Der Abend war zu Ende. Wir gingen heim. Meine Predigt blieb unbesprochen. Meine Note war miserabel, übrigens auch im Schlussexamen, sodass ich als württembergischer Vikar eigentlich hätte den Schluss ziehen müssen: für die Predigt ungeeignet.

Zurück zur historisch-kritischen Theologie im Ganzen. Welches Licht wirft sie auf unsere Jahreslosung? Seit der Zeit etwa um 1800 nach Christus hat sie das Johannesevangelium dem Apostel Johannes abgesprochen. Während die alte Kirche jahrhundertelang den Jüngsten unter den Jüngern Jesu, Johannes, den Sohn des Zebedäus, als Verfasser des vierten Evangeliums überlieferte, bestritt man jetzt in der historisch-kritischen Theologie, dass ein Apostel als Verfasser infrage komme. Wir dürften also Johannes 6,37 nicht als ein Jesuswort behandeln, das uns Johannes, der Apostel, übermittelt hat. Diese Sichtweise schließt ein, dass wir überhaupt nicht mehr wissen können, ob Jesus das wirklich gesagt hat, was in Johannes 6,37 steht. Wir wissen dann auch nicht mehr, ob Petrus wirklich gesagt hat: »Du hast Wor-

te des ewigen Lebens.« Für viele Vertreter der historisch-kritischen Theologie ist Mohammed ebenso ein
Prophet wie Jesus. Gibt es dann noch einen Unterschied zwischen den Worten Jesu und den Worten
Mohammeds? Und was ist mit dem »... den werde
ich nicht hinausstoßen« in unserer Jahreslosung? Das
kann sich nach dem Hauptstrom der historisch-kritischen Theologie nur auf die Aufnahme in die Jüngerschaft beziehen. Keinesfalls auf das Weltgericht.
Denn nur Gott kommt für diese theologische Strömung als Weltenrichter infrage, und ob es überhaupt
ein Gericht gibt, ist für sie höchst umstritten.

## Welche Konsequenzen ziehe ich selbst?

Es ist unmöglich, über die Haltung anderer zu sprechen, ohne dass man selbst ins Klare kommt. Jeder
Leser, jede Leserin ist an dieser Stelle herzlich eingeladen, sich selbst über die Konsequenzen, die er oder
sie aus der Jahreslosung zieht, klar zu werden.

### Hören des Wortes von Jesus

Ich schaue mich gern bei denen um, die sich mit
einem ähnlichen Thema befassen, oft gerade bei denen, die weniger bekannt sind.

So stieß ich bei der Beschäftigung mit der Jahreslosung auf einen wenig bekannten Liederdichter.

Es handelt sich um Michael Müller aus Blankenburg am Harz, der nur 31 Jahre alt wurde (1673–1704). Er schrieb eines unserer Gesangbuchlieder, in dem es unter anderem heißt:

> Halt dich im Glauben an das Wort,
> das fest ist und gewiss;
> das führet dich zum Lichte fort
> aus aller Finsternis,
> aus aller Finsternis.[20]

Ist das nicht schon etwas Wertvolles, wenn ich überhaupt ein Wort Jesu hören darf? Und erst recht, wenn ich dabei weiß, dass dieses Wort auch für mich gedacht ist, denn es heißt ja, die Welt umspannend: »Wer zu mir kommt«?

**Ist das nicht schon etwas Wertvolles, wenn ich überhaupt ein Wort Jesu hören darf? Und erst recht, wenn ich dabei weiß, dass dieses Wort auch für mich gedacht ist!**

## Entschiedenheit ist gefragt

Als Zweites ist mir klar: Meine Entschiedenheit ist gefragt. Entschiedenheit, Entschlossenheit: wie selten wird das in unserer nordatlantischen Welt! Aber Jesus sagt doch: »Wer zu mir kommt«, das heißt zugleich: Wer sich dazu entschlossen hat, zu mir zu kommen … der will doch bei mir ankommen!

In den Losungen 2021 traf ich auf ein Gebet, das mich eigenartig berührte. Es stand unter dem Datum vom 8. März und lautete:

Herr, du hast mich ergriffen, und ich konnte dir nicht widerstehen. Ich habe Umwege gemacht, aber du hast sie erkannt. Ich habe mich gesträubt; du hast gewonnen. Herr, da bin ich! Ich habe Ja gesagt, als du deinen Liebesblick auf mich gerichtet hast.

Dieses Gebet schien mir in eine ganz andere Atmosphäre zu gehören als Johannes 6,37. In Johannes 6,37 geht Jesus ganz schlicht davon aus, dass ein Mensch zu ihm kommt, weil dies eben nach Gottes Willen menschenmöglich ist. Er geht davon aus, dass dieser Mensch wirklich zu ihm – »zu mir« – kommen will und kommen kann. In dem oben angeführten Gebet ist dies alles anders: Du hast mich ergriffen. – Du hast gewonnen. – Dein Liebesblick brachte mein Ja zuwege. Der Mensch, der in diesem Gebet beschrieben wird, konnte einfach »nicht widerstehen«, hat sich nur »gesträubt«. Wie anders hätte Johannes 6,37 lauten müssen, wenn Jesus von denselben Voraussetzungen ausgegangen wäre wie der Verfasser jenes Gebets!

Ich blieb auch deshalb an diesem Gebet hängen, weil ich unter uns Christen zunehmend wahrnehme, dass alles auf Gottes Handeln abgestellt wird. Ist die eigene Entscheidung eigentlich nicht gefragt? Wo entdecke ich Entschiedenheit unter Christen? Die

Märtyrerberichte bei Open Doors und anderen Organisationen lauten in der Tat anders.

Unsere schlichten Brüder in der Generation vor mir trafen oft erstaunlich den Nagel auf den Kopf! Einer blieb mir besonders im Gedächtnis, ein gelernter Gipser, später Jugendwart, im Winter oft bei Verkündigungsdiensten und Evangelisationen unterwegs. Unter anderem erzählte er von einem Glaubensgespräch, in dem es um das richtige christliche Verhalten ging. Und dann rief er aus: »Man muss sich auch manchmal kommandieren!« Wie recht hatte er. So manches Mal hat mir sein Wort geholfen: in Situationen des Selbstmitleids, des Sich-nicht-entscheiden-Könnens und anderen.

**»Man muss sich selbst auch manchmal kommandieren!«**

### Neu vertrauen!

Aus der Jahreslosung möchte ich ferner die Konsequenz ziehen: Neu vertrauen! Vermutlich geht es vielen Bibellesern ähnlich: Man liest oder hört irgendwelche Worte Jesu, stimmt ihnen auch gerne zu – und dann folgt das große Aber: Man traut ihnen doch nicht ganz!

Es bleibt dabei: Vertrauen muss man immer neu üben, immer neu lernen. So wie ich mein Beil beim Holzhacken liebe, es schon tausendmal in den Händen hatte und doch immer wieder prüfen muss, ob das Eisen richtig auf dem Stiel sitzt, so will ich mit der Jahreslosung neu prüfen, aufs Neue getrost vertrauen: Der Herr nimmt mich auf, wenn ich komme, ja, er hält mich fest.

In diesem Zusammenhang denke ich an einen meiner verlässlichsten Freunde. In seiner Firma gab er Ersatzteile und Werkzeuge aus. Er war bekannt als ein Christ, der die Wahrheit auch einmal offen aussprechen konnte. Sein Chef schätzte ihn. Aber er hätte ihn auch gerne von seinem Christentum losgeeist. »Sag mal«, eröffnete er eines Tages das Gespräch, »was hat man eigentlich vom Christentum?« – »Das wird man sehen, wenn man gestorben ist«, war die Antwort meines Freundes. Er vertraute so fest auf seinen Herrn, dass er so etwas voller Zuversicht sagen konnte.

Natürlich liegt in einem solchen Vertrauen auch ein großes Risiko. Nicht umsonst stellt Jesus in Johannes 6 den Zwölfen die Frage: Wollt ihr auch weggehen? Er rechnet also damit, dass ehemalige Jünger und Jüngerinnen sagen werden: »Jesus hat mich tief enttäuscht.« »Ich brauche etwas anderes.« Und Jesus akzeptiert es, wenn jemand weggeht, in völliger Freiheit. Aufgeregte Gegenmaßnahmen liegen ihm nicht. Aber er selbst hat ein wunderbares Vertrauen, dass ihm der Vater immer wieder neue Jünger und Jüngerinnen zuführen wird.

## Eine Beobachtung am Rande

Die Jahreslosung ist in der Einzahl formuliert: »Wer zu mir kommt, den werde ich nicht hinausstoßen.«

Vielleicht ist es wirklich nur eine Beobachtung am Rande, dass Jesus hier die Einzahl und nicht die Mehrzahl benutzt. Man hat den Eindruck, er möchte jeden Einzelnen, der bei ihm ankommt, ins Auge fassen, sich an ihm freuen, sich um ihn annehmen. Das oben zitierte Lied der Böhmischen Brüder aus dem Jahr 1544 enthält eine auffallende Aussage: »... dass er deiner will pflegen in aller Angst und Not.« Wir werden gepflegt, das erwartet uns also bei Jesus. Und das ist ganz individuell, weil ja Pflege im Grunde nur personenbezogen, nur individuell sein kann. Fast unglaublich! Wenn wir gepflegt werden, schließt dies unsere ganz persönliche Führung, unsere Aufgaben, alles Auf und Ab des Lebens ein.

## Mitleid mit den Gegnern Jesu

Beim Lesen der alten Kirchenväter fiel mir auf, dass sie öfter Mitleid für die Irrlehrer und Abgefallenen äußerten. Einer dieser Kirchenväter, Irenäus von Lyon, vielleicht selbst zum Märtyrer geworden, schrieb um 180 nach Christus über die Häretiker: »Unbekannt ist ihnen die Heilsordnung Gottes ... Blind für die Wahrheit, sprechen sie wider ihr eigenes Heil.«[21] Nicht mit Empörung, schon gar nicht mit Hass sollen wir antworten, wenn man Jesus und seine Gemeinde angreift. Nein, eher mit Mitleid. Die Bergpredigt sagt sogar: »Liebt eure Feinde und bittet für die, die euch verfolgen, auf dass ihr Kinder seid eures Vaters

Wir werden von Jesus gepflegt. Jesus möchte jeden Einzelnen, der bei ihm ankommt, ins Auge fassen, sich an ihm freuen, sich um ihn annehmen. Das erwartet uns bei Jesus.

im Himmel« (Matthäus 5,44-45). Zugegeben: Das fällt uns oft blutig schwer. Aber wenn wir selbst in der Pflege von Jesus sind, wird es möglich; wir spüren dann Jesus in solchen Situationen ganz nahe bei uns.

### Eine wesentliche Konsequenz: das Bleiben

Johannes 6,37 macht eine Voraussetzung, die unsere Jahreslosung zwar nicht nennt, die aber für das ganze Kapitel und sogar für das ganze Evangelium wesentlich ist: dass wir nicht nur zu Jesus *kommen*, sondern auch bei ihm *bleiben*. Also dass wir nicht nur flüchtig, wie bei einem Interview, zu ihm kommen.

**Es ist wesentlich, dass wir nicht nur zu Jesus *kommen*, sondern auch bei ihm *bleiben*.**

Nicht nur ihm sozusagen die Hand drücken und dann wieder verschwinden. Nicht nur für ein paar Monate oder mehr begeistert sind, überall von ihm herumerzählen und bei der ersten Schwierigkeit dann wieder abhängen.

Das ist übrigens eine der ernsthaften Fragen an unsere christliche Evangelisation von heute: Genügt es, dass jemand Feuer fängt für Jesus, den ersten Schritt über die Linie wagt, oder muss nicht von Anfang an auch ein zuverlässiges Fundament der Lehre gelegt werden? Als typischer, zugegebenermaßen eher trockener Lehrer neige ich mehr zum Zweiten.

Mit dem Stichwort »bleiben« treten wir in einen großen Horizont ein. Wer in einer Bibelkonkordanz nach dem Wort »bleiben« schaut, ist vermutlich überrascht – überrascht über die Länge des betreffenden Registers. Dieser Sachverhalt gewinnt eine besondere Bedeutung angesichts der heutigen Situation der westlichen Christenheit. Unser Lieblingswort ist keineswegs das »Bleiben«, sondern eher ein Wort wie »progressiv« oder »fortschrittlich« oder »weiterentwickeln«. Was bleibend ist, was konservativ, was traditionell ist, hat eher einen schlechten Ruf. Wir schwärmen von Multikulturalität und Diversität, bewundern die Umzüge der hinduistischen Götter, schmücken Moscheen, lesen in den Tageszeitungen von den »Hasspredigten« unserer Vorfahren, in denen sie die Laster ihrer Zeit tadelten, bespucken Ordnungskräfte wie Polizei und Sanitäter. Die Corona-Pandemie hat nicht zur Besinnung auf Gott geführt. Nirgends ist die Mission so schwer wie im nordatlantischen Raum. Ein aggressiver Humanismus drängt die christlichen Elemente unserer Kultur mehr und mehr zurück.

Vor meinen Augen steht ein Besuch an der unteren Donau. Ins Besucherprogramm eingeschlossen war eine Begegnung in einer Kirche, die seit Langem im Besitz der Lutheraner gewesen war. Nun wurde sie von der orthodoxen Kirche benutzt, weil ja die lutherischen Deutschen ausgewandert waren und die orthodoxen Rumänen diese Kirche gut gebrauchen konnten. Von den Orthodoxen wurde sie gepflegt und war auch jetzt zu unserem Besuch schön in Ordnung gebracht. Einige Ansprachen wurden gehalten, wie es bei solchen Besuchen eben üblich ist. Nachdem ich meine Ansprache beendigt hatte, wurden mir einige der Anwesenden vorgestellt. »Das ist die Prokuratorin«, hieß es plötzlich. Eine uralte Frau – sie war 87, wenn ich mich recht erinnere – wurde nach vorn geschoben, ganz klein, aber mit wachen Augen. Plötzlich herrschte neue Aufmerksamkeit in der Kirche. »Prokuratorin« ist so etwas wie Laienvorsitzende der Gemeinde. Ich lobte sie, ermutigte sie und bat sie, in ihrem Amt zu bleiben. Kurz konnten wir auf Deutsch miteinander reden. »Bleiben«: Das hatte jetzt noch einmal einen anderen Klang: ausharren, auch wenn da kaum ein Lichtschein am menschlichen Horizont ist; ausharren, weil mich Gott auf diesen Platz gestellt hat.

»Wer zu mir kommt«: Das heißt für mich persönlich auch so viel wie ausharren bei Jesus und den Aufgaben, die er mir gibt. Das ist ein »Bleiben« im geistlichen Sinne.

## Überraschungen

Die Jahreslosung deutet für mich auch Überraschungen an. Überraschend ist ja schon die Zusicherung »… den werde ich nicht hinausstoßen«. Hätte es nicht auch heißen können: »… dem gebe ich Gelegenheit zur Bewährung« oder »… den will ich gründlich prüfen«? Für mich steckt in der Jahreslosung noch mehr, nämlich die Zusage: »Ich will dich bei mir bewahren, dich begleiten und auf dich aufpassen bis zum letzten Augenblick, sogar bis hin zum Jüngsten Gericht.« Etwa so, wie es in Psalm 121 lautet: »Er wird deinen Fuß nicht gleiten lassen« (Vers 3). Man kann solche Worte natürlich nur auf das rein Geistliche beziehen. Aber man wird im Leben immer wieder überrascht, wie sich Gottesworte auch im rein Äußerlichen erfüllen.

Mit meiner Frau war ich vor Jahren im Dienst der Deutschen Indianer Pionier Mission draußen in einem der letzten Winkel von Paraguay. Dann nahte der Tag der Rückreise. Wie würde das Wetter werden? Der Rückflug von Asunción war schon fest gebucht. Am Abreisetag hatte es vom frühen Morgen an Wolken. Auch zuvor hatte es schon geregnet. Und wenn es auf die roten Erdstraßen regnet, werden sie glatt wie Eis. Der Zeitpunkt der Abreise war da. Wir stiegen in unseren Toyota. Ein paar winzige Sonnenstrahlen erschienen in einem Wolkenspalt. Aber der Wagen schlingerte, stöhnte. Da – plötzlich vor uns ein Lkw, ein Riese, schräg über die Straße. Wir beteten laut. Ich weiß heute noch nicht, wie wir an dem Lkw vorbeikamen. Kurz und gut: Wir erreichten mit knapper Not den Flughafen, saßen im Flugzeug, und der Flieger hob ab. Aber ich hatte einen ganz neuen Zugang zu Psalm 121 gefunden: »Er wird deinen Fuß nicht gleiten lassen.« Wie unglaublich ist das, dass der Herr seine Worte auch ganz äußerlich erfüllen kann! Deshalb bin ich gespannt auf äußere Überraschungen, die ich eventuell mit unserer Jahreslosung erleben darf.

Im Laufe meines Lebens bin ich skeptisch geworden gegenüber Leuten, die mich darüber aufklären wollten, dass man die Bibel nicht »wörtlich nehmen« dürfe. Was dann? Ich habe mehr und mehr entdeckt, dass diejenigen, die sie »nicht wörtlich« nehmen wollten, am Ende nur ihre eigenen Ideen in sie hineingelesen haben. War das besser? Warum nicht der Bibel auch einmal ein Geheimnis lassen, gerade dort, wo ich sie nicht verstehe?

**Wir dürfen der Bibel ruhig auch mal ein Geheimnis lassen, gerade dort, wo wir sie nicht verstehen.**

## Jesus und die Gemeinde

Es lässt sich nicht leugnen: Wer zu Jesus kommt, kommt auch in seine Gemeinde. Sicher: In der Jahreslosung ist nicht direkt von der Gemeinde die Rede. Aber die Zwölf, von denen in Johannes 6 die Rede ist, sind doch auch schon eine »Gemeinde«. Und je näher es dem Tod am Kreuz zugeht, desto stärker wird bei Jesus das Thema Gemeinde: Gemeinderegeln, Sündenvergebung untereinander, gemeinsames Gebet, Dienste der Jüngerschaft und anderes.

Die Jahreslosung schließt deshalb ein, dass wer zu Jesus kommt, zugleich ein Glied seiner Gemeinde wird. Natürlich hat Jesus hier keine Organisationsform entworfen. Dies sollte ein Werk des Heiligen Geistes sein. Aber dass er von allem Anfang an eine Gemeinde wollte, nämlich die Gemeinde des Neuen Bundes, war schon durch die verschiedenen Jüngerberufungen klar geworden. »Wer zu mir kommt« ist zwar eine Entscheidung jedes Einzelnen, aber es ist keine Beschreibung von Einzelgängern. Als ich Pfarrer im Schwarzwald war, sagten manche zu mir: »Am Sonntagmorgen gehe ich nicht in die Kirche, da gehe ich lieber in den Wald, da kann ich ungestört mit meinem Gott reden.« »Aber in den Gottesdiensten kommen doch mehr Bibelworte vor als im Wald«, sagte ich dann. »Außerdem brauchen wir Menschen Gemeinschaft.«

Bis heute ist das Bild gültig: Eine einzelne Kohle verglüht schnell, viele Kohlen zusammen aber halten das Feuer.

**Eine einzelne Kohle verglüht schnell, viele Kohlen zusammen aber halten das Feuer.**

Wir sollten auch nicht immer wieder auf die Suche nach einer »reinen Gemeinde« gehen. Bis zum heutigen Tag hat hier der englische Prediger Spurgeon recht behalten. Als ein junger Mann zu ihm kam und ihm erzählte, er habe sich bekehrt, er suche nur noch eine »reine Gemeinde«, in die er eintreten könne, gab ihm Spurgeon zur Antwort: »Selbst wenn es eine reine Gemeinde gäbe – in dem Augenblick, in dem Sie eintreten würden, wäre es keine reine Gemeinde mehr.«

In Jesu Gemeinde gibt es eine Vielfalt von Aufgaben. Hier müssen wir uns immer wieder von Jesus führen und von ihm zeigen lassen, was er konkret von uns will. Dabei ist ein Gespräch mit verschwiegenen, erfahrenen Christen manchmal hilfreich. Auch die persönliche Beichte kann wichtig werden. Und wie verschieden sind unsere persönlichen Führungen!

Solange ich diese Zeilen niederschreibe, lese ich in einem Buch über eine schwäbische Christin, Simone Beck. In ihr lebte die Liebe zu Jesus und zugleich die Liebe zu seiner Gemeinde. Nach langen Jahren der Vorbereitung landete sie in einem Hochtal der afghanischen Bergwelt, erforschte dort die Sprache eines kleinen Volkes und wurde dann in Kabul erschossen, bevor sie ihre Aufgabe zu Ende bringen konnte.[22] Für uns Menschen eine schwer verständliche Führung. Aber ich möchte unter unserer Jahreslosung lernen, auch die Gemeinde, in der ich lebe, wieder neu zu lieben und die verschiedenen Führungen, die Jesus den Seinen gibt, wieder neu zu achten. Das zeigt mir: Liebe und Achtung gebühren auch anderen Christen.

Was musste ich da schon lernen! Nach meiner Bekehrung in eine pietistische Welt hineingewachsen mit echter christlicher Liebe, aber zugleich in eine Welt, die im guten Sinn evangelisch sein wollte, mit der tiefen Überzeugung: Wir sind doch der Bibel ein wenig näher als andere Kirchen. Unter unseren Dozenten an der Universität stammten manche aus dem Osten, diese gaben uns dann auch wertvolle Hinweise auf das Christentum des Ostens. In den Vorlesungen von Joseph Ratzinger, in denen wir Theologiestudenten nach superkritischen Auslegungen des Neuen Testaments immer wieder aufatmeten, lernte man die Achtung vor den Kirchenvätern und das ernsthafte Bemühen um ein biblisches Verständnis auch auf katholischer Seite.

Durch die Ulmer Prälatur mit ihren engen Beziehungen zur Slowakei und danach im Bischofsamt, das zahlreiche Kontakte zur Welt der Orthodoxen hatte, lernte ich diese Welt näher und genauer kennen. Und das war ein Geschenk.

Nur wenige Beispiele dazu: In Grodno, heute unter dem Namen Hrodna die viertgrößte Stadt Weißrusslands, hatte ein lutherischer Kaufmann vor dem Ersten Weltkrieg eine lutherische Kirche gebaut. Ich wollte sie als Bischof besuchen. Leider war sie verschlossen, trotz Voranmeldung. Dafür besuchten wir die orthodoxe Kathedrale. Ich war mehr als erstaunt, als ich ein großes Wandbild entdeckte, auf dem ein Rotarmist einen orthodoxen Priester erschoss. Weißrussland habe vor den stalinistischen Säuberungen 10 000 Priester gehabt, wurde mir erzählt. Danach nur noch 300. Sie starben für ihren Glauben. Mir schoss es durch den Kopf: Wer von uns kennt auch nur einen einzigen dieser Märtyrer mit Namen? Sind uns die Christen im Osten so fern, dass uns das gar nicht interessiert?

Eines Tages sollten wir einen Besuch bei orthodoxen Arbeiterpriestern machen. Ich war gespannt. Arbeiterpriester kannte ich von Frankreich her. Aber in Russland? In einem Vorort von Minsk wurde ein Bauprojekt hochgezogen. Auch die Kirche baute ein kleines soziales Zentrum. Ein weißrussischer Priester, von Statur ein Riesenschrank, begrüßte uns, auf seiner Brust ein überdimensionales Kreuz. Nach seiner Rede griff er strahlend nach diesem Kreuz und sagte: »Sehen Sie, ich arbeite im Segen des Bischofs.« Wir schauten uns nur an. Wer von uns Deutschen würde so stolz vom »Segen des Bischofs« sprechen? Wem wäre es überhaupt wichtig, dass sein Bischof hinter seiner Arbeit stünde und ihn dann auch noch segnen würde? Und doch: Es blieb ein tiefer Eindruck.

Die Christen im Osten: So manches steigt auf, was Anlass zum Nachdenken gibt. Beim ersten Besuch in Minsk gingen wir wie üblich durch die Gepäckkontrolle und alles, was dazugehört. Personal, auch Offiziere, steuerte uns durch einen schmalen Gang. Plötzlich tauchte eine Priestergruppe auf, voran wieder eine Riesengestalt nach Höhe und Breite. Der schob einfach Offiziere und Personal mit rudernden Armbewegungen zur Seite, machte klar, dass wir Gäste des Metropoliten seien, führte uns in die Lounge zum Essen und Trinken, und allen war klar: Wenn der Priester des Metropoliten kommt, muss alles zur Seite weichen. Ich glaube, nicht einmal unser Gepäck wurde kontrolliert. Mir blieb tatsächlich nur das Nachdenken: Wie tief muss die Prägung durch die orthodoxe Kirche des Ostens sein, wenn sie noch nach beinahe hundert Jahren schlimmster Verfolgung eine solche Achtung genießt!

Immer noch bin ich gerne Pietist. Immer noch tut es mir weh, wenn man über die Pietisten schimpft.

Immer noch denke ich, dass Luther und die Reformation und die Evangelischen Aufträge von Gott hatten. Aber ich habe auch gelernt, dass wir anderen Christen Liebe und Achtung schulden. Und das möchte ich unter unserer Jahreslosung weiter lernen.

## Jesus ist die Endstation für alle Sorgen

»Den werde ich nicht hinausstoßen«: Welche Ruhe liegt heute schon in diesem Wort! Jesus sagt doch mit Johannes 6,37: Du darfst bei mir bleiben! Du musst nicht mehr unruhig durch die Welt wandern, stets auf der Suche nach Besserem. Es gibt nichts Besseres! »Ihr werdet Ruhe finden für eure Seelen« (Matthäus 11,29; ELB): Das ist wahr!

»Wer zu mir kommt«, der händigt gleichzeitig alle seine Sorgen an Jesus aus. Eine stille Stunde ist schon dann wertvoll, wenn ich ihn bitten darf: Zeige mir jetzt, welche Sorgen ich mir selbst mache. Es gibt begründete Sorgen, die aus den Ereignissen um mich und in mir erwachsen. Aber es gibt auch die Sorgen, die aus meiner Fantasie, meiner Einbildung, meiner Gefühlswelt, vielleicht sogar meinem übergroßen Pflichtgefühl entspringen. Diese zuletzt genannten Sorgen dämmt Jesus ein, wenn er sagt: »Es ist genug, dass jeder Tag seine eigene Plage hat« (Matthäus 6,34). Zugleich bringt Jesus in großer Nüchternheit zum Ausdruck, dass eben wirklich jeder Tag wieder eine neue Sorge mit sich bringt. Es ist ähnlich

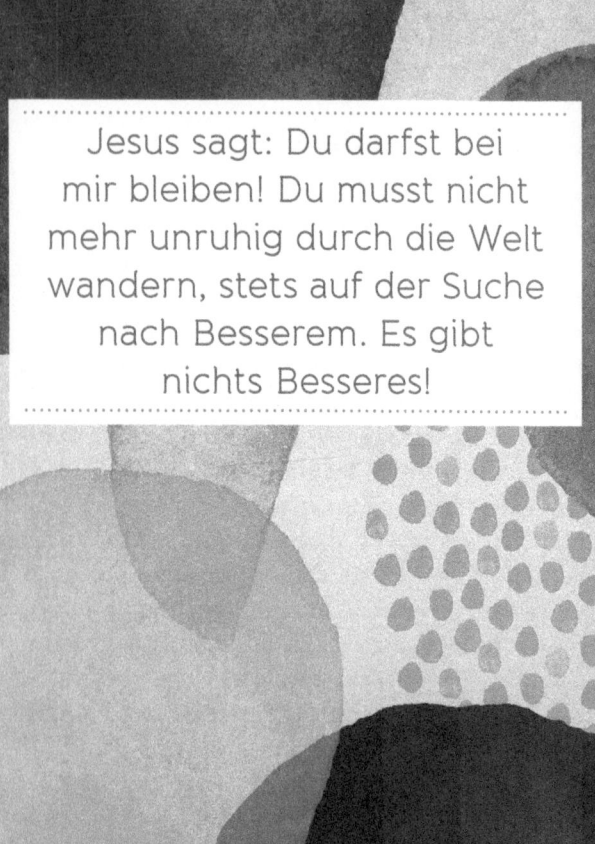

Jesus sagt: Du darfst bei mir bleiben! Du musst nicht mehr unruhig durch die Welt wandern, stets auf der Suche nach Besserem. Es gibt nichts Besseres!

wie bei der Angst: »In der Welt habt ihr Angst«, stellt Jesus ganz sachlich fest. Und genauso: »Jeder Tag hat seine Sorgen-Plage.« Wie gut, dass wir als Christen aber auch den Segen von 1. Petrus 5,7 erfahren dürfen: »Alle eure Sorge werft auf ihn.« Abgeben an Jesus, das ist das Geheimnis. Abgeben – und nicht wieder heimlich aufnehmen! Wie schwer ist das! Unter Christen war ich manchmal fast verzweifelt, weil ich immer wieder feststellen musste, wie wenig wir Christen dieses Angebot nützen.

**»Alle eure Sorge werft auf ihn«: Abgeben an Jesus, das ist das Geheimnis. Abgeben – und nicht wieder heimlich aufnehmen!**

Ein Jugendleiter, den ich gut kenne, baut in seine Jugendfreizeiten gerne ein Bungee-Springen ein. Dabei wird man an einem Gummiseil festgebunden. Dann folgt der Sprung in die Tiefe, so circa 50 Meter. Das Seil dehnt und dehnt sich. Am Ende hält es fest. Der Sprung in die Tiefe wird gestoppt. Das ist für mich ein Gleichnis für das Thema »Jesus und die Sorgen«. Manchmal scheinen wir in die Tiefe zu stürzen, scheinbar endlos. Kümmert sich der Herr um nichts? »Meister, fragst du nichts danach, dass wir umkommen?« (Markus 4,38). Aber am Ende hält der Herr uns fest.

Johann Daniel Herrnschmidt, geboren 1675 in Bopfingen, hat 1704 den wunderschönen Vers gedichtet:

Gott will's machen,
dass die Sachen

gehen, wie es heilsam ist.
Lass die Wellen
sich verstellen,
wenn du nur bei Jesus bist.[23]


## Jesu Liebe zu mir, meine Liebe zu ihm

»Wer zu mir kommt, den werde ich nicht hinausstoßen«: Darin drückt sich nicht zuletzt die ganz große Retterliebe Jesu aus. Und das heißt gleichzeitig: Unsere Jahreslosung kann zu einer Hilfe werden, dass wir Jesus mehr und mehr lieben. Denn je mehr wir seine Liebe erkennen, desto mehr möchten wir lernen, ihn ebenfalls zu lieben. Einer der römischen Kaiser soll in einem Saal seines Palastes Standbilder mehrerer Philosophen und Religionshäupter aufgestellt haben, darunter auch Jesus. Nehmen wir an, er verharrte von Zeit zu Zeit vor diesen Standbildern. Aber so ein nachdenkliches Betrachten ist noch nicht Liebe.

Liebe ist es, wenn ich mich selbst in die Waagschale werfe, mich dem, der meine Liebe empfängt, auch anvertraue.

Stern, auf den ich schaue,
Fels, auf dem ich steh,
Führer, dem ich traue,
Stab, an dem ich geh.
Brot, von dem ich lebe,
Quell, an dem ich ruh,

Ziel, das ich erstrebe,
alles, Herr, bist du.[24]

Wie wunderbar und zugleich wie einfach bringt dieses Lied von Friedrich Adolf Krummacher (1824–1884) die Verbindung, um die es geht,

**Liebe ist es, wenn ich mich selbst in die Waagschale werfe und mich dem, der meine Liebe empfängt, anvertraue.**

zum Ausdruck! Was nützen alle Gebote des Herrn, was nützen alle seine seelsorgerlichen Ratschläge, wenn ich ihn nicht liebe und ihm nicht vertraue!

Und wenn ich Jesus liebe, dann kann ich auch all die Menschen lieben, für die er gestorben ist. Eines der wertvollsten Bücher, die ich einmal in die Hände bekommen habe, war das Buch von Oswald Smith: »Glühende Retterliebe«.[25] Meines Wissens steht »Glühende Retterliebe« in keiner evangelischen Dienstanweisung. Aber dringend nötig wäre es! Was nützen alle »Projekte«, »Leitlinien«, »Zukunftsperspektiven«, »Hoffnungsblicke«, wenn nicht die glühende Retterliebe dahintersteckt: eine Liebe, die Menschen davor bewahren will, in Gottes Gericht schuldig gesprochen zu werden.

Ein Text von Friedrich Rückert (1788–1866) hat mich sehr berührt:

Du bringst nichts mit hinein,
du nimmst nichts mit hinaus,
lass eine goldene Spur
im alten Erdenhaus.

Doch wie ist es mit der »goldenen Spur«? Hinterlasse ich nicht auch grässliche Spuren? Wer macht das gut, was ich falsch gemacht habe? Nur Jesu Liebe zu mir Sünder am Kreuz kann gut machen, kann meine Sünde »schneeweiß« machen.

## Die Perspektive unserer Jahreslosung reicht bis zum Weltgericht

»Den werde ich nicht hinausstoßen«: Diese Zusage hat Ewigkeitsbedeutung. Sie bewährt sich am stärksten zum Schluss, beim Weltgericht. Denn Jesus ist der Weltenrichter. Unvorstellbar, wenn er mich dann bei den Erlösten einordnet, bei denen, zu denen er sagt: »Kommt her, ihr Gesegneten meines Vaters, ererbt das Reich, das euch bereitet ist« (Matthäus 25,34). Denn die letzte Entscheidung über mein Leben liegt nicht bei mir, so wenig wie die erste. Das eigentliche Ende kommt erst nach dem irdischen Tod und entscheidet sich im letzten Gericht. Mögen die Menschen also noch so viel über den »selbstgewählten Suizid« fabulieren, Anfang und Ende des Lebens bestimmt Gott allein.

Am 13. Februar 2021 erschienen im Zusammenhang mit der Corona-Krise zwei hochinteressante Artikel in der Frankfurter Allgemeinen Zeitung. Ein hochangesehener Forscher schrieb einen Artikel, an dessen Spitze stand: »Die Pandemie wirft uns nicht um. Der Mensch, ein Genie der Adaption, wird auch aus dieser Krise lernen.« An seine Seite rückte die Redaktion einen zweiten Artikel von einer 17-jährigen Schülerin, die vor fünf Jahren aus Afghanistan geflohen war. Ihr Artikel verglich Covid-19 mit den Terroranschlägen in ihrer Heimat. Darin hieß es: »Eine Sache ist mir auch klar geworden: Das Schicksal entscheidet darüber, wer am Leben bleibt und wer nicht.« Mochte sie auch vom »Schicksal« sprechen: Es war ihr jedenfalls klar, dass die letzten Entscheidungen nicht bei uns Menschen liegen. Mit dieser Erkenntnis stand sie weit, weit über dem Verfasser des ersten Artikels.

Und wie es manchmal so kommt, las ich im Reiseblatt derselben Zeitung einen Bericht von einer 94-jährigen Schlesierin. Vor wenigen Jahren war sie in die Heimat ihrer Kindheit zurückgezogen. Mit Hilfe anderer, wohl einer Stiftung, fand sie dort noch einmal Lebenssinn und lohnende Aufgaben. Am Schluss eines Gesprächs stellten die Zeitungsleute die Frage: »Was würden Sie einem jüngeren Publikum als Rat zum Abschied mitgeben?« Mit ihrer tiefen, rauchigen Stimme habe sie gesagt: »Keine Angst haben! Und die Hand des lieben Gottes nicht loslassen.«

Ja, wenn uns die Hand des Weltenrichters auch nicht loslässt, wenn er uns ganz am Ende »nicht hinausstoßen« wird, dann war unser Leben nicht sinnlos.

## Unterwegs mit Jesus

Oft schon wurde ich gefragt, was meine liebste Bibelstelle sei. Meistens nenne ich Matthäus 9,9. Dort sagt Jesus zum Zöllner Matthäus: »Folge mir! Und er stand auf und folgte ihm.« Immer wieder wirft es mich schier um, wie einfach das alles abläuft. Ruf und Antwort: So also kommt man zu Jesus. Wer überkritisch daran herumdoktert, welche Gründe, Hintergründe, psychologischen Bedingungen, theologischen Momente hier eine Rolle spielen, wird zu keinem Ergebnis kommen. Man muss es tun!

»Wer zu mir kommt …« In der Regel ist unser praktischer Weg der des Gebets. Mir steht noch vor Augen, wie meine Frau und ich erstmals am Abend auf die Knie gingen, um dem Herrn unsere Anliegen vorzutragen. Es war wie ein Sprung ins kalte Wasser. Gibt es überhaupt Gott? Gibt es so etwas wie Jesus? Hört da jemand? Die Antwort bekamen wir in den folgenden 60 Jahren unseres Lebens: Er ist da!

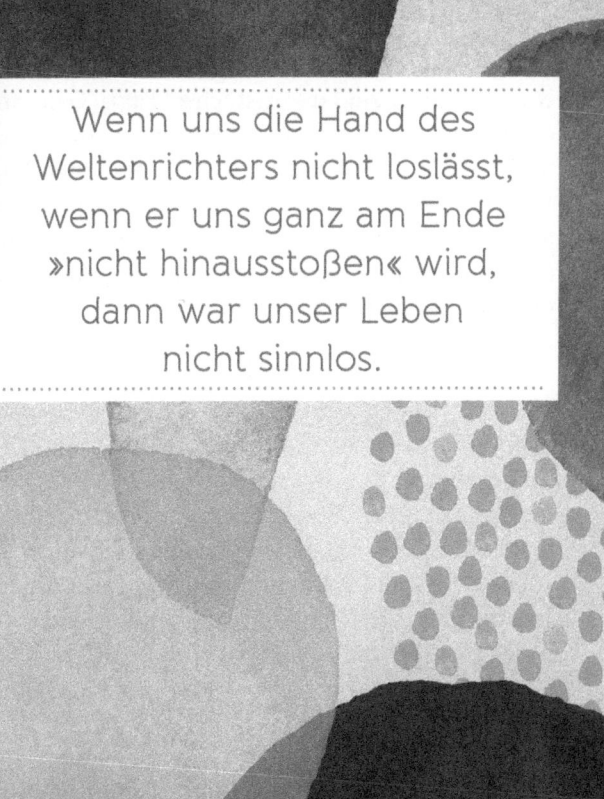

Wenn uns die Hand des
Weltenrichters nicht loslässt,
wenn er uns ganz am Ende
»nicht hinausstoßen« wird,
dann war unser Leben
nicht sinnlos.

Schon im gewöhnlichen Leben kann ein Tipp Gold wert sein. Vor Kurzem öffnete sich unsere Autotür nicht mehr. Meine Frau fragte schon nach der nächsten Autowerkstatt. Aber in der ganzen Innenstadt gab es keine Autowerkstatt mehr. Unsere Hotel-Rezeption hatte den besseren Tipp: ADAC anrufen! – Noch wichtiger sind die geistlichen Tipps. Ganz am Anfang unseres Glaubenslebens wies uns einmal jemand auf Walddorf mit seinen Bibelfreizeiten hin. Wir entschlossen uns, es zu probieren. Und wie viel Segen haben uns diese Bibelfreizeiten mit Karl Wezel und Paul Müller gebracht! Gott muss uns Auge und Ohr für solche Tipps schenken.

Das Kommen zu Jesus ist immer ein Probieren. Man muss testen, ob so etwas möglich ist. Es könnte doch die größte Enttäuschung daraus werden. Noch heute, in meinem 85. Lebensjahr, wundere ich mich darüber, dass Jesus sich testen lässt: ein Jude, der im Jahr 30 nach Christus gekreuzigt wurde – und zugleich Gottes Sohn!

Ein »Kommen« habe ich unterschiedlich erlebt. Beim Hochsprung auf der Offiziersschule wurde die Latte höher gelegt. »Komm drüber!« Ich kam nicht drüber. Jahre danach las ich die Geschichte eines Bergführers im Engadin. An einer gefährlichen Stelle im Gebirge mussten die Touristen einen großen Schritt machen. Einer der Touristen konnte das einfach nicht. Da streckte ihm der Bergführer seine Hand entgegen mit den Worten: »Sehen Sie, diese Hand hat noch nie jemand losgelassen!« Darauf wagte es der Tourist und kam hinüber. Um wie viel mehr hält uns die Hand Jesu fest, wenn wir es wagen, unsere Hand in die seine zu legen.

**Um wie viel mehr als eine menschliche Hand hält uns die Hand Jesu fest, wenn wir es wagen, unsere Hand in die seine zu legen.**

Ein Lord stand auf einer Brücke in London. Laut bot er jedem Vorübergehenden aus seiner Kiste eine Silbermünze für einen Penny an. Damit wollte er eine Wette einlösen. »Ein Penny für eine Silbermünze!«, rief er jedem Daherkommenden entgegen. Die Leute lachten, eilten zur Arbeit. Bald war die Stunde abgelaufen, die der Lord auf der Brücke mit seinen Silbermünzen zubringen musste. Da näherte sich vorsichtig ein Arbeiter. Zahlte den Penny. Schaute die Münze an. Hinter der Brücke ließ er sie in einem Fachgeschäft prüfen: echtes, teures Silber. Er rannte zurück. »Meine Stunde ist abgelaufen«, sagte der Lord. Die Kiste war zu und schon verschlossen. »Unfassbar!«, dachte der Arbeiter: »Da gehen Hunderte (oder mehr?) vorüber, und keiner greift zu.«

**Jesus hat für uns mehr als eine Stunde. Aber kein Mensch weiß, wie oft er noch bei ihm vorbeikommen kann.**

Jesus hat für uns mehr als eine Stunde. Aber kein Mensch weiß, wie oft er noch bei ihm vorbeikommen kann.

Jahrelang sah man am Ortsausgang von Degerloch, da, wo die Straße zur Ruhbank hinabführt, ein Plakat: »Jesus kommt wieder. Bist du bereit?« Tatsächlich: Wir sollten nicht nur über *unser* Kommen zu Jesus nachdenken, sondern genauso über *sein Kommen* zu uns. Beides sind Schwerpunkte im Neuen Testament. Wenn wir nur an *unser* Kommen denken, dann dreht sich zu viel um unser frommes oder religiöses Ich.

Ich weiß nicht, ob die folgende Geschichte stimmt, die mich innerlich seit Langem begleitet. Ein Prinz aus der Familie Napoleons hatte sich den französischen Afrika-Truppen angeschlossen, die den Sudan besetzen wollten. Er bekam dort den Spitznamen »Prinz fünf Minuten«, weil er bei allen möglichen Gelegenheiten um ein bisschen mehr Zeit bat: »Nur

Wir sollten nicht nur über **unser** Kommen zu Jesus nachdenken, sondern genauso über **sein Kommen** zu uns. Beides sind Schwerpunkte im Neuen Testament. Wenn wir nur an **unser** Kommen denken, dann dreht sich zu viel um unser frommes oder religiöses Ich.

noch fünf Minuten.« Im Sudan wurde seine Truppe dann überraschend angegriffen. Sein Adjutant stürzte in sein Zelt und schrie: »Schnell, schnell heraus! Wir werden angegriffen!« Der Prinz rief: »Ja! Nur noch fünf Minuten!« Doch bevor die fünf Minuten vorbei waren, waren die Angreifer zur Stelle und töteten den Prinzen. – Wie oft versäumen wir die Zeit, in der wir zu Jesus kommen sollten! Er hat unendlich viel Geduld mit uns. Aber es kann einmal auch zu spät sein.

Bei einer unserer Führungen in Rom hatten wir an einem der Tage einen Besuch der Vatikanischen Museen eingeplant. Weil manche aus unserer Reisegruppe dort schon gewesen waren, andere auch andere Interessen hatten, gaben wir an diesem Tag dann doch die freie Wahl zu verschiedenen Unternehmungen. Mit meiner Frau entschloss ich mich, beim ursprünglichen Plan zu bleiben. Also: Vatikanische Museen. Uns traf dann fast der Schlag: Die Schlange der Wartenden war riesig – ein Kilometer? Zwei Kilometer? »So lang können wir nicht warten«, sagte ich zu meiner Frau. »Wir gehen direkt zum Eingang.« »Was willst du dort?«, fragte sie ungläubig. »Keine Ahnung«, antwortete ich. Nun standen wir also direkt am Eingang einer Gruppe Uniformierter gegenüber. Plötzlich wusste ich: Ich habe nur *eine*

Karte, auf die ich setzen kann. Ich zog meine Visitenkarte heraus. »Io sono vescovo, prego fateci entrare.« (»Ich bin Bischof, bitte lassen Sie uns herein.«) Der uniformierte Angestellte starrte auf meine Visitenkarte und schob uns ohne weitere Umstände durch die Absperrung. Geschafft!

Mir fällt auf, dass Jesus, wenn er sagt »Wer zu mir kommt«, keinerlei Prüfungen eingebaut hat. Nichts, was man als Vorleistung erbringen muss. »Komm!« – das ist das Einzige, was meine Aufgabe ist.

Jemand schrieb auf meine Geburtstags-Glückwunschkarte: »Gott wünscht direkten Blickkontakt.« Mir ging das nach. Ist es nicht wirklich so? »Wer zu mir kommt«, sagt Jesus. Da geht es nicht um das Kommen zu einer Organisation, einer bestimmten Mission, einem speziellen Prediger oder Evangelisten, ja nicht einmal zu dieser oder jener Kirche oder Konfession. Entscheidend ist das Kommen zu ihm, zu Jesus selbst.

Meine Bank gibt sich große Mühe mit mir. Ich bekomme sogar Geburtstagspost. Letztes Mal stand über den guten Wünschen ein Wort von Lucius Annaeus Seneca: »Vertraue auf dein Glück und du ziehst es herbei.« Die Sachbearbeiterin fügte hinzu: »Möge das Glück Sie auf Ihrem Weg begleiten.« Zwei Dinge gingen mir nach:

Wo blieb Senecas Glück, als Kaiser Nero ihn im Jahre 65 nach Christus zum Tode verurteilte und zum Selbstmord zwang?

Das »Glück« hat noch niemand gesehen oder beschreiben können, wie es aussieht. Jesus aber ist eine wirkliche Gestalt der Geschichte, von den Zeitzeugen beschrieben und geschildert und bis heute von Millionen und Abermillionen erlebt. Da steckt Realität dahinter, wenn er sagt: »Wer zu mir kommt, den werde ich nicht hinausstoßen.«

†††

»Wer zu mir kommt ...«: Ist das nicht wie der Übergang zwischen zwei Reichen? In der Tat: »Er hat uns errettet aus der Macht der Finsternis und hat uns versetzt in das Reich seines geliebten Sohnes« (Kolosser 1,13). Zwar ist es gut, das alte Reich der Finsternis mit klarem Verstand im Auge zu behalten. Auch wäre es fatal, wenn wir vergessen würden, dass wir – mit den Worten Martin Luthers – »gerecht und Sünder zugleich« sind (Paulus beschreibt diesen Zustand in Römer 7,21-25). Einer meiner Verwandten sagte: »Es

**Wer zu Jesus kommt, steht unter einer neuen Herrschaft, der Herrschaft des Erlösers und des Sohnes Gottes.**

erholt sich nichts so schnell wie der alte Mensch.« Und doch: Wer zu Jesus kommt, steht unter einer neuen Herrschaft, der Herrschaft des Erlösers und des Sohnes Gottes.

Immer wieder begegne ich in christlichen Gemeinden der Meinung: Wer einmal zu Jesus gekommen ist, der kann nie mehr verloren gehen. Woher diese Meinung stammt, ist mir bis heute nicht ganz klar. Aber biblisch ist sie nicht. Schon Israels Propheten warnen eindrücklich vor einer solchen Meinung (Hesekiel 3,20; 18,24; 33,12-18; Micha 3,9-12). Es warnen nicht weniger eindrücklich Matthäus 24,45-51; 25,11-12; 25,24-30; Hebräer 10,26-29 und 2. Timotheus 1,15; 4,10 mit ihren Beispielen. Man kann unsere Verbindung mit Jesus so zusammenfassen: Keine Macht der Welt kann uns aus Jesu Hand reißen (Johannes 10,28) – aber wir behalten die Freiheit, selbst von ihm wegzugehen.

Auf einer unserer Missionsstationen in Brasilien fragten wir eine der indigenen Frauen, wie es ihr gehe. »Oh!«, sagte sie, »meine Kinder essen mein Fleisch.« Einige Jahre später glaubte ich sie zu verstehen, und ich muss ab und zu an ihre Aussage zurückdenken. Bei Jesus aber ist das völlig anders. Wer zu ihm kommt, muss nicht befürchten, dass sein »Fleisch« ausgeht. Er muss auch nicht befürchten, dass ihm ein anderer etwas – zum Beispiel einen Segen – wegschnappt. Nein, für alle ist genügend da. Je mehr hier kommen, desto besser. »Ich bin gekommen, damit sie das Leben haben und volle Genüge«, sagt Jesus in Johannes 10,10.

† †

Die Suche nach dem richtigen Eingang ist bei manchen Gebäuden nervtötend. Verschiedene Schlüssel, Zugänge, Eingangsmöglichkeiten können einen vor erhebliche Rätsel stellen. Manche Menschen sehen den Zugang zu Jesus ähnlich problematisch. Wie? In welchem Zustand? Mit welchen Worten? Allein oder in einer Gruppe? – Wie also kann ich ihn erreichen, wie kann ich zu ihm kommen? Es fällt auf, dass Jesus in Johannes 6,37 das Kommen zu ihm in keiner Weise problematisch macht. Es gibt überhaupt kein vorschriftsmäßiges oder besonderes Verfahren. Ob im Sessel oder im Auto, ob gemütsmäßig bewegt oder seltsam alltäglich – es genügt zu beten und zu sagen: »Herr Jesus,

**Es genügt zu beten: »Herr Jesus, ich komme zu dir.« Und wenn später die eigenen Bedenken oder der Teufel selbst diesen Schritt infrage stellen wollen, dann sagen wir in aller Ruhe: »Ihr kommt zu spät.«**

ich komme zu dir.« Aber im Ernst gesagt! Kein Spiel, das sich beliebig oft noch mal wiederholen lässt. Und wenn später die eigenen Bedenken oder der Teufel selbst diesen Schritt infrage stellen wollen, dann sagen wir in aller Ruhe: »Ihr kommt zu spät.«

Mit meiner Frau saß ich in einem schicken Café am Stephansdom in Wien und bestellte einen Kaffee. Der Kellner erwiderte: »Dieser Raum ist nur für Essensgäste. Suchen Sie sich doch einen anderen Platz.« Ganz geniert verließen wir den Raum. Es ist kein gutes Gefühl, nicht willkommen zu sein oder gar hinausgetrieben zu werden. Erst recht gilt das für geistliche Dimensionen, in denen es letztlich um das ewige Leben geht. Wie unersetzlich ist da die Zusage Jesu: »Wer zu mir kommt, den werde ich nicht hinausstoßen.«

Mit unserem Ältesten, der damals zehn Jahre alt war, stand ich in einer riesigen Schlange vor einem Fischerboot, das uns auf unserer dänischen Insel frische Schollen anbot. Nach längerem Warten sagte ich zu unserem Philippus: »Komm, wir gehen heim. Bis wir an der Reihe sind, sind die Schollen längst aus oder wir bekommen höchstens noch die zwei letzten, aber nicht genug für uns alle.« – »Papa, komm, wir warten«, ermutigte er mich. Gut, also warteten wir. Allmählich rückten wir dem Fischer im Boot näher. Dann war ich dran. »Zehn Schollen«, sagte ich. Ich fiel beinahe um: Wir bekamen nicht nur die zwei letzten, sondern alle zehn! Das Kommen zu Jesus hat damit manche Ähnlichkeit. Sehr oft bleiben schnelle Veränderungen, wunderbare Erhörungen, erhoffte Ergebnisse aus. Das Leben geht scheinbar normal weiter und wir müssen erst einmal warten. Und doch regiert jetzt ein anderer unser Leben und unser Herz: Jesus. Oft werden wir überrascht. Wir entdecken, dass es eine geistliche Geduld gibt. Und wir staunen, wie Jesus am Ende durchträgt. »Die auf den HERRN harren, kriegen neue Kraft« (Jesaja 40,31).

† †

In den jüngsten Augenblicken der Geschichte werden wir vor dem Weltenrichter Jesus Christus stehen. »Denn wir müssen alle (Paulus denkt auch an seine eigene Person) offenbar werden vor dem Richterstuhl Christi, auf dass ein jeder empfange nach dem, was er getan hat im Leib, es sei gut oder böse« (2. Korinther 5,10). Es geht dabei nicht nur um die Dinge, die wir vor Beginn des Glaubenslebens getan oder unterlassen haben. Sondern es geht auch um alles, was während unseres Glaubenslebens geschehen ist. Wenn wir dies alles im Lichte Gottes sehen: Müsste uns nicht der Weltenrichter Jesus nach Recht und Gerechtigkeit aus der Gemeinschaft der Erlösten »hinausstoßen«? Aber dann, in jener Entscheidungssituation, steht Jesus ohne Abstriche zu seinem Wort: »Wer zu mir kommt, den werde ich nicht hinausstoßen.« Niemand von uns kann sich vorstellen, welches Aufatmen in jenen Augenblicken durch uns gehen wird.

Aber dann, in jener Entscheidungssituation, wenn wir vor dem Weltenrichter Jesus Christus stehen, steht Jesus ohne Abstriche zu seinem Wort: »Wer zu mir kommt, den werde ich nicht hinausstoßen.« Niemand von uns kann sich vorstellen, welches Aufatmen in jenen Augenblicken durch uns gehen wird.

# Anmerkungen

1   Jesus nur alleine sei mein Losungswort. Text: Daniel
    Feddersen (1836–1902).
2   Jesus soll die Losung sein. Text: Benjamin Schmolck
    (1725).
3   Tac. ann. XV 44.
4   Suet. vir. ill. 25.
5   Vgl. b Sanhedrin 43a; 67a.
6   b Sanhedrin 106a.
7   Ios. ant. Iud. XVIII 64.
8   Pirke Abot III 19.
9   Iren. adv. haer. IV 37, das wiedergegebene Zitat IV 37,7.
10  Prälat Dr. Karl Hartenstein: Brief an die Pfarrer sei-
    ner Prälatur. Nachzulesen unter dem Link: https://www.
    gemeindenetzwerk.de/?p=15117 (letzter Aufruf: 05.05.2021).
11  Es jämmre, wer nicht glaubt. Text: Philipp Friedrich
    Hiller (1762).
12  Ich singe dir mit Herz und Mund. Text: Paul Gerhardt
    (1653).
13  Rabbi Akiba nach dem Pirke Abot III 20.
14  Text: Nikolaus Ludwig Graf von Zinzendorf (1700–
    1760).
15  Pirke Abot II,11.
16  Ios. c. Ap. I 37.
17  Tertullian: Apologeticum, Kapitel 39, 7. Übersetzung
    nach Ausgabe von C. Becker, München 1952.
18  Lob Gott getrost mit Singen. Text: Die Böhmischen Brü-
    der (1544).
19  Kurt Aland (Hg.): Lutherlexikon, 4. Auflage, Göttin-
    gen 1983, S. 62–63.

20 Auf, Seele, auf und säume nicht. Text: MICHAEL MÜLLER (1673–1704).

21 Iren. adv. haer. V 19,2.

22 Sr. HEIDEMARIE FÜHRER: Ermordet in Kabul, Vom Leben, Glauben und Kämpfen der Simone Beck, Holzgerlingen 2021.

23 Gott wills machen, dass die Sachen. Text: JOHANN DANIEL HERRNSCHMIDT (1704).

24 Stern, auf den ich schaue. Text: CORNELIUS FRIEDRICH ADOLF KRUMMACHER (1857).

25 OSWALD SMITH: Glühende Retterliebe, Moers 2005.

Heidemarie Führer

**Ermordet in Kabul**

**Vom Leben, Glauben und Kämpfen der Simone Beck**

2003 zieht Simone Beck als Entwicklungshelferin nach Afghanistan, dem Land, das ihr besonders am Herzen liegt. Trotz vieler Schwierigkeiten gibt sie alles, um das Evangelium zu verbreiten. Die bewegende Geschichte einer Frau, die zur Märtyrerin 2017 gewählt wurde.

Gebunden, 13,5 × 21,5 cm, 240 Seiten
Nr. 395.888, ISBN 978-3-7751-5888-6
Auch als E-Book

Gerhard Maier

**Streiflichter meines Lebens**

**Ursprünglich sollte Gott gar nicht vorkommen**

Der ehemalige württembergische Landesbischof Gerhard Maier schreibt in seiner Autobiographie offen und ehrlich von seiner Leidenschaft für eine missionarische Kirche, festes Vertrauen in die Bibel und große Dankbarkeit über die immer wieder erfahrene Nähe Gottes.

Gebunden, 13,5 × 21,5 cm, 264 Seiten
Nr. 395.915, ISBN 978-3-7751-5915-9
Auch als E-Book

SCM
Hänssler

*Korkeichen, so weit das Auge reicht: Portugal steht als Produzent des vielseitig verwendbaren Naturmaterials weltweit an erster Stelle.*

Die Autorin:

**Beate Schümann**,
Jahrgang 1955, studierte Geschichte mit dem Schwerpunkt Lateinamerikanistik, Portugiesisch und Öffentliches Recht. Portugal kennt sie seit ihrer Jugend, in Lissabon hat sie längere Zeit gelebt. Heute arbeitet sie als freie Journalistin und Autorin in Hamburg.

**Reizvoll** ist in Portugal vor allem die Vielfalt der Landschaft und die Höflichkeit der Menschen. Wo Europa auf der Landkarte endet, fängt der Urlaub erst richtig an!

*Die Grenzstadt Bragança mit ihrer Festung galt lange Zeit als uneinnehmbar.*

Westend. An Europas äußerstem Südwesten, am **Cabo de São Vicente**, stürzt das Land geradezu halsbrecherisch über die Klippen in den schäumenden Ozean und hört hier abrupt auf. Ende oder Anfang? Vergessen Sie die Landkarte. Zur Zeit des Nationaldichters Luís de Camões, der mit seiner poetischen Beschreibung der portugiesischen Geografie auch bei uns Karriere gemacht hat, endete hier die Welt. Nach der gängigen Vorstellung im Mittelalter markierte das weite, unerforschte Meer Finsternis und Chaos. Für Portugal indes bedeutete es Horizont: Das kleine Land kehrte dem eitlen, mit sich selbst beschäftigten Europa den Rücken zu und setzte die Segel, um das imaginäre Weltende zur Strecke zu bringen und das Unbekannte zu erobern. Portugals ganzer Stolz liegt darin – bis zum heutigen Tag.

Portugal liegt in unseren Tagen am Rande Europas. Die Zeit, in der das Land sich als Regisseur

## Vielfalt am Rande Europas

auf der Weltbühne Ruhm und Macht verschaffte, liegt ein halbes Jahrtausend zurück. Es verausgabte sich bei diesem Unternehmen völlig. Köstlicher Stolz mischte sich mit bitterer Traurigkeit. Bis vor 25 Jahren, als die Nelkenrevolution die gesamte Welt in Staunen versetzte, hatte sich das diktatorisch geführte Portugal in eine fast vollständige Isolation zurückgezogen. Und in gewisser Weise

war man auch darauf stolz gewesen. Das Inseldasein machte die Portugiesen zu Lebenskünstlern, förderte allerdings auch Empfindlichkeiten.

Die Republik im hintersten Winkel der Iberischen Halbinsel lag so weit jenseits des europäischen Bewusstseins – zumal von jeder staatenbildenden Erfahrung abweichend –, dass viele sie für eine Provinz Spaniens hielten. Ökonomisch wurde das Land als »Armenhaus« abgetan, in dem die Sonne unermüdlich schien, dessen Bewohner sich an einer unerklärlichen Melancholie namens **Saudade** nährten – oder auswanderten. Der portugiesische Romancier José Saramago bezwei-

## Der Reiz des Unterschiedes

felt auch Jahre nach der europäischen Vereinigung, dass die Europäer überhaupt wüssten, was Portugal ist.

Es gilt also Portugal kennen zu lernen! Flächenmäßig ist es ein Miniland, gerade doppelt so groß wie Niedersachsen, und doch könnten die Kontraste zwischen den einzelnen Regionen größer kaum sein. »Portugal ist Lissabon, der Rest ist Landschaft« – diese Beschreibung für den enormen Gegensatz zwischen Stadt und Land kam im 19. Jahrhundert auf. Eine bessere gibt es bis heute nicht. **Lissabon** ist die pulsierende, dominierende Metropole, in der alle Fäden zusammenlaufen – politisch, ökonomisch, administrativ, finanziell und demografisch. Die Hauptstadt hat das Flair einer Weltstadt und zeigt sich, wie New York oder Paris, in vielen Gesichtern. Pracht und Elend konzentrieren sich auf engem Raum. In der Innenstadt laden Cafés an schönen Plätzen zur südlichen Langsamkeit ein, in den Schaufenstern spiegelt sich die seit dem EU-Beitritt gestiegene Lebensstandard, und überall ragen Baukräne auf. Mit ihrem eigenwilligen Charme und ihrer Eitelkeit zieht die alte Diva alle Aufmerksamkeit auf sich. Am Stadtrand von Lissabon trifft man dagegen Verhältnisse an, die man in Dritte-Welt-Ländern erwartet, nicht aber in einem EU-Land: Slums, die sich wie ein Gürtel um die Stadt legen. Das Erbe eines Kolonialstaates, der seine letzten Kolonien erst 1975 in die Unabhängigkeit entließ.

Kaum hat man Lissabon verlassen, kommt man in ländliche, einsame Gegenden. Wer einmal das Badetuch im Schrank lässt und durch die Provinz reist, wird von landschaftlicher und kultureller Vielfalt überrascht. Es genügt manchmal, nur wenige Kilometer zu fahren, und schon ändern sich Bräuche, Kunsthandwerk und Küche. Überall treten die Spuren in Erscheinung, die Klimazonen, Erdanatomie und örtliche Biografien hinterlassen haben. Wer Portugal entdecken will, geht ins Binnenland!

Grob gesehen, gliedert sich das Land in einen begüterten, konservativen Norden und einen vergleichsweise armen, revolutionären Süden, in eine entwickelte, industrialisierte Küste im Westen und ein rückständiges, agrarisches Hinterland im Osten. Die Nord-Süd-Teilung, die sich am Flussverlauf des **Tejo** trennt, stellt

## ...und der Rest ist Landschaft

Fruchtbarkeit und verbrannte Erde nebeneinander. Der gebirgige Norden hat etwas Üppiges, Saftiggrünes. In den Provinzen **Minho** und **Douro Litoral** wird der Kohl richtig fett, und an den malerisch gelegenen Terrassen reifen die berühmten Trauben für den Portwein, die die atlantische Wettermischung aus Wärme und Feuchtigkeit außerordentlich schätzen. Die Wolken öffnen sich hier weit häufiger als im Süden. Wassermangel wie im Alentejo kennt man schon dank der zahlreichen Flüsse nicht. Von hier stammen die ältesten und reichsten Familien Portugals, hier findet man die meis-

### MERIAN-Lesetipp

**D**as steinerne Floß José Saramago, einer der populärsten portugiesischen Gegenwartsautoren, veröffentlichte 1986 diesen Roman (rororo 22305). Er lässt Europa an den Pyrenäen auseinander brechen; Portugal und Spanien, deren Beitritt zur Europäischen Gemeinschaft sich im Jahr des Erscheinens gerade vollzogen hatte, treiben auf den offenen Atlantik hinaus. Die Nachbarn distanzieren sich erleichtert von den schwimmenden Nationen...

ten Adelssitze und pompösesten Kirchen. In keiner anderen Region werden kostbarere Trachten genäht, aufwendigere Feste gefeiert und Geschäfte gewiefter verhandelt. Die heilige Messe ist stets gut besucht, die Konservativen haben im Norden ihre Stammwählerschaft.

In der Südprovinz **Alentejo** dagegen, deren Fläche gut ein Drittel ganz Portugals ausmacht, ist das Land platt, karg und rot. Nur

## Flaches und karges Land: Der Süden Portugals

Anspruchsloses gedeiht hier – Getreide, Sonnenblumen, Olivenbäume und Korkeichen. Die weiten, sanften Hügelebenen täuschen über den rauen Alltag hinweg. Das kontinentale Klima beschert den Alentejanos lange, heiße Sommer, die Böden und Brunnen austrocknen. Während der anhaltenden Dürre der letzten Jahre mussten sogar Hungerküchen eingerichtet werden.

Jahrhundertelang bestimmten Großgrundbesitzer über die Nutzung des Bodens, über Lohn und Brot der besitzlosen, abhängigen Landarbeiter. Nach dem Zwischenspiel der 1994 endgültig gescheiterten Agrarreform kämpfen die Familien nun ohne Hoffnung mit Minimallöhnen, Kinderarbeit und Solidarität gegen die rasant steigenden Lebenskosten, eine hohe Arbeitslosenquote und den von der EU verordneten Agrarstillstand an. Kein Wunder, dass hier üblicherweise

»rot« gewählt wird und die Gotteshäuser meistens leer bleiben. Viele halten es hier nicht aus, fliehen vor der Not vom Land in die Stadt oder ins Ausland. Im Norden ist das ähnlich, wenn auch aus anderen Ursachen. Die Bauern dort waren zwar immer Herren ihrer Äcker. Doch eine unsinnige, inzwischen auch abgeschaffte Erbteilung reduzierte den Ertrag von Generation zu Generation am Ende auf ein Mittagsmahl. Leben konnte man davon nicht.

Auch in der Kultur scheiden sich die Regionen. Alentejo und Algarve standen gut einige hundert Jahre länger unter islamischer Herrschaft als der Norden, wo die Reconquista bereits nach 725 einsetzte und der maurische Einfluss kaum Fuß fasste. Europäische und orientalische Einflüsse drücken sich schillernd in Kunst und Architektur sowie im Temperament der südlichen Bevölkerung aus. Sogar die etwas dunklere Hautfarbe und die leicht mandelförmigen Augen der Algarvios werden der ethnischen Verbindung zu Nordafrika zugeschrieben. Ihrem Lebensstil sagt man nach, dass auch hier das maurische Erbe mitschwinge, ein

## Nordafrikanische Anklänge

gewisses Quantum morgenländischen Phlegmas und reichlich Flexibilität.

Am auffälligsten sind wohl die Unterschiede beim Häuserbau. Die Häuser des Südens sind klein, flach und leuchtend weiß gekalkt.

*Oben: Allein mit den Tieren, der Arbeit und der Zeit – In den Dörfern »hinter den Bergen« leben fast nur noch alte Menschen.*

*Mitte: Am Cabo da Roca, dem westlichsten Punkt des europäischen Festlandes, »fällt die Alte Welt ins Meer« – weit hinter dem Ozean liegt Amerika.*

*Unten: »Portugiesisches Neuschwanstein«? Auf jeden Fall ist der Palácio Nacional da Pena in Sintra die Verwirklichung romantischer Träume. Glücklich, wer sich so etwas leisten kann ... (→ S. 65).*

Weiße Kamine mit originellen Gittermustern verschönen ihre roten Ziegeldächer. Gelegentlich wirkt Nordafrika in der Quaderbauweise so präsent, dass man sich beinahe in eine marokkanische Kasbah versetzt fühlt. Türen, Fenster und Eckpunkte sind zur Abwehr von bösen Geistern mit breiten Blenden in Blau oder Gelb umrahmt. Das sieht man im Norden nirgendwo. Die meist mehrstöckigen Häuser wiederum passen sich der bergigen Umgebung an, die wuchtigen, düsteren Mauern sind aus unverputzten Granitfindlingen oder Schieferschichten aufgestapelt.

Die südlichste Provinz **Algarve** tanzt etwas aus der Reihe. Als letzte maurische Bastion hatte sie schon immer einen Sonderstatus, und die fortschrittliche islamische Kultur verhalf besonders den Bauern zu Wohlstand. Im Zeitalter des Tourismus avancierten die 155 Kilometer algarvischen Felsenstrandes zum Zugpferd der Reisebranche – und damit zum ökonomischen Rückgrat des ganzen Landes. Die Schattenseite ihres Erfolges: Die Küste hat sich widerstandslos dem Geschmack mitteleuropäischer Ferienkultur angepasst. Authentisches trifft man an der Algarve kaum noch an, und nur im Winter finden die Badebuchten ihre Stille wieder.

In der vertikalen Teilung in West und Ost drückt sich vor allem der wirtschaftliche Trend aus. Seitdem das eigenwillige kleine Portugal sich unabhängig gemacht hatte, rasselte der mächtigere iberische Bruder immerzu mit den Säbeln. Während die Spanier heute mit Badehose und Einkaufskorb über die Grenze kommen, hatten sie damals entweder das Kriegsbeil oder listige Heiratsverträge im Gepäck. Das veranlasste

## Ungeliebter Bruder Spanien

Portugal, Spanien den Rücken zu kehren und den Blick ganz auf das Meer zu richten. Die wenigen Orte rüsteten sich mit dicken Wehrmauern gegen Angriffe, und die wenigen, schlecht ausgebauten Straßen lassen auf keinen engen nachbarschaftlichen Kontakt schließen. Eingekeilt von unzugänglichen Gebirgszügen und der spanischen Grenze, sind die östlichen Bergprovinzen zu vergessenen Landschaften geworden.

Während die Hinterlandregionen sich mehr und mehr entvölkern, findet die wirtschaftliche Entwicklung in den Industriezentren an der **Westküste** statt. Der schmale Küstenstreifen zwischen dem nördlichen **Braga** und **Setúbal** südlich von Lissabon wächst langsam zu einer Mammutstadt zusammen. Wie ein Schwamm saugen Reichtum und Wachstum der Küstenstädte Arbeitsuchende an. Und so ist es auch heute wieder das Meer direkt vor der Haustür, auf das Portugal seinen Blick richtet und das ihm Perspektive verspricht.

*Aus gutem Grund unter Denkmalschutz: Piódão zählt zu den schönsten und ältesten Bergdörfern Portugals (→ S. 93).*

# Komfortable Klosterzelle, ländlich-rustikales Bauernhaus oder fürstliche Pousada – in Portugal finden Sie auf jeden Schlafwunsch die passende Antwort.

Die luxuriöse Pousada dos Lóios ist in einem ehemaligen Klostergebäude aus dem 15. Jahrhundert untergebracht.

**Hotels und Pensionen** An Unterkünften mangelt es in Portugal wahrlich nicht. Die offizielle Klassifizierung der **Hotels** reicht von der Luxuskategorie (fünf Sterne L) bis zum einfachen Ein-Sterne-Haus. **Aparthotels** unterscheiden sich in Ausstattung und Komfort durch zwei bis vier Sterne. **Estalagens** sind Häuser der Vier- und Fünf-Sterne-Kategorie, meist gemütlicher und regionstypischer als die Hotels. **Albergarias** sind eine portugiesische Variante komfortabler Gasthäuser mit vier Sternen.

Hinter der Bezeichnung **Residencial** kann sich ein komfortables hotelähnliches Quartier (nur mit Frühstück) verbergen, aber auch eine schlichte Pension ohne Frühstück. **Pensões** (Pensionen) sind zwischen einem und vier Sternen zu finden. Zu den luxuriösen Unterkünften gehören auch die **Aldeamentos** oder **Apartamentos Turísticos**, Feriendörfer bzw. Apartmentanlagen mit Dorfcharakter. Restaurant, Bar, Swimmingpool und Friseur – alles ist hier vorhanden, und sogar das Hauspersonal ist im Preis inbegriffen.

**Jugendherbergen** heißen **Pousadas de Juventude**. Landesweit gibt es davon 18. Informationen sind beim Portugiesischen Touristikamt erhältlich (→ Auskunft, S. 101).

**Pousadas** Eine hochpreisige, erlebnisreiche Unterkunft bieten die 46 **Pousadas**, staatliche Luxushotels in sorgfältig restaurierten Burgen, Klöstern und Häusern in landschaftlich besonders schönen oder historisch interessanten Gegenden. In stilvollem Ambiente kann der Gast hier kulturelle Traditionen der verschiedenen Regionen, Küche und Keller kennen lernen. Die zwei Kategorien gliedern sich in **Pousada Histórica** (in historischen Gebäuden) und **Pousada Regional** (regionale Pousadas). Da die meisten Pousadas weniger als 20 Zimmer haben, sollten Sie unbedingt reservieren!

**Wohnen auf dem Land** Unter dem Begriff **Turismo no Espaço Rural** (TER), Tourismus im ländlichen Raum, wurden in den letzten Jahren palastähnliche Herrenhäuser in Privatbesitz, stattliche Landgüter oder auch schlichte Bauernhäuser auf dem Lande restauriert. In den jeweiligen Gastgebern findet man kundige Ratgeber und Gesprächspartner; sie sprechen meist Englisch und Französisch. Es gibt drei Kategorien: Unter **Turismo de Habitação** (TH) sind architektonisch reizvolle Herrenhäuser mit stilvoller, luxuriöser Ausstattung zusammengefasst. **Turismo Rural** (TR) bezeichnet rustikalere, regionstypische Landhäuser. Zum **Agroturismo** (AT) gehören land- oder weinwirtschaftliche Anwesen.

## MERIAN-Tipp

**D**as **Hotel Britânia** ist Lissabons Perle im Art-déco-Stil. Gebaut 1944 vom Architekten Cassiano Branco, wurde es liebevoll und bis ins Detail restauriert. Stilgemäße Lüster begrüßen im Foyer, historische Wappen aus dezentem Marmor zieren den Treppenaufgang. Der Frühstücksraum ist zugleich Kaminraum und Bibliothek. In dem familiären Ambiente fühlt man sich gleich wie zu Hause. Die Zimmer sind großzügig und komfortabel eingerichtet. 1999 stieg das Britânia vom Drei- zum Vier-Sterne-Hotel auf. Rua Sampaio Rodrigues, 17; Tel. 2 13 15 50 16, Fax 2 13 15 50 21; Metro: Avenida ★★★

■ d 2, Klappe hinten

# Alle in diesem Band empfohlenen Unterkünfte auf einen Blick

## Preisklassen

Die Preise gelten für eine Übernachtung im Doppelzimmer, inklusive Frühstück.
★★★★ ab 175 €
★★★ ab 100 €
★★ ab 60 €
★ ab 35 €

# Schmackhaft und gut gewürzt ist die portugiesische Küche, und süße Schlemmermäuler finden hier erst recht ihr Königreich. Dazu trinkt man spritzigen Vinho Verde.

*In den Rotweinkellern des Landes lagern die kostbaren Aperitifs bzw. Dessertweine.*

In Portugal wird mit Leib und Seele gegessen, denn dabei kommt es nicht nur auf die Magenschwere an: Mahlzeiten sind ein geselliges Erlebnis. Je familiärer und ungezwungener die Atmosphäre, desto besser. Üblich ist ein leichtes, schnelles Frühstück (**pequeno almoço**), ein Croissant und ein Kaffee im Stehen. Das Mittagessen (**almoço**) reicht von 12.30 bis 15 Uhr, das Abendessen (**jantar**) wird zwischen 19 und 23 Uhr eingenommen. Eine Nachtmahlzeit (**ceia**) ist nicht unüblich.

Serviert wird deftige Hausmannskost. Sie ist ausgesprochen wohlschmeckend, und die Portionen reichen in den meisten Fällen für zwei. Fisch oder Fleisch kommen immer auf den Teller, dazu gibt es Reis, Kartoffeln oder Pommes frites. Vitaminträger erscheinen meist nur in Form eines gemischten Salates. Eine exotische Note geben die zahlreichen Gewürze, von denen viele als Mitbringsel der portugiesischen Weltentdecker den Weg in die hiesigen Kochtöpfe gefunden haben, etwa Pfeffer, Curry, Paprika, frischer Koriander und das feuerscharfe **piri-piri**. An Olivenöl und Knoblauch führt ohnehin kein Weg vorbei. Irdenes Geschirr oder der luftdichte, wokartige Kupfertopf **cataplana** verleihen den Gerichten ein besonderes Aroma. Zum Couvert gehören viel Brot, Butter, Sardinencreme und Oliven.

Jede Region hat gastronomische Eigenarten entwickelt. An der ganzen Küste von Nord nach Süd steht

## Frischer Fisch, Meeresfrüchte und »Elefantenhaut«

natürlich frischer Fisch an erster Stelle. Die Vielfalt an Fischen und Meeresfrüchten erscheint unermesslich – da heißt es einfach probieren!

Für Portugiesen ist der Favorit unter den Fischen der Stockfisch, **bacalhau,** der für seine verschiedensten Zubereitungsformen geliebt wird. Lecker ist er im Ofen zubereitet, etwa der **bacalhau à Bras** mit Zwiebeln, Kartoffeln und Ei. Gewöhnungsbedürftig dagegen der **bacalhau cozido,** der gekocht seinen ausgeprägten Eigengeschmack zur vollen Entfaltung bringt. Eine algarvische Köstlichkeit ist die **caldeirada**, ein Fischeintopf. Muscheln werden zu vielen Gerichten beigegeben, zum Beispiel im Alentejo zum geschmorten Schweinefleisch, **carne de porco à alentejana:** etwas ungewöhnlich, aber sehr gut.

Unschlagbar sind die **sardinhas assadas**, Sardinen vom Holzkohlengrill. Der zünftige Esser legt sie auf eine Scheibe Brot und isst das Ganze mit den Fingern. Eine Besonderheit an der Algarve sind die gut fünf Zentimeter langen Entenmuscheln, **percebes.** Man isst sie, indem man die schwarzbraune »Elefantenhaut« am Scherenansatz aufbricht und das Fleisch herauszieht.

## Fleisch, Würste und Eintöpfe

Trotz des großen Reichtums an Fisch ziehen viele Portugiesen Fleisch vor. Das **bife à portuguesa,** eine plattgeklopfte Scheibe Rindfleisch mit Spiegelei, Reis und Pommes frites dazu, steht auf praktisch jeder Speisekarte. Häufiger als das Rind liefert jedoch das Schwein die fleischige Grundlage. Im Landesinneren und in den Bergregionen werden besonders gern Schaffleisch, Zicklein, Lamm und knuspriges Spanferkel serviert.

Ebenfalls typisch für Portugal sind die vielen verschiedenen Würste, zum Beispiel Knoblauchwürste, **alheiras de Mirandela.** Auch der **caldo verde**, eine Kohlsuppe auf Kartoffelbasis, wäre ohne ein Stück chouriço, Räucherwurst, nicht das, was sie ist – nämlich die National-suppe. Eine weitere portugiesische Leidenschaft sind Eintöpfe, etwa der **cozido à portuguesa**, ein Bohnenein-topf, bei dem vom Schwein sogar noch Schwanz und Ohren verarbeitet werden.

Die Mauren, vor allem aber die Mönche mit ihrem ausgeprägten Hang zu leiblichen Genüssen und zur Naschhaftigkeit trugen ganz erheb-lich zur Schaffung köstlichen Zucker-

## Ein Himmelreich für Schleckermäuler

backwerks bei. Hinter den Kloster-mauern entstanden so umwerfende süße Geheimnisse wie **barrigas de freira** (»Nonnenbäuche«), **toucinho do céu** (»Himmelsspeck«) oder **pa-pos de anjo** (»Engelsbäckchen«). Bei

den **fios de ovos** (»Zuckerfäden«) kommen beispielsweise ganze 20 Ei-gelbe auf 750 g Zucker!

Portugal ist ein ausgesprochenes Weinland. Portwein stammt aus dem ältesten gesetzlich abgegrenz-ten Weinanbaugebiet der Welt, das 1756 von der königlichen Companhia das Vinhas do Alto Douro gegründet wurde. Heute gibt es 41 anerkannte Weinregionen. Qualitätsweine, die aus einer gesetzlich kontrollierten Region stammen, tragen auf dem Eti-kett Herkunftszerti-fikate, **Denomina-ções de Origem Controlada**, D.O.C. abgekürzt. Der **vinho verde**, »grüner Wein«, ist eine portugiesische Besonderheit, mit nur acht Prozent Alkohol sehr leicht und spritzig.

Gute Schnäpse werden aus Feigen (**aguardente de figo**), Johannisbrot (**aguardente de alfarroba**) und der Baumerdbeere (**medronho**) ge-brannt. Wer es süß mag, sollte un-bedingt den Mandellikör **amêndoa amarga** probieren.

In Sachen Kaffee zeichnen sich die Portugiesen als Individualisten aus. Der »normale« Kaffee ist ein starker Espresso; er heißt **bica**, in Nordpor-tugal **cimbalino**. Man süßt stets mit einer ordentlichen Portion Zucker. Empfindlichen Mägen ist der mit Wasser verdünnte **carioca de café** zu empfehlen. Varianten mit Milch sind der **garoto**, eine **bica** mit weißem Schuss, der **galão**, Milchkaffee im Glas, und der **café com leite**, Milch-kaffee in der Tasse.

### Preisklassen

Die Preisklassen beziehen sich auf ein Drei-Gänge-Menü ohne Getränke.
★★★★ ab 25 €
★★★ bis 25 €
★★ bis 15 €
★ bis 10 €

# ESSDOLMETSCHER

## Im Restaurant

| | |
|---|---|
| Die Speisekarte bitte | *a ementa, se faz favor* |
| Die Rechnung bitte | *a conta, se faz favor* |
| Ich hätte gern einen Kaffee | *queria um café* |
| – Espresso | *– uma bica café com leite* |
| – Milchkaffee | *– galão* |
| Wo finde ich Toiletten? | *onde está a casa de banho?* |
| Kellner/in (oder nur) | *o senhor/a senhora (se faz favor)* |
| Frühstück | *pequeno almoço* |
| Mittagessen | *almoço* |
| Abendessen | *jantar* |

## A

*abóbora:* Kürbis
*açorda:* Brotsuppe
*açucar:* Zucker
*água mineral:* Mineralwasser
*– com (sem) gás:* mit (ohne) Kohlensäure
*aguardente:* Weinbrand
*alface:* Blattsalat
*alho:* Knoblauch
*alho francês:* Porree
*alperce :* Aprikose
*amêijoa:* Venusmuschel
*ameixa:* Pflaume
*arroz:* Reis
*assado:* gegrillt
*atum:* Tunfisch
*aves:* Geflügel
*azeite:* Olivenöl
*azeitonas:* Oliven

## B

*bacalhau:* Stockfisch
*bagaço:* Tresterschnaps
*bebidas:* Getränke
*berbigão:* Herzmuschel
*bife:* Beefsteak
*bolo:* Kuchen
*borrego:* Hammelfleisch

## C

*cabrito:* Zicklein
*caça:* Wild

*café:* Kaffee
*– com leite:* Kaffee mit Milch
*– galão:* Milchkaffee
*camarão:* Krabben
*canja:* Brühe, meist vom Huhn
*– de galinha:* Hühnerbrühe
*caranguejo:* Taschenkrebs
*carapau:* Stichling
*carne de porco:* Schweinefleisch
*carne de vaca:* Rindfleisch
*carne:* Fleisch
*cavala:* Makrele
*cebola:* Zwiebel
*cereja:* Kirsche
*cerveja:* Bier
*– branca:* helles Bier
*– preta:* dunkles Bier
*chá:* Tee
*cherne:* Silberbarsch
*choco:* Tintenfisch (runder Körper)
*coelho:* Kaninchen
*cogumelos:* Pilze
*colher:* Löffel
*conta:* Rechnung
*copo:* Glas
*cordeiro:* Lamm
*cordoniz:* Wachtel
*corvina:* Rabenfisch
*cozido:* gekocht
*crustáceos:* Krustentiere

## D

*dourada:* Goldbrasse

## E

*em cebolada:* mit viel Zwiebeln
*empadas:* Pasteten
*empregado:* Ober
*enguia:* Aal
*ervilha:* Erbse
*escalope:* Schnitzel
*espadarte:* Schwertfisch
*espetada:* Bratspieß
*espinafre:* Spinat
*estufado:* gedünstet

## F

*faca:* Messer
*faisão:* Fasan
*fava:* dicke Bohne
*feijão:* Bohne

*– verde:* grüne Bohne
*feijoada:* Bohneneintopf
*fiambre:* gekochter Schinken
*figado:* Leber
*framboesa:* Himbeere
*frango:* Hähnchen
*frito:* frittiert
*fruta:* Obst
*fumado:* geräuchert

**G**
*galinha:* Huhn
*gamba:* Hummerkrabben
*ganso:* Gans
*garfo:* Gabel
*gelado:* Eis
*grão de bico:* Kichererbse
*grelhado:* vom Holzkohlengrill
*guisado:* geschmort
*– de vaca:* Rindergulasch

**J**
*jantar:* Abendessen
*jarro:* Krug
*javali:* Wildschwein

**L**
*lagosta:* Languste
*lagostim:* kleine Languste
*laranja:* Orange
*lavagante:* Hummer
*lebre:* Hase
*legumes:* Gemüse
*leitão:* Spanferkel
*leite:* Milch
*linguado:* Seezunge
*lombo:* Rinderfilet
*lula:* Tintenfisch (länglicher Körper)

**M**
*maçã, pêro:* Apfel
*mal (bem) passado:* schlecht (gut)
   durchgebraten
*manteiga:* Butter
*mariscos:* Schalentiere
*mel:* Honig
*melancia:* Wassermelone
*melão:* Honigmelone
*mexilhão:* Miesmuschel
*morango:* Erdbeere
*moreia:* Moräne

**N**
*nata:* Sahne
*no forno:* im Backofen zubereitet

**P**
*pão:* Brot
*pargo:* Seebrasse
*pato:* Ente
*peito:* Brust
*peixe espada:* Degenfisch
*peixe:* Fische
*pepino:* Gurke
*perdiz:* Rebhuhn
*perna:* Keule
*perú:* Pute
*pescada:* Schellfisch
*picado:* gehackt
*polvo:* Krake, Pulpe, Oktopus

**Q**
*queijada:* Käsekuchen
*queijo:* Käse

**R**
*recheado:* gefüllt
*robalo:* Wolfsbarsch

**S**
*salmão:* Lachs
*salmonete:* Meerbarbe
*santola:* Spinnenkrebs
*sapateira:* Riesenkrebs
*sargo:* Seebarbe
*sobremesa:* Nachtisch

**T**
*tamboril:* Seeteufel
*truta:* Forelle

**U**
*uva:* Weintraube

**V**
*vaca:* Rind
*vinho:* Wein
*– branco:* Weißwein
*– maduro:* »reifer« Wein
*– tinto:* Rotwein
*– verde:* »grüner« Wein
*vitela:* Kalbfleisch

# Lissabon ist eine Reise wert.

Doch nicht minder reizvoll zeigen sich viele Städte und Dörfer im Binnenland – lassen Sie sich von deren Vielfalt überraschen.

Die Universitätsbibliothek von Coimbra demonstriert, welchen Reichtum Portugal zur Zeit der großen Entdeckungen angehäuft hat.

**Goldgelbe Sandstrände** reihen sich entlang der »Silberküste« wie Perlen auf einer Schnur. Wer mehr als nur baden will, dem bietet das kulturreiche Binnenland Abwechslung.

# Coimbra

■ C 5, S. 118

138 000 Einwohner
Stadtplan → S. 27

Silberblau blitzt der Atlantik, wenn die Sonne ihre Strahlen in das sich wellende Wasser hineinschickt. Deshalb hat die 150 km lange Küste zwischen Torres Vedras und Aveiro den Namen »Silberküste«, **Costa de Prata**, erhalten. Dank ihres feinsandigen Kapitals haben sich die einstigen Fischerdörfer in stattliche Touristenzentren verwandelt. Angesichts ausgebreiteter Fischernetze kommt an manchen Stellen sogar noch ein Anflug von Hemingway-Romantik auf.

Abseits der Küste hat man das touristische Umfeld schnell hinter sich gelassen. Man fährt durch weite Getreidefelder, Weinberge, Oliven- und Pinienhaine, an mit Segeltuch bespannten Windmühlen vorbei, die der Gegend etwas Don-Quijote-Melancholie verleihen. Und man gelangt zu den aufregendsten Gebirgsdörfern, in denen man sich wie auf einem anderen Stern vorkommt.

Coimbra ist eine der ältesten Universitätsstädte Europas. Gegründet 1290, wurde die **Universität** wenig später in die Hauptstadt Lissabon verlegt. Erst ab 1537 kam sie endgültig nach Coimbra. Schon aus der Ferne sieht man das Wahrzeichen der Stadt. Vom höchsten Punkt haben sich die weißen Häuser terrassenartig zum **Rio Mondego** angesiedelt – ein imposantes Stadtbild! Touristengerecht drängen sich die Sehenswürdigkeiten auf engem Raum.

*Landesweit das Zentrum der Denker und Künstler: Die alte Universitätsstadt Coimbra ist seit Jahrhunderten Mittelpunkt des portugiesischen Geisteslebens.*

Die Uni dominiert nicht nur geografisch. Auch die gut 20 000 Studenten geben ihr einen spürbar dynamischen Lebensrhythmus; immerhin stellen sie rund 20 Prozent der Bevölkerung. Ihre traditionelle, konservative Tracht, die schwarze **capa** (Umhang) über einem dunklen Anzug oder Kostüm, ist wieder sehr »in«. Industrie indes hat sich in Coimbra nie entwickelt. Es gibt hier mehr Bäume als Einwohner, hat die Statistik errechnet, und man sieht nicht einen Schornstein seine giftigen Gase in die Luft spucken. Die größte wirtschaftliche Aktivität Coimbras scheint in der Zimmervermietung und in den Copy-Shops zu liegen.

## Hotels/andere Unterkünfte

### Quinta das Lágrimas M M M ⚲

Ein hübsches Charme-Hotel am Stadtrand von Coimbra, inmitten eines riesigen Parks.
Santa Clara; Tel. 2 39 80 23 80,
Fax 2 39 44 16 95; 39 Zimmer ★ ★

### Tivoli Coimbra

Das beste Hotel am Platz.
Rua João Machado, 4; Tel. 2 39 82 69 34,
Fax 23 92 68 27; 100 Zimmer ★ ★ bis
★ ★ ★

## Sehenswertes

### Arco de Almedina

■ a 3

Viel ist aus der Maurenzeit nicht übrig geblieben: ein paar Straßennamen und der schmale, rekonstruierte Torbogen, der die Menschen in ihr Wohnviertel innerhalb der befestigten Stadt einließ und Teil der alten Stadtmauer war. Von hier aus führt eine enge Treppe mit dem viel sagenden Namen **Quebra Costas** (»Rückenbrecher«) in die Oberstadt hinauf.
Rua Ferreira Borges

### Bischofspalast ◼ b 2

Errichtet wurde der frühere Bischofssitz im 12. Jh. über den Ruinen einer von den Römern angelegten Krypta, ein Rest des städtischen Ursprungs **Forum de Civitas Aeminium**. In eine Säule am Eingang zu den Gewölben wurde die Jahreszahl 325 und die Inschrift »Aeminium« eingemeißelt. Heute ist hier das **Museu Nacional de Machado de Castro** untergebracht (→ S. 27).
Largo Dr. José Rodrigues, 2

### Igreja und Mosteiro de Santa Cruz ◼ a 2

Beide, Kirche und Kloster, wurden 1131 im Auftrage des ersten Königs von Portugal gegründet. Im Kloster zogen die bettelarmen Augustinermönche ein. Anfang des 16. Jh. wurde der fast verfallene Bau von den besten der königlichen Hofarchitekten, Diogo Boytac, Nicolas Chanterène und den Brüdern Castilho, großzügig im manuelinischen Stil umgebaut. In der Kirche lohnen einige Kostbarkeiten etwas längere Verweildauer: das spätgotische Netzgewölbe, die üppigen Azulejowände, die prunkvoll verzierten Wandgräber der ersten Könige Portugals (Dom Afonso Henriques und Sancho I.), die Kanzel in reiner Renaissance und ein manuelinisches Chorgestühl, eine Rarität.
Rua Visconde da Luz/Praça 8 de Maio

### Jardim Botánico

Er ist der älteste botanische Garten Portugals mit uralten Baumexoten. Eine schlossparkähnliche Anlage mit romantischen Gewächshäusern und einem spätbarocken Brunnen. Umgeben von einer stattlichen Pflanzenkollektion, kann man seinen Gedanken hier herrlich freien Lauf lassen.
Alameda Dr. Júlio Henriques

### Sé Velha ◼ b 2

Portugals eindrucksvollste romanische Kathedrale. Die altersgrauen Kalksteinquader türmen sich zu einem festungsähnlichen, zinnenbewehrten Bau auf, mehr Burg als Gotteshaus. Das Rundbogenportal und sechs schlitzartige Bogenfenster unterbrechen als Einzige die strenge Romanik der Frontfassade. Am Nordportal, in der Sakramentskapelle und der **Capela de São Pedro** meißelten die berühmten Bildhauer des 16. Jh.
Largo da Sé Velha

### Universidade ◼ b 2/c 3

Einlass zur ehrwürdigen Lehranstalt gewährt die manieristische **Porta Férrea** (Eisernes Tor) von 1634, zwischen deren Säulen die alten Fakultäten allegorisch dargestellt sind. Im 34 m hohen Turm befindet sich das Herz der Universität; nach der dort installierten Uhr richtete sich früher die nächtliche Ausgangssperre, heute der Vorlesungsbeginn.

Das Schmuckstück der Universität ist die **Biblioteca Joanina**, in der heute freilich nicht mehr gelesen, sondern nur noch gestaunt wird. Der zum Überschwang neigende Barock springt einem förmlich ins Gesicht – verschnörkelte Triumphbögen, kunstvolle Holzschnitzereien, überreiche Goldmalereien an allen Wänden, Goldbeschläge. Bezahlt hat die ganze Pracht die Kolonie Brasilien, deren Gold und exotisches Edelholz hier verarbeitet sind. Hochgerechnet 300 000 Bände, Handschriften und Drucke haben sich in der Bibliothek im Laufe der Jahrhunderte angesammelt.
Praça da Porta Férrea; Mo–Fr 9.30–12 und 14–17 Uhr; Eintritt 2,5 €, nur Bibliothek: 1,25 €

### Museen

### Museu Académico ◼ c 2

Eine Sammlung, die sich mit dem Studentenleben befasst. Dazu gehören die ersten Lehrbücher, akademische Trachten und die Gitarren der berühmten Coimbra-**fadistas** Hilário

Menano und Artur Paredes.
Praça Dom Dinis; tgl. 9–12.30 und 14–17
Uhr, Sa und So geschl.; Eintritt 1 €

### Museu Nacional de Machado de Castro ■ b 2

Die Sammlung umfasst Skulpturen aus der so genannten Schule von Coimbra sowie portugiesische Malerei, Tapisserie, Keramik.
Largo Dr. José Rodrigues, 2; tgl. 9.30–12.30 und 14–17.15 Uhr, Mo geschl.

#### Essen und Trinken

### Real das Canas

Angenehmes Ambiente. Die Spezialität des Kochs ist **arroz de pato** (Reis mit Entenfleisch).
Vila de Mendes, 7; Tel. 2 39 81 48 77; Mi geschl. ★★

### Taberna M M

Schlicht und traditionell. Hier sollten Sie unbedingt die coimbranische Spezialität **chanfana** probieren, Ziegenfleisch in Rotwein gebraten.
Rua dos Combatentes da Grande Guerra, 86; Tel. 2 39 71 62 65; Sa geschl. ★

### Zé Manuel M M

Portugiesische Küche in extravaganten Kombinationen. Man isst gut und günstig.
Beco do Forno; Tel. 2 39 82 37 90; Sa und So abends geschl. ★

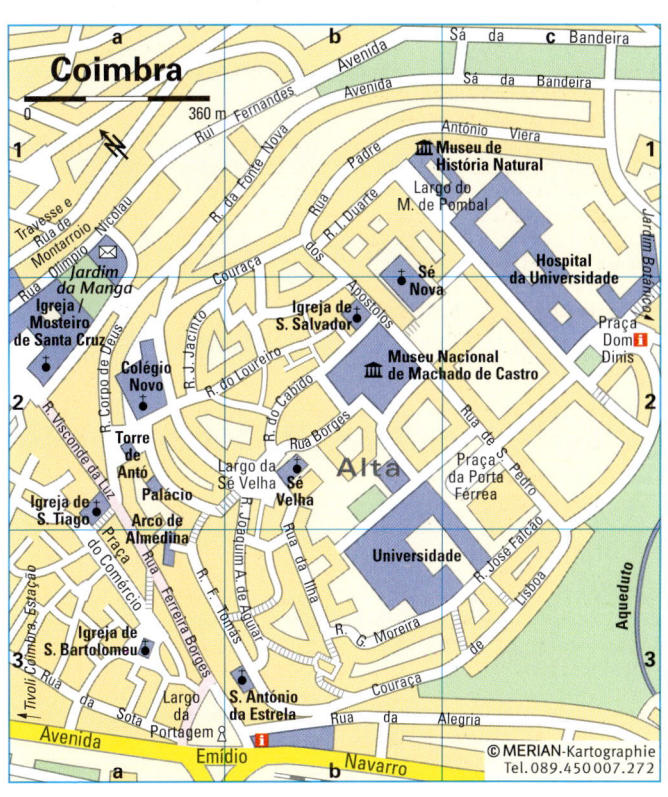

## Am Abend

Coimbra wäre keine richtige Studentenstadt, hätte sie nicht unzählige Restaurants, Bars und Treffpunkte für die Studiosi. Die meisten sind im Umfeld der **Sé Velha**, der **Praça de República**, der **Praça 8 de Maio** und der **Baixa** zu finden.

### Aqui há Rato M ◼ b 2
Witzige Bar, wo spät abends richtig viel los ist. Mit Disko.
Largo da Sé Velha, 20

### Boémia Bar ◼ b 2
Wie der Name sagt, eine ausgesprochen schicke Bar. Mit Livemusik.
Rua do Cabido, 6

### Centro Cultural e Convívio Académico D. Dinis M M ◼ c 2
Ein Muss für die Intelligenz – eine Prise Kultur, bevor die Nacht richtig anfängt. Kommunikationszentrum, Bar, Ausstellungen. Di, Mi, Fr und Sa Livemusik.
Praça de Dom Dinis; Tel. 23 93 85 93

## Service

### Auskunft
Posto de Turismo ◼ b 3
Largo da Portagem; Tel. 2 39 85 59 30

### Taxiruf
Tel. 2 39 48 40 45

# Ziele in der Umgebung

## Alcobaça ◼ B 7, S. 118

11 000 Einwohner

Wo die beiden Flüsse Alcoa und Baça sich trafen, entstand 1178 eines der schönsten portugiesischen Klöster, das die Krone dem mächtigen Zisterzienserorden zusprach. Bis ins 18. Jh. hinein bildete das Kloster den geistigen Mittelpunkt

Portugals. Nach der Säkularisierung diente es als Armenhaus. In schlichter Schönheit und hellem Stein erhebt sich die gewaltige Abtei Santa Maria im Zentrum. Putzsucht und Selbstherrlichkeit war mit dem arbeitsreichen, asketischen Leben der Ordensbrüder unvereinbar. Der einzige Schmuck der frühgotischen Hallenkirche scheint aus den meterhohen Säulen im Hauptschiff zu bestehen. Im Querschiff sind die weißen, kunstvoll gemeißelten Sarkophage von König Pedro und seiner Geliebten Inês aufgestellt, deren Liebesgeschichte eine ganze Nation romantisch machte.

An leiblichen Genüssen haben es sich die 999 Klosterbrüder dennoch nicht mangeln lassen. Dem Koch stand eine Küche von stattlichen Ausmaßen zur Verfügung; allein unter dem Kamin konnten ganze Ochsen gebraten werden. Mitten durch die Küche leiteten die findigen Mönche den Bach Alcoa, um die Fische bequem in die Pfanne zu bekommen.

## Essen und Trinken

### A Presa M
Das Restaurant, das sich in einer alten Ölpresse eingerichtet hat, führt die zisterziensische Tradition der guten Küche und Weine fort.
Largo João Soares, 16, Bárrio – Alcobaça; Tel. 26 24 31 94; tgl. geöffnet ★★

## Aveiro ◼ A 4, S. 116

40 000 Einwohner

Aveiro liegt am südlichen Rand einer weiten, idyllischen Hafflandschaft, der **Ria de Aveiro**, und ist wegen der originellen Segelboote der Algenfischer, den **moliceiros**, berühmt geworden. Die Boote mit dem hübsch geschwungenen, bemalten Bugsteven gleiten durch die Lagune, Fischer tauchen ihre Haken ins Wasser und ziehen mit einem kräftigen Ruck die Algen heraus; sie werden für die Felddüngung und die Kosmetikindustrie gebraucht. Jegliche Idylle geht freilich flöten, wenn die ansässigen Zellulosefabriken ihre stinkenden Abwässer in das Naturschutzgebiet ableiten. An den Rändern der Lagune erstrecken sich weite, weiß schimmernde Salinenfelder und Meersalzpyramiden, die der Stadt einst viel Reichtum bescherten und Brutkolonie für viele Vögel sind.

Von verschiedenen Seiten her dringen die Kanäle des Haffs beinahe krakenartig bis nach Aveiro hinein. Vom **Canal da Cidade** in der Altstadt aus starten Ausflugsfahrten in die Lagune. Die Hauptsehenswürdigkeiten von Aveiro hat man erlebt, wenn man die **Kathedrale**, das Dominikanerinnenkloster **Convento de Jesús** und den **Bahnhof** mit seinen außerordentlich schönen Azulejos besucht hat.

# Batalha
■ B 6, S. 118

3500 Einwohner

In Batalha steht das Schönste, was die Gotik in Portugal zu bieten hat, eines der wichtigsten nationalen Baudenkmäler. Fällt der Name Batalha, wörtlich »Schlacht«, so erinnert sich Portugal an eine der Sternstunden seiner Geschichte. König D. João I. stiftete das Kloster **Santa Maria da Vitória**, nachdem 1385 in der Schlacht von Aljubarrota gegen Spanien Portugals Souveränität noch einmal gerettet werden konnte. Gut 200 Jahre Bauzeit reichten jedoch nicht aus, um das gigantische Vorhaben zu vollenden.

Die **Klosterkirche** beeindruckt durch ihre klare Schlichtheit und die Dimensionen: Der Innenraum ist 32 m hoch, 80 m lang und 22 m breit. Das ungestützte Gewölbe im Kapitelsaal dürfte Ingenieure in Bewunderung versetzen. Den Atem verschlägt es einem schließlich im **Claustro**

**Real**, dem Königlichen Kreuzgang. In den marmornen Ornamentgittern der Arkaden haben es die manuelinischen Steinhauer zu Höchstleistungen gebracht.

# Conímbriga
■ C 5, S. 118

Coimbra war für die römischen Siedler ursprünglich nur ein Nebenort. Ihr Hauptort war Conímbriga, 16 km südlich von Coimbra. Dieser wurde allerdings im 5. Jh. von den Sueben so gründlich zerstört, dass kaum etwas davon übrig blieb. Archäologen haben die Reste Conímbrigas ausgegraben – ein Amphitheater, ein Patrizierhaus, eine christliche Basilika, Thermen sowie die säulenumstandene **Casa dos Repuxos** mit gut erhaltenen Mosaiken. Conímbriga ist das größte römische Ruinenfeld in Portugal.
Condeixa-a-Velha; Di–So 10–13 und 14–18, im Sommer 9–20 Uhr; Eintritt 1,75 €

# Fátima
■ C 6, S. 118

7300 Einwohner

Millionen gläubiger Katholiken pilgern alljährlich mehrmals nach Fátima, um die Fürsprache der Jungfrau vom Rosenkranz zu erbitten. Sie war 1917, als die portugiesische Kirche gerade durch die antiklerikalen Republikaner eine nie dagewesene Entmachtung erlebt hatte, drei Hirtenkindern mehrmals mit göttlichen Botschaften recht politischen Inhalts erschienen: sie rief zum täglichen Gebet für die Bekehrung Russlands auf. Ob dieses Wunders errichteten die Gläubigen 1928 am Ort der Erscheinung eine Wallfahrtskirche. Der Platz vor der etwas »verunglückten« Basilika umfasst 152 000 qm – damit ist er doppelt so groß wie der Petersplatz in Rom. Zwischen Mai und Oktober bevölkern Pilger den Ort. Viele sind selbst bei brütender Hitze schwarz gekleidet und nähern sich der Kapelle auf Knien in der Hoffnung auf den Beistand der Madonna. Am 13. Mai 2000 reiste Papst Johannes Paul II. nach Fátima, um zwei der drei Hirtenkinder selig zu sprechen.

# Nazaré

■ B 6, S. 118

15 000 Einwohner

Wegen eines Bildes ist Nazaré einst weltberühmt geworden: Ochsengespanne, die nach der Rückkehr der Fischer die Boote mühsam an dicken Tauen über den Sandstrand aus dem Wasser zogen, angeschoben von wettergegerbten Fischern mit karierten Hemden und schwarzen Zipfelmützen auf dem Kopf und von den Frauen mit ihren sieben spitzenbesetzten Unterröcken. Für Touristen lässt man dieses archaische Ereignis der **xávega** immer mal wieder lebendig werden. Doch seit der neue Hafen gebaut wurde, müssen sich weder Fischer noch Ochsen derart plagen. Die pittoreske Arbeitsszenerie am Strand ist längst dem Andrang von Badehosenträgern und Surfbrettern gewichen. Einen überragenden Eindruck von oben kann man sich auf der 110 m hohen Aussichtsterrasse im Ortsteil **Sítio** verschaffen, zu dem eine alte Seilbahn hinaufführt.

## Essen und Trinken

**O Navegante** M

Für Fischfreunde: Der Fisch ist frisch, die Bedienung freundlich. Rua Adrião Batalha, Tel. 2 62 55 18 93 ★★

# Óbidos

■ A 7, S. 118

1000 Einwohner

Für viele ist Óbidos mit seiner beeindruckenden Befestigungsanlage aus dem 15. Jh. die schönste intakte mittelalterliche Stadt Portugals. Deshalb steht sie auch gesamtheitlich unter nationalem

Denkmalschutz. Die weiß getünchten, blau gerandeten Häuser schaffen eine fast weltentrückte Atmosphäre. Auch das blankgetretene Kopfsteinpflaster kann sich seiner Wirkung sicher sein. Nur wenn in der Hochsaison die Touristen busweise herangekarrt werden, will das Gefühl von Idylle nicht mehr aufkommen. Vergisst man das wohl Unvermeidliche, bleiben das **Castelo** mit seiner enormen, 13 m hohen Ringmauer und die kleine Renaissancekirche **Igreja de Santa Maria** unbedingt sehenswert und eine Übernachtung in der **Pousada do Castelo** ein kleines Erlebnis. Auf der zinnenbewehrten Mauer kann man übrigens spazieren gehen und die Aussicht auf Dächer, Straßenlabyrinth und Landschaften genießen.

**Pousada do Castelo**
Paço Real; Tel. 2 62 95 91 05, Fax 2 62 95 91 48; 9 Zimmer ★★★ bis ★★★★

# Peniche

■ A 7, S. 118

15 500 Einwohner

Das Fischerstädtchen hat sich auf einer kleinen, felsigen Landzunge angesiedelt. Wegen seiner exponierten Lage war es früher oft Opfer von Piratenüberfällen. Das Interesse der heutigen Besucher zielt stärker auf die Badestrände im Norden und Süden der Halbinsel und auf den Fährhafen, von dem aus man in gut 30 Minuten zu den **Ilhas de Berlenga** gelangt (nur bei normalem Seegang!). Inseln, Riffe und Klippen bilden den fast bewachsenen, rötlichen Archipel, der unter Naturschutz steht und nur im Sommer von einigen Fischern bewohnt wird. Ansonsten tummeln sich hier seltene Vögel, manchmal auch Delfine. Die bunte Unterwasserwelt ist für Taucher ein Paradies. Die Hauptinsel **Ilha Velha**, einschließlich der Grotten und Felsenbuchten, kann man auf einem markierten Rundwanderweg erwandern.

*Oben: Mythologische Szenen und Jagdmotive schmücken die bunte Gebrauchskeramik, die überall auf den Märkten angeboten wird.*

*Mitte: Die Sonne wird bald den Frühnebel über dieser zauberhaften Landschaft bei Óbidos auflösen.*

*Unten: Die Fassade der majestätischen Kirche von Batalha offenbart die hohe Kunst gotischer Steinmetze. Der gigantische Klosterbau verdankt seine Existenz einer gewonnenen Schlacht (→ S. 29).*

# Serra do Buçaco

■ C 5/D 5, S. 118

Wenn Portugal auch sonst mit keinem der sieben Weltwunder aufwarten kann, dies ist zumindest ein kleines. Der ganze Wald wäre im 17. Jh. beinahe der Axt zum Opfer gefallen. Portugal brauchte Holz für den Schiffbau. Dem Abholzverbot von Papst Urban VII. ist es zu verdanken, dass die einheimischen und exotischen Riesen stehen blieben. So fand König Carlos ein geeignetes Plätzchen für seinen Jagdpalast, den er 1887 im neomanuelinischen Stil bauen ließ. In dem Schloss hat der nach dem Sturz der Monarchie entlassene Hofkoch das Palace Hotel do Buçaco eingerichtet (s. u.).

## Hotels/andere Unterkünfte

### Palace Hotel do Buçaco
Der Luxus ist einfach fürstlich.
Mata do Buçaco; Tel. 2 31 93 01 01,
Fax 2 31 93 05 09; 60 Zimmer, 4 Suiten
★★★★

# Tomar

■ C 6, S. 118

15 000 Einwohner

Highlight in der Kleinstadt Tomar am Ufer des Rio Nabão ist der wuchtige Convento do Cristo, eines der ganz wichtigen Baudenkmäler Portugals, das auch in den Listen der UNESCO-Weltkulturgüter geführt wird. Wie ein in den Krieg ziehendes Schlachtross wirkt das Kloster auf der Berghöhe über der Stadt. Bauherren waren die Tempelritter, ein reicher Waffenorden, der ab 1160 in Tomar seinen Sitz einnahm. 1311 löste der Papst den Templer-Orden auf. Unter neuem Namen residierten hier später die Christusritter, deren bekanntester Großmeister im 15. Jh. Heinrich der Seefahrer war.

Die kriegerischen Herrschaftsabsichten des Ordens konnten kaum deutlicher in Szene gesetzt werden. Kern der Anlage ist ein gewaltiger Rundbau, die Rotunda, das Sanktuarium der Templer. Durch ein manuelinisches Portal gelangt man in die alte Templerkirche. Im Kapitelsaal wurde die berühmte Janela de Tomar (Fenster von Tomar) eingebaut, die in Sachen Manuelinik alles in den Schatten stellt. Wer den portugiesischen Dekorationsstil aus der Seefahrerepoche studieren will, hat hier das Musterbeispiel schlechthin.

Tomar selbst ist ein hübsches Städtchen, das man gut auf eigene Faust entdecken kann.

## Hotels/andere Unterkünfte

### Casa da Avó Genoveva  Ⓜ Ⓜ
Eine Landvilla aus dem 17. Jh.
Rua 25 de Abril, 16, Curvaceiras;
Tel. 2 49 22 19, Fax 2 49 98 12 35;
3 Zimmer, 2 Apartments ★★

## Essen und Trinken

### Bela Vista
Regionale Küche und eine romantische, weinumrankte Terrasse direkt an der Steinbrücke bietet dieses Restaurant.
Fonte do Choupo, 6; Tel. 2 49 31 28 70
★ bis ★★

### Chico Elias
Das Restaurant wurde lange Zeit als Geheimtipp gehandelt, hat mittlerweile aber einen unter Freunden experimenteller Regionalküche landesweiten Stellenwert eingenommen. Reservierung erforderlich!
Algarvias – Tomar; Tel. 2 49 31 10 67;
Di geschl. ★★

**8**

### Casinha d'Avó Bia  Ⓜ
Wohlschmeckende portugiesische Küche in einem gemütlichen Kellergewölbe.
Rua Dr. Joaquim Jacinto, 16;
Tel. 2 49 32 38 28

## Sanfte Hügel mit Weizenfeldern, Olivenhainen, Korkeichen und im Frühjahr blühenden Wiesen – Portugals »Tiefen« bieten ungeahnte Höhepunkte.

## Évora

■ D 9, S. 121

38 000 Einwohner

Die sanft geschwungenen Wellenlinien nehmen den Reisenden schnell für sich ein; sie haben etwas Grandioses, Herrschaftliches, aber auch etwas Zärtliches, Melancholisches. In dem Flach- und Hügelland mit seinen weiten Ebenen bestimmen Korn- und Weinfelder, Korkeichenwälder und Olivenhaine das Bild. Wenn die Sonne am höchsten steht, verdörrt die Erde, trocknen die Brunnen aus, und Grabesstille legt sich über die wenigen alentejanischen Dörfer. Nur ein paar Männer drücken sich im knappen Schatten einer Mauer. Ein zerzauster Hund schleicht über das Kopfsteinpflaster. Feldarbeiter, Weinbauer, Korkschäler, Olivenpflücker, Schweinehirt – das sind hier die traditionellen Berufe. Früher war der **Alentejo** das Land der Großgrundbesitzer und Tagelöhner. Heute ist die Landwirtschaft auf EU-Norm reduziert; die Gegensätze sind geblieben, und die Armut zeigt sich überall. Noch immer versammeln sich die Männer an den zentralen Orten der Stadt, wo früher die Stärksten für die Ernte ausgesucht wurden. Schlecht bezahlt, für einen Tag, von Sonnenaufgang bis Sonnenuntergang. Kein Wunder, dass die Nelkenrevolution hier die meisten Anhänger fand.

Im Jahre 1974 wurden die **latifundiários** enteignet, Kooperativen übernahmen etwas glücklos den Boden. 20 Jahre danach hat die Regierung einen Großteil an die ehemaligen Eigentümer zurückgegeben. Viele Alentejanos entfliehen entmutigt dem harten Alltag, der hohen Arbeitslosigkeit und dem extremen Klima.

Der Alentejo ist kein Terrain für den Massentourismus. Sieht man von Évora ab, der schönsten Stadt weit und breit, so warten zwischen Kornfeldern und Bergziegen keine spektakulären Sehenswürdigkeiten. Die großen Erlebnisse des Alentejo sind hingegen von intimer, unaufdringlicher Art.

Diese Stadt ist ein Museum: Innerhalb des römischen Stadtmauerrings kann der staunende Besucher auf engstem Raum Kultur und Geschichte verschiedenster Epochen Revue passieren lassen – die Römerzeit, die maurische Affäre, das kurze Streiflicht manuelinischen Überschwanges, einige Anklänge an Renaissance und Barock. Évora ist ein Kunstwerk. Das sah auch die UNESCO so und erhob die Altstadt zum Weltkulturerbe.

### Hotels/andere Unterkünfte

**Albergaria Vitória** Ⓜ
Gemütliche Vier-Sterne-Herberge mit Lokalkolorit.
Rua Diana de Lis, 5; Tel. 2 66 70 71 74, Fax 2 66 70 09 74; 48 Zimmer ★ ★

**Solar de Monfalim** Ⓜ Ⓜ Ⓜ 👬
In ein Vier-Sterne-Residencial umgewandeltes Herrenhaus.
Largo da Misericórdia, 1; Tel. 26 62 20 31, Fax 2 66 74 23 67; 25 Zimmer ★ ★

### Policarpo

Freundliche Pension im Alentejo-Stil. Zimmer mit oder ohne Bad.
Rua da Freira de Baixo, 16;
Tel. und Fax 2 66 70 24 24; 20 Zimmer ★

### Pousada dos Lóios

Himmelbetten mit Blick auf den Diana-Tempel. Stilvolles Ambiente. Speisesaal im einstigen Kreuzgang.
Largo Conde de Vilaflor;
Tel. 26 67 02 40 51, Fax 2 66 70 72 48; 30 Zimmer ★★★ bis ★★★★

## Sehenswertes

### Casa Cordovil

Typisch für Évora ist der maurisch akzentuierte **Mudéjar-Stil**, den dieses Adelshaus mit dem konischen Turmhelm, vier luftigen Arkaden und den Bogenfenstern besonders schön verkörpert. Auf dem dreieckigen Platz vor dem Haus steht ein kurioser Marmorbrunnen aus dem 16. Jh., den eine steinerne Armillarsphäre (ein altes astronomisches Gerät zum Messen der Himmelskreise), Symbol König Dom Manuel I., bekrönt.
Largo das Portas de Moura

### Igreja de São Francisco

Südländisch kahl und fast fensterlos steht die schlichte gotische Granitkirche von 1485 da, die zu den bedeutendsten Architektenwerken manuelinischen Stils gehört. Zum einzigen Schmuck an der Fassade formen sich die konischen Türmchen, der Zinnenkranz und die Säulenvorhalle des Hauptportals. Den düsteren Innenraum belebt eine Komposition aus roten Quadern und weißen Fugen. Zum Gotteshaus gehört die schaurige **Capela dos Ossos**. Für dieses Beinhaus lieferte der Tod die Innenausstattung: Die Kapelle ist komplett mit Knochen, Totenschädeln und Menschenhaar ausgekleidet.
Praça 28 de Maio; tgl. 9–13 und 14.30–17.30 Uhr; Eintritt 1,25 €

### Palácio dos Duques de Cadaval

Mit seinem fünfeckigen Nordturm einst Teil der Stadtbefestigung, schenkte König D. João II. den Palast der Familie Melo. Zu dem gewaltigen Gebäudekomplex gehören außer dem Palast der **Convento dos Lóios** und die **Igreja Real de São João Evangelista**.
Passeio da Diana/Largo do Conde de Vilaflor; tgl. außer Mo 10–12 und 14–17 Uhr; Eintritt 2,5 €

### Praça do Giraldo

Alle Wege in der Stadt führen zu dem beschaulichen rechteckigen Platz. Wie ein städtischer Patio wirkt die Praça do Giraldo durch die einheitliche Fassade der umstehenden Herrschaftshäuser. Fenster, Balkone, Türen, Säulen und Arkaden schmücken sie, Pastellfarben geben ihr den harmonischen Anstrich. Bis 1821 wurden zwischen der marmornen **Fonte Henriquina**, dem 1571 nach Heinrich dem Seefahrer benannten Brunnen, und der **Igreja de Santo Antão** von 1557 die Opfer der Inquisition hingerichtet.

### Sé de Santa Maria

Évoras aufregendstes Bauwerk, eines der schönsten Gotteshäuser Portugals und wie alle romanischen Kathedralen eine Wehrkirche. Die zweitürmige asymmetrische Granitfassade vereint romanische und gotische Bauelemente. Im ansonsten strengen Hauptportal sind in den marmornen Bogenläufen kunstvoll die Apostel eingemeißelt. Im dreischiffigen Innenraum erzeugen die roten, weiß verfugten Granitquader, die bis ins 70 m hohe Tonnengewölbe reichen, eine freundliche Atmosphäre.

Eine Besonderheit ist der mächtige Vierungsturm, der an der Spitze von acht Türmchen eingefasst und von einem schuppig gefliesten, schillernden Helm abgeschlossen wird.

Oben: Der Templo Romano, auch Diana-Tempel genannt, stammt aus dem 2. Jahrhundert und ist der besterhaltene Römertempel der Iberischen Halbinsel (→ S. 36).

Mitte: Estremoz gehört zu den »weißen Städten« des Alentejo. Sie ist auch als Töpferhochburg bekannt – was sich vor allem an Markttagen offenbart (→ S. 38).

Unten: Der Praça do Giraldo ist ein beliebter Treffpunkt mit blutiger Vergangenheit. Noch zu Beginn des 19. Jahrhunderts wurden hier die Opfer der Inquisition hingerichtet.

Vom gotischen Kreuzgang aus führen enge Wendeltreppen zur Dachterrasse der beeindruckenden Kathedrale, die einen herrlichen Blick auf die Stadt bietet.
Largo da Sé

### Templo Romano

Der Tempel aus dem 2./3. Jh. ist der besterhaltene Römertempel der Iberischen Halbinsel. Obwohl Diana-Tempel genannt, ist nicht eindeutig belegt, dass er der Jagdgöttin gewidmet war.

Die außerordentliche Konservierung der 14 von ursprünglich 18 korinthischen Säulen gelang durch eine nach heutigen Maßstäben unglaubliche Kunstschändung: Im Mittelalter hatte man die Flächen zwischen den Säulen zugemauert und den Tempel in einen Schlachthof für Lämmer und Ziegen umfunktioniert. Erst im Jahre 1870 entdeckte man die Säulen neu und legte sie frei.
Largo do Conde de Vilaflor

## Museen

### Museu de Arte Sacra

Dieses kleine Museum befindet sich im südlichen Fassadenturm der Sé. In den vier Abteilungen des Hauses sind Malerei, Goldarbeiten, Skulpturen und kostbare liturgische Gewänder zu sehen.
Praça da Sé; tgl. 9–12 und 14–16.30 Uhr; Eintritt 1,75 €

### Museu de Évora

Der Besucher trifft hier auf eine Mischung aus prähistorischen Funden, wertvollen Möbeln (18. Jh.), Goldschmiedearbeiten, Renaissance-Skulpturen, Gemälden sowie portugiesischen und spanischen Azulejos (16./17. Jh.). Das Museum befindet sich im ehemaligen Bischofspalast.
Largo da Conde Vila Flor; Mi–So 10–12.30 und 14–17 Uhr, Di 14–17 Uhr; Eintritt 1,25 €

## Essen und Trinken

### Adega do Alentejano M M

An den Holztischen geht's rustikal zu. Die Gerichte sind deftig, der Wein kommt aus dem Fass.
Rua Gabriel Vitor Pereira, 21; Tel. 2 66 74 44 47; Mo geschl. ★

### Fialho M M

Hausherr Fialho gilt als der »Bocuse des Alentejo«; er hat bewiesen, dass die regionale Küche weit mehr als nur wässrige Brotsuppen zu bieten hat. Der französische Starkoch selbst wusste die Kunst seines Kollegen übrigens ebenfalls zu schätzen. Aus der ursprünglich schlichten Kneipe ist im Laufe der Jahre ein Gourmettempel geworden.
Travessa das Mascarenhas, 14; Tel. 2 66 70 30 79; Mo geschl. ★ ★ ★ ★

### O Grémio M M

Ein Hauch von frischem Koriander zieht sich durch fast alle Gerichte. Alentejanische Küche in rustikalem Kellerambiente mit Holztischen und weißen Tischdecken.
Alcárcova de Cima, 10; Tel. 2 66 74 29 31; So geschl. ★ ★ ★

### Taberna Típica M

Während sonst bei einem restaurante típico alle Alarmanlagen aufleuchten sollten, verspricht das típico hier wirklich typisch regionale Küche.
Rua do Inverno, 16; Tel. 2 66 70 75 30; tgl. geöffnet ★

## Am Abend

### Kalmaria

Der Klassiker unter den Diskos Évoras. Studentisches Publikum.
Rua de Valdevinos, 21 B

### Amas do Cardial

Techno fliegt einem um die Ohren. Barbetrieb.
Rua Amas do Cardial, 9 A

**Auskunft**
Posto de Turismo
Praça do Giraldo, 73; 7000 Évora
Tel. 26 62 26 71

# Ziele in der Umgebung

## Alter do Chão ■ E 7, S. 119

In Alter do Chão, gut 20 km westlich
von Portalegre, befindet sich das
berühmte Staatsgestüt **Coudelaria
de Alter**. Gegründet 1748 durch
König D. João V., werden hier die portugiesischen Pferderassen Alter Real
und Lusitano gezüchtet. Beide werden im Stierkampf eingesetzt, aber
auch an die Wiener Hofreitschule
verkauft. Die beste Besuchszeit ist
morgens, wenn man die Tiere beim
Training beobachten kann.

## Arraiolos ■ D 8, S. 119

6000 Einwohner

Das kleine Landstädtchen ist wegen
seiner Wollteppiche berühmt geworden, die hier seit dem 17. Jh. auf kö-
nigliches Geheiß hergestellt wurden.
Sie werden nicht gewebt, sondern im
Kreuzstich gestickt. Im ersten Stock
des **Paço do Concelho** (Rathaus)
kann man einige historische Exemplare bewundern. Liebhaber dieser
kostbaren Kunstwerke haben in den
Manufakturen vor Ort Gelegenheit
zum Kauf.
**Paço do Concelho**
Praça Lima e Brito; tgl. 9–12.30 und 14–
17.30, Sa und So 10–12.30 und 14–18 Uhr;
Eintritt frei

## Castelo de Vide ■ E 7, S. 119

2600 Einwohner

Von der auf 600 m gelegenen Burg-
ruine hat man einen faszinierenden
Blick über die **Serra de São Mamede**,
über wildwachsende Natur, Wälder,
Wiesen und rote Dächer. Um die
Burg, deren älteste Winkel aus mau-
rischer Zeit stammen, und die Berg-
spitze hat sich der Ort angesiedelt.
Hübsche weiß getünchte Häuser
zieren die engen Gassen. Vor den
Türen blühen Rosensträucher, deren
Duft man zum Aufstieg in die
**Judiaria**, das mittelalterliche Juden-
viertel mit Synagoge, und das Kastell
mitnimmt. Ein malerisches Entrée
gibt der Platz mit dem überdachten
Stadtbrunnen, dem **Fonte da Vila**,
der aus dem 16. Jh. stammt.

Eine Kuriosität gibt es 12 km nördlich zu sehen, beim Dorf **Maria da
Devesa**. Mitten aus der Landschaft
ragt eine unbehauene vorgeschichtli-
che Steinsäule aus dem Boden. Sie
ist 7,16 m hoch, hat einen Durchmesser von 115 cm und wiegt schät-
zungsweise 15 t. Der **Menir da Mea-
da** wird als das größte Phallussymbol
der Iberischen Halbinsel gewertet.

## Elvas ■ F 8, S. 119

14 000 Einwohner

Getreidefelder, Schafherden und
ein Monstrum von Aquädukt prägen
das Umfeld der Stadt an der spanischen Grenze. Über 7 km erstrecken
sich die 843 bis zu 31 m hohen
Bögen, die ungezählten Pfeiler und
Stützen – in dieser Dimension
seinerzeit ein Superlativ in der Alten
Welt. Das Wasser des **Aqueduto da
Amoreira**, mit dessen Bau die Arbeiter 1498 an der Quelle Amoreira
begannen, erreichte die städtischen
Haushalte aber erst 1622. Ihren End-
punkt findet die imposante, noch intakte Wasserleitung am Marmorbrunnen **Fonte da Vila** am Largo
Salazar.

Wenn Évora als Stadt ein kunst-
historisches Museum ist, dann ist Elvas ein Militärmuseum: Direkt an der
spanischen Grenze gelegen, vertei-
digte sich der Ort mit den wohl ge-

waltigsten Festungsmauern Portugals. Der Mauerring datiert aus dem 16. Jh. und umschließt das römisch-arabische Kastell. Außerhalb davon liegen die Forts **Forte Santa Luzia**, heute eine Pousada, und das ausgeklügelt konstruierte **Forte Nossa Senhora da Graça** (an der Nationalstraße 246 nach Portalegre), das aber nicht zu besichtigen ist.

Einlass zum Castelo (tgl. 9–12.30 und 14–17.30 Uhr, Eintritt frei) gewährt die Porta do Pelição, die das Wappen von König D. João II. ziert. Von der Torre de Menagem, 1488 wieder aufgebaut, hat man einen der schönsten Panoramablicke auf die alentejanischen Ebenen. Im hübschen Ortskern, an der Praça da República, baute der Architekt Francisco de Arruda die dreischiffige Kirche **Igreja de Nossa Senhora da Assunção** im manuelinischen Stil. Über dem klassizistischen Hauptportal erhebt sich die Frontfassade als Glockenturm mit Spitzdach – robust, nüchtern und gotisch –, die beiden Seitenportale sind manuelinisch. Obwohl noch nicht ganz fertig gestellt, wurde die erste Messe bereits 1535 abgehalten. Aufwendiger ausgeschmückt ist die Dominikanerkirche **Igreja de Nossa Senhora da Consolação** (1543) am Largo de Santa Clara. Die Wände im achteckigen Kuppelraum sind mit blaugelbweißen Azulejos ausgeschmückt, die Säulen fein bemalt. Übernachten kann man im **Pousada de Santa Luzia**, Avenida de Badajoz; Tel. 2 68 62 21 94, Fax 2 68 62 21 27; 24 Zimmer ★★

### Essen und Trinken

**A Flor do Jardim** M
In diesem alteingesessenen Restaurant hat der Koch mit internationaler Küche immer noch nichts am Hut. Zu den Spezialitäten des Hauses gehört Hammelfleisch.
Jardim Municipal; Tel. 268623174 ★★

# Estremoz ■ E 8, S. 119
8000 Einwohner

Der einstige Marktflecken hat sich in ein lebendiges landwirtschaftliches Zentrum verwandelt. Wenn Markttag ist oder eine der Landwirtschaftsmessen stattfindet, quillt der Rossio, der große Marktplatz, von Menschen, Rindern und Schafen nur so über. Hier werden auch die für das hiesige Kunsthandwerk typischen Tonfiguren, **bonecos**, angeboten. Bekanntester Treffpunkt am Platze ist das gut 100 Jahre alte Café-Restaurant **Águias d'Ouro** (Rossio Marquês de Pombal, 27, Tel. 2 68 33 33 26, ★); es ist nicht nur wegen seiner originellen Fassade, deren Stilrichtung irgendwo zwischen Mudéjar, Jugendstil und Kitsch liegt, sondern auch wegen seiner Hammelspezialitäten einen Besuch wert. Über das ganze Treiben in der Unterstadt wacht seit dem 13. Jh. die monumentale Burgfestung, einst Bollwerk gegen die Spanier und Lieblingsresidenz portugiesischer Könige.

Sehenswert ist das **Museu Municipal** (Largo Dom Dinis, tgl. 9–11.45 und 14–17.15 Uhr, Mo geschl., Eintritt 0,75 €) mit seiner umwerfenden **bonecos**-Sammlung.

### Hotels / andere Unterkünfte

**Pousada de Rainha Santa Isabel**
Nicht nur die Herberge, auch der Ausblick von hier oben ist vom Feinsten.
Largo Dom Dinis; Tel. 268332075, Fax 268332079; 30 Zimmer ★★★ bis ★★★★

# Monsaraz ■ E 9, S. 121

Oberhalb der Kleinstadt Reguengos de Monsaraz führt eine Nebenstraße zur mittelalterlichen Grenzfestung der Tempelritter Monsaraz. Der mächtige Burgring umschließt eine Handvoll weiß gekalkter Häuser, die

Igreja Matriz (1887), den Schandpfahl davor und romantische Kopfsteinpflastergassen. Durch das enge Tor in der Stadtmauer passt kein Auto hindurch und kein Fortschritt.

Für die stilvolle Übernachtung empfiehlt sich unterhalb der Burg die **Estalagem Horta da Moura** (Tel. 2 66 55 01 00, Fax 2 66 55 01 08, 20 Zimmer ★★). Gute Regionalküche in einer ehemaligen Olivenölfabrik bietet **Sem Fim** M M M (im Dorf Telheiro unterhalb von Monsaraz, Tel. 0266 55 74 71, Do und Fr 17–24, Sa 12–2, So 12–24 Uhr ★★)

Unten in Monsaraz, in der **Fábrica Alentejana de Lanifícios** (Rua dos Mendes, 79), werden die typischen alentejanischen Wollteppiche (**mantas**) gewebt.

# Redondo ■ E 9, S. 121

Von einem mythischen runden Felsen soll Redondo (»rund«) seinen Namen haben. Zu sehen ist er nirgends – der ländliche Ort ist von Feldern und Wiesen umgeben. Wie überall im Alentejo sind auch hier die strahlend weiß gekalkten Häuser, Türen und Fenster mit gelben oder blauen Farbstreifen umrahmt – so vertreibt man Dämonen. Doch weniger wegen architektonischer Glanzpunkte steht Redondo im Interesse als vielmehr wegen seines Kunsthandwerks. Die rustikale Gebrauchskeramik Redondos findet eine besonders schöne Ausdrucksform: Bunte, bäuerliche Szenen werden auf Schalen, Teller und Tassen gemalt. Im Ortszentrum gibt es verschiedene Geschäfte.

Einst Kloster, heute Hotel – die Mönchszellen des **Convento de São Paulo** M M (Aldeia da Serra – Redondo, Tel. 2 66 98 91 60, Fax 2 66 99 91 04, 21 Zimmer ★★★) wurden in der Größe verdoppelt und in komfortable, sehr unterschiedliche Zimmer umgestaltet. Einsam gelegen mitten in der Serra de Ossa. Der Chefkoch kennt sich in regionaler Küche hervorragend aus.

# Santarém ■ B 7, S. 118

29 000 Einwohner

Wegen ihrer vielen Gotteshäuser gilt Santarém als Zentrum der Gotik. Allein 14 Klöster und 13 Kirchen zählt der hoch über dem Tejo strategisch günstig gelegene Ort. Als römische Siedlung gegründet, hat sie sich in den letzten Jahren zu einer großen, aktiven Stadt entwickelt, die stark vom landwirtschaftlichen Umfeld und der Stierzucht geprägt ist. Man muss allerdings kein Sakralbautenfetischist sein, um hier in Bewunderung zu verfallen. Die Fassade der **Igreja da Graça** (1380) am gleichnamigen Platz, von den Baumeistern des späteren Batalha-Klosters geschmackvoll durchgestylt, imponiert vor allem durch ihre aus einem einzigen Stein geschlagene, filigrane Fensterrose über einem kunstvoll ziselierten Portal. Demgegenüber treibt die Fassade der **Igreja de Santa Maria de Marvila** an der Praça Visconde Serra Pilar nur mit einem manuelinisches Portal (1520) Aufwand. Die älteste Kirche der Stadt ist die um 1200 erbaute **Igreja de São João de Alporão**, in der es stilistisch allerdings etwas ungeordnet zugeht (Rua de São de Martinho).

Wo der Dichter Alexandre Herculano (1810–1877) seine letzten zehn Lebensjahre genoss, werden auch Sie es wunderbar aushalten können: Knapp 6 km nördlich von Santarém finden Sie ein komfortables Quartier in der **Quinta de Vale de Lobos** (Azóia de Baixo, Tel. 2 43 42 92 64, Fax 2 43 42 93 13, 4 Zimmer, 2 Appartements ★★). Die stattliche Villa ist von Wald und Gärten umgeben, die Zimmer sind im alt-portugiesischen Stil eingerichtet.

**Der Süden verspricht** puren Urlaubsgenuss: bizarre Felsen, lauschige Badebuchten, Sandstrand ohne Ende – und überall kann man mit der Sonne flirten.

# Faro

■ D 12, S. 121

35 000 Einwohner
Stadtplan → S. 43

Mit ihren wildzerklüfteten, senffarbenen Steilwänden, den bizarren Felsskulpturen mitten im tiefblauen Atlantik und rund 3000 Sonnenstunden im Jahr hat die Algarve bei Urlaubern höchste Punktzahlen erreicht. Wenig bekannt ist die Ostseite der Algarve. Während die Felsen sich nur an der westlichen Südküste, dem **Barlavento**, erstrecken, trifft man im östlichen **Sotavento** herrlich lange, oft einsame Dünenstrände, Lagunen und Sumpfgebiete an. Auch von Nord nach Süd öffnet sich eine Welt der Gegensätze: im Norden eine einsame, praktisch unerschlossene Berglandschaft, im Süden der schmale Küstenstreifen mit seinen Bettenburgen.

Europäisches Afrika. 500 Jahre lang war die Algarve der westlichste Teil des islamischen Reiches, und noch heute ist der Einfluss der Mauren deutlich zu spüren. Sie pflanzten die Mandel-, Feigen- und Johannisbrotbäume. Schon geografisch sind Algarve und Afrika direkte Nachbarn. Zu den schönsten Stränden zählen die Praia Dona Ana und Camilo bei Lagos, Salema bei Sagres, Alvor bei Portimão, Barranquinho und Marinha bei Carvoeiro, Galé, Castelo und Baleeira bei Albufeira, Vale do Lobo und Quinta do Lago bei Vilamoura, Armona und Culatra bei Olhão und die Ilha de Tavira.

Faro, die verkannte Stadt: Den meisten Reisenden dient sie lediglich als Eingangstor zu den klassischen Urlaubsorten wie **Albufeira** oder **Praia da Rocha**. Tatsächlich kann die Algarve-Hauptstadt mit hübschen Badeplätzen wahrlich nicht protzen. Allerdings hat die schöne Altstadt sich ein ganz eigenes, sehr portugiesisches Flair bewahrt. Kein anderer algarvischer Ort bietet überdies so konzentriert Gelegenheit für historischen Kunstgenuss, Kultur und Shopping.

Erst römischer Handelsplatz, dann Maurenmetropole, fiel Faro nach der Eroberung durch die Christen im Jahre 1249 in den Status eines Provinznestes zurück. Hauptstadtfunktion nahm Faro erst nach 1580 ein. Doch ein schlechter Stern stand über der Stadt: 1722 ereignete sich ein Erdbeben, 1755 ein zweites. Die meisten Bauten datieren daher aus späterer Zeit.

## Hotels/andere Unterkünfte

### Alameda 👭

■ c 2

Kleine Pension, die sehr familiär geführt wird. Nah am Zentrum, aber ruhig. Das Frühstück ist ein guter Start in den Tag.
Rua José de Matos, 31; Tel. 2 89 80 19 62, Fax 2 89 80 47 16; 14 Zimmer ★ ★

### Eva

■ a 2

Mit vier Sternen das beste Hotel am Platz, aber dennoch ohne großen Luxus. Zentrale Lage am Yachthafen.
Avenida da República, 1; Tel. 2 89 80 33 54, Fax 2 89 80 23 04; 150 Zimmer ★ ★ ★

## Sehenswertes

### Arco da Vila

■ b 3

Das imposante Stadttor weist den Weg in den historischen Ortskern, der noch von Resten der mittelalterlichen Stadtmauer umgeben ist. Die Idee zu diesem imposanten Renaissancetor, 1812 vollendet, hatte der italienische Architekt Francisco Xa-

*Faro, das »Einflugstor« zu den Stränden der Algarve, hat einen hübschen Stadtkern.*

vier Fabri. Als Nischenfigur wacht der Stadtheilige Thomas von Aquin über dem Portal.
Jardim Manuel Bivar

### Igreja do Carmo ■ b 1
Den Grundstein für die doppeltürmige Kirche legte der reiche Karmeliterorden bereits 1713, richtig fertig war sie jedoch erst 1877. Äußerlich keine Schönheit, erschlägt sie den Besucher im Innern mit barocker Verschwendung.

Durch die schlicht weißen Wände kommen die überreichen Goldschnitzarbeiten am Hauptaltar und den vier Seitenaltären erst richtig zur Geltung. Hinter dem Gotteshaus findet man die Capela dos Ossos, eine makabre Trauerdeponie für Knochen, Totenschädel und Menschenhaar.
Largo do Carmo

### Igreja de São Francisco ■ b 3
Das zum Kloster des Franziskanerordens gehörige einschiffige Gotteshaus von 1679 ist für seine üppige talha dourada und die meisterlich gestalteten Azulejo-Paneele berühmt. Wände, Kuppel und Kanzel in der Kirche sind ganz mit goldenem Schnitzwerk verziert. Die blauweißen Kacheln (17./18. Jh.) stellen Szenen aus dem Leben des heiligen Franziskus dar.
Largo de São Francisco

### Paço Episcopal ■ a 3
Der lang gestreckte Bischofspalast aus dem 18. Jh. mit seinen roten Dachhütchen wirkt verspielt und majestätisch zugleich. Eine Glanzleistung der Azulejo-Kunst sind die Wände im Innenhof, die Prachttreppe und die drei Säle, die als die bedeutendsten der Algarve gelten. Da der Palast auch heute noch den Bischöfen als Amt und Wohnung dient, richten sich die Öffnungszeiten nach inneren Gesetzmäßigkeiten.
Largo da Sé

### Sé ■ b 3
Von architektonischer Einheit keine Spur: An der Kathedrale sind alle Stile gemischt – ein Puzzle aus Gotik, Renaissance und Barock. Ursprünglich um 1271 errichtet, überlebte vom gotischen Bau jedoch nur der massige Glockenturm die Zeitläufte, durch dessen drei Spitzbogenportale man ins frisch restaurierte dreischiffige Innere gelangt. Hier herrscht die Renaissance vor. Prachtvollstes Stück ist die Capela de Nossa Senhora do Rosário mit überquellendem Goldschmuck und Azulejos. Die barocke, gerade restaurierte Orgel zählt zu den schönsten in Portugal.
Largo da Sé

## Museen

### Museu Arqueológico e Lapidar Infante Dom Henrique ■ b 3
Im oberen Kreuzgang des Klarissenklosters – reinste Renaissance – sind archäologische Funde u. a. aus den römischen Ruinen von Milréu, verschiedene portugiesische Staatswappen, escudos, sowie ein 4 x 11 m großes römisches Fußbodenmosaik zu bewundern. Wegen Bauarbeiten zurzeit geschlossen.
Largo Dom Afonso III; tgl. 9–12.30 und 14–17.30 Uhr, Mo geschl.; Eintritt 1,5 €

### Museu Etnográfico Regional ■ b 2
Volkskunst und Architektur sind Thema der Ausstellung. Im Mittelpunkt steht der Arbeitsalltag von Bauern, Fischern und Handwerkern.
Rua do Pé da Cruz, 4; Mo–Fr 9–12 und 14–17.30 Uhr; Eintritt 1,5 €

### Museu Marítimo Almirante Ramalho Ortigão ■ a 2
Etwas versteckt im Gebäude der Hafenverwaltung tut sich hier die Welt des Meeres auf: Man erfährt alles über den Fischfang, durchblickt anhand von Modellen die komplizierten Netzsysteme unter Wasser,

staunt über alte Fanggeräte und ungezählte Muscheln.

Am Yachthafen; tgl. 9.30–12 und 14.30–17 Uhr, Mo geschl.; Eintritt 1,5 €

## Essen und Trinken

### Aliança ■ b 2
Eines der ältesten Kaffeehäuser Europas. Es gibt Snacks, Salate und eine große Auswahl an Süßem.
Rua Dr. Francisco Gomes; tgl. geöffnet

### Tasca M ■ b 1
Gut, günstig und sehr portugiesisch.
Rua do Alportel, 38; Tel. 2 89 82 47 39; So geschl. ★

### Camané
Gut geführtes Restaurant, das sich auf Touristen eingestellt hat.

Hier bekommen Sie hervorragende Meeresfrüchte. Zu den Spezialitäten gehören Langusten.
Praia de Faro; Tel. 2 89 81 75 39; Mo geschl. ★ ★ ★

## Einkaufen

Die zentrale Kommerzader ist die **Rua de Santo António**. Von ihr gehen weitere Einkaufsstraßen ab, etwa die **Rua Francisco Gomes, Rua Ivens, Rua I. Valdim** und die **Rua Vasco da Gama**.

## Service

### Auskunft
Posto de Turismo ■ b 3
Avenida 5 de Outubro 18, 8000 Faro; Tel. 2 89 80 04 00

# Ziele in der Umgebung

## Albufeira ■ C 12, S. 120

17 000 Einwohner

Albufeira war eine der letzten maurischen Hochburgen, die erbittert verteidigt wurde. Wenn man am **Miradouro do Pátio** auf den Klippen steht und den Blick schweifen lässt, versteht man, dass die »Ungläubigen« von hier nicht weg wollten. Bald nach seiner Entdeckung durch reiselustige Mitteleuropäer in den siebziger Jahren wurde aus dem kleinen Fischernest eines der größten, schrillsten Ferienzentren an der Algarve. Mit ungezählten Diskos, Bars und Restaurants bemüht sich Albufeira um den Ruf des »Saint Tropez der Algarve«.

Trotzdem hat der alte Ortskern von Albufeira sich den Charme eines Fischerdorfes bewahrt. An der **Praia dos Pescadores** liegt immer noch eine Flotte bunt bemalter Fischerboote vor Anker.

Bei der Qual der Wahl könnte die Entscheidung für schöne Unterkunft auf das moderne Vier-Sterne-Hotel **Falésia** (Praia da Falésia, Tel. 2 89 50 12 37, Fax 2 89 50 12 70, 169 Zimmer ★★★), das architektonisch originelle **Vila Galé Praia** (Praia da Galé, Tel. 2 89 59 01 80, Fax 2 89 59 01 88, 40 Zimmer ★★) oder die **Pension Vila Recife** (Rua Miguel Bombarda, 6, Tel. 2 89 58 67 47, 92 Zimmer ★★) in einer herrlichen Altstadtvilla fallen.

Richtig portugiesisch kann man in Albufeira allerdings kaum noch essen. Dafür ausgezeichnet italienisch im Restaurant **Castelo do Bispo** (Estrada da Orada, Tel 2 89 58 54 17, Mo geschl. ★★★★) oder französisch im **Vila Joya** (Praia da Galé, Tel. 2 89 59 17 95, tgl. geöffnet ★★★). Die beliebteste, verrückte Mega-Disko am Platze ist das **Kiss** in Areias de São João.

## Almancil ■ D 12, S. 121

Europaweit berühmt ist die **Igreja de São Lourenço**, bis unter die Kuppel mit blauweißen Azulejos (von 1730) ausgeschmückt. Die Fliesen stellen das Leben des heiligen Laurentius dar.

Igreja de São Lourenço; tgl. 10–13 und 14.30–19 Uhr, wegen wechselnder Öffnungszeiten: Tel. 2 89 39 54 51; Eintritt 1,25 €

## Estói ■ C 12, S. 121

Hinter den hohen Mauern am Kirchplatz des verschlafenen Dorfs verbirgt sich der **Palácio de Estói**. Ein Märchenschloss, das demnächst in eine Pousada verwandelt wird. Handfester geht's am Ortseingang zu, wo 1877 die römische Ruinenstätte **Vila Romana de Milréu** (tgl. 9.30–12.30 und 14–17 Uhr, Mo geschl., Eintritt frei) ausgegraben wurde. Gut erhaltene Mosaike, Säulen, Tempel und Thermen sind zu sehen. Da sich die Öffnungszeiten häufig ändern: Tel. 2 89 99 78 23.

## Lagos ■ B 12, S. 120

11 000 Einwohner

Einer der ältesten Orte an der Algarve und, historisch gesehen, einer der interessantesten. In Lagos traf 1441 die erste Ladung schwarzer Sklaven auf europäischem Festland ein. Als Gouverneur der Provinz residierte Heinrich der Seefahrer im **Castelo dos Governadores** (Praça da República), ließ hier seine hochseetüchtige Flotte zimmern und machte damit Lagos zum Sprungbrett der großen Entdeckungen; ihm verdankt Lagos seine Glanzzeit. Deshalb wurde ihm vor dem Castelo ein bronzenes Denkmal gesetzt, und sein Name verfolgt den Besucher in der Altstadt auf Schritt und Tritt. Viel wirklich Historisches gibt es allerdings nicht mehr zu se-

*Oben: Ganz frisch kommt der Fang direkt auf den Grill der Hafen- kneipen von Portimão (→ S. 46).*

*Mitte: Nördlich von Sagres findet man Sanddünenstrände von schlichter Schönheit (→ S. 47).*

*Unten: Die bizarren rotbraunen Felsen am Strand von Albufeira sind sicherlich »mitverantwortlich« am beispiellosen Boom, den das ehemalige Fischernest erlebt hat.*

hen; denn wie in Faro leisteten die beiden Erdbeben auch in der westlichen Küstenstadt ganze Arbeit.

Versäumen sollten Sie jedoch auf keinen Fall den Besuch der **Igreja de Santo António,** deren barocke Pracht im Innern von außen kaum zu erahnen ist. Durch das Portal betritt man die faszinierende Welt der Azulejos und **talha dourada.** Angeschlossen ist das **Museu Municipal de José Formosinho** (Di–Sa 9.30–12 und 14–17 Uhr, Eintritt 1,5 €). Seit der neue Yachthafen fertig ist, schnuppert man auch in Lagos etwas vom Duft der weiten Welt. Auf der palmenbestandenen

**3** Uferpromenade, der **Avenida dos Descobrimentos,** fühlt man sich seinem südlichen Flair gänzlich erlegen. An der **Ponta de Piedade** südlich von Lagos haben sich aus den Felsen die bizarrsten Skulpturen formiert. Gleich nebenan findet man hübsche Postkartenbadebuchten wie **Praia Camilo, Dona Ana** und **Homens-Pinhão.**

### Hotels/andere Unterkünfte

**Albergaria Casa de São Gonçalo**
Mitten in der Altstadt gelegen, aber dennoch ruhig.
Rua Cândido dos Reis, 73;
Tel. 2 89 76 21 71; 13 Zimmer ★ ★

**Vivenda Miranda**
Ein kleines, feines Hotel mit Strand vor der Haustür.
Praia Porto de Mós; Tel. 2 82 76 32 22, Fax 2 82 76 03 42; 26 Zimmer ★ ★ ★

### Essen und Trinken

**O Alberto**
Fangfrische Meeresfrüchte, mit etwas Glück auch **percebes,** kauft der Chef täglich ein.
Largo do Convento Nossa Senhora da Glória 27; Tel. 282 76 93 87; tgl. 12-15 und 18-23 Uhr ★ ★ ★

## Monchique ▪ B 11, S. 120

8000 Einwohner

Hier haben Sie den Kontrast: kein Strand, keine Bettenmegalopolis, dafür Berge, Eukalyptus, Pinien und duftender Rosmarin. Abseits des Touristentrubels der Küste kommt es in der dicht bewaldeten **Serra de Monchique** auf Naturgenuss und Individualismus an. Wanderungen ins Gebirge bieten Ines und Uwe im Sommer: Mo und Do 10–18 Uhr, Galp-Tankstelle am Ortseingang. Monchique bietet den ländlichen Charakter mit einem manuelinischen Portal an seiner **Igreja Matriz.** Wenige Kilometer weiter südlich wird man in **Caldas de Monchique** vom Flair des Thermalbades aus der Belle Époque eingefangen.

## Olhão ▪ D 12, S. 121

27 000 Einwohner

Wenn der Hauptfischereihafen der Algarve im Sotavento auch sonst keine Attraktionen hat – zwei Dinge sollte man in Olhão keinesfalls versäumen: die beiden riesigen, gerade restaurierten **Markthallen** (Mo–Sa 7–13.30 Uhr) mit den orientalischen Zwiebeltürmchen besuchen und die **Igreja Nossa Senhora do Rosário** (tgl. 9–12 und 15–17.30 Uhr, Mo geschl.) besteigen. Die kirchliche Dachplattform ist der beste Aussichtspunkt, um den kuriosen, maurisch anmutenden Würfelbaustil der Stadt zu überblicken.

## Portimão ▪ B 12, S. 120

27 000 Einwohner

Seit der Tourismus hier seine Domäne gefunden hat, ist es aus mit der Fischindustrie. Sardinenduft steigt einem nur noch im alten **Fischereihafen** in die Nase. Wie viele andere Orte im Barlavento verloren Portimão und sein Strand **Praia da Rocha** ihre

Unschuld durch die wunderschöne Felsenkulisse. Praia da Rocha ist heute zu einem riesigen Vorort gewachsen, allerdings kann man gut einkaufen und die Nacht wunderbar zum Tag machen.

Untouristischere Alternativen in Portimãos Umfeld sind die Küstenorte **Alvor**, **Ferragudo** und **Carvoeiro**. Schöne Strandhotels sind das **Alvor Praia** (Praia dos Três Irmãos – Alvor, Tel. 2 89 45 89 00, Fax 2 89 45 89 99, 231 Zimmer ★★★★) und das **Bela Vista** (Avenida Tomás Cabreira – Praia da Rocha, Tel. 2 82 45 04 80, Fax 2 82 41 53 69, 14 Zimmer ★★ bis ★★★). Liebhaber von Fischspezialitäten gehen in die **Marisqueira Carvi** (Rua João Annes, 6, Tel. 2 8241 79 12, tgl. geöffnet ★★). Seit Jahren »in« ist die Disko **Katedral** (Avenida Tomás Cabreira, frühestens ab 23.30 Uhr).

# Sagres   ■ B 12, S. 120

2000 Einwohner

In der befestigten **Vila do Infante** soll Heinrich der Seefahrer im 15. Jh. die großen Entdeckungen planmäßig vorbereitet und eine nautische Akademie gegründet haben. Geschichtsforscher meinen heute jedoch, dass es diese »Schule von Sagres« nie gegeben hat. Dennoch umrauscht einen an diesem Ort historisches Flair. Die Festung stammt aus dem 16. Jh., wurde danach aber mehrfach verändert. Die steinerne Windrose hat einen Durchmesser von 43 m und galt lange Zeit als sichtbarster Beweis für die wissenschaftliche Aura des Ortes. Nicht weit entfernt von hier gelangt man zum »Weltende«, wie das Kliff **Cabo de São Vicente** nach mittelalterlicher Vorstellung genannt wurde. Das Kap ist der südwestlichste Punkt Europas, der durch einen imposanten Leuchtturm markiert wird.

# Tavira   ■ D 12, S. 121

10 000 Einwohner

Umgeben von der Dünen- und Berglandschaft des **Sotavento**, ist Tavira am **Rio Gilão** die schönste der algarvischen Städte. Vom Tourismus bisher kaum entdeckt, verströmen die hübsche Palmenpromenade und zahlreiche Cafés südländische Gelassenheit. Tavira wird häufig auch als das »Venedig der Algarve« bezeichnet.

Tavira wurde bereits in der Antike besiedelt, zunächst von den Griechen und später von den Römern. Unter den Mauren besaß das Städtchen den wichtigsten Hafen der Algarve, besondere Bedeutung hatte der Tunfischfang. Das heutige Stadtbild stammt aus dem 18. Jh., da Tavira bei dem Erdbeben von 1755 weitgehend zerstört wurde.

Aber auch der Kunstinteressierte hat hier volles Programm: Tavira hat an die 30 Kirchen zu bieten, von denen die prächtigste die **Igreja da Misericórdia** von 1541 ist. Das Gotteshaus besitzt ein besonders schönes Renaissance-Portal. Taviras kinderfreundliche Badeinsel **Ilha de Tavira** ist der Stadt vorgelagert (regelmäßiger Fährverkehr).

### Hotels/ andere Unterkünfte

**Quinta do Carocol**
In dieser Herberge wird man in einem alten Landhaus untergebracht.
Sao Pedro; Tel. 2 81 32 51 71,
Fax 2 81 32 24 75 ★

### Essen und Trinken

**Quatro Águas**
Hier bekommen Sie feinste Fischgerichte. Das Restaurant liegt am Fähranleger.
Quatro Águas; Tel. 2 81 32 53 29;
tgl. geöffnet ★★★

## EXTRA: SPORT UND STRÄNDE

Portugal gilt als echtes Paradies für Golfer. Insgesamt 42 Plätze warten auf Ihren sportlichen Einsatz, 19 davon an der Algarveküste. Fast alle Parcours entsprechen internationalem Championship-Standard und wurden von bekannten Architekten wie Sir Henry Cotton, Robert Trent Jones und Frank Penninck entworfen. Reitschulen und Reitställe findet man in der näheren Umgebung fast aller Urlaubsorte. Die Tiere sind meist ordentliche Schulpferde ohne allzu viel Temperament. In Nordportugal verleihen auch manche Gastgeber des Turismo de Habitação (→ S. 14) Pferde. Ein Tennisplatz gehört mittlerweile zur Standardausstattung jedes besseren Hotels. Manche Tennisclubs besitzen auch Squash-Courts.

Im Algarve bestehen in den Badeorten zwischen Sagres und Faro gute Möglichkeiten für Wassersport – Windsurfen, Segeln und Wasserski –, ideal auch für Anfänger. Die raue, windige Westküste dagegen stellt höhere Ansprüche. Die Cracks unter den Windsurfern zieht es nach Peniche und Guincho; hier werden auch Weltmeisterschaften ausgetragen. Wegen starker Strömung und felsiger Partien ist dieses Gebiet jedoch nicht ungefährlich.

**Abschlag mit Blick aufs Meer – für Golfer ist Portugal ein Traumziel. Entlang der Algarveküste sind auch Badefans und Wassersportler gut aufgehoben.**

Allmählich wird Portugal auch als Wanderland entdeckt. Im Süden können Sie die bizarre Felsenküste und ausgedehnte Dünenlandschaften erwandern, im Norden üppige Wälder, Gebirgsmassive, terrassierte Weinberge in den Flusstälern, verlassene Bergdörfer. Highlights unter den Wanderzielen sind die Naturparks, z. B. Peneda-Gerês (Minho), die Serra da Estrela (zwischen Viseu und Guarda), die Serra de São Mamede (bei Portalegre) und die Serra de Sintra (bei Lissabon). Teilweise sind Wanderwege ausgewiesen, man begibt sich aber immer ein bisschen auf Entdeckungsreise. Einige örtliche Tourismusbüros verfügen über Orientierungskarten.

Die meisten Strände erhalten Jahr für Jahr die blaue, von der EU vergebene Flagge für Sauberkeit. Nördlich von Lissabon und an der östlichen Südküste findet man Sandstrände ohne Ende. Die Felsenküste dazwischen bietet zahlreiche kleine Badebuchten und bizarre Felsenformationen, für die die Algarve so berühmt ist.

*Fitness und Spaß auf einen Schlag: Die Sandstrände an der Atlantikküste sind wie geschaffen für Beachvolleyball.*

## Golf

**Estela**  ■ A 2, S. 116
Typischer Linkskurs mit 18 Löchern, für Profis. Direkt an der Atlantikküste, südlich von Esposende.
Tel. 2 52 61 24 00

**Penha Longa**  ■ A 8, S. 118
Gilt als schwer bespielbar. Richtung Sintra bei Lagoa Azul abbiegen.
Tel. 2 19 24 00 14

**Penina**  ■ B 12, S. 120
Austragungsort der Portugal Open.
Westlich von Portimão
Tel. 2 82 41 54 15

**Quinta do Lago**  ■ D 12, S. 121
Weltberühmter Platz. Am Rande des Naturparks Ria Formosa bei Almancil.
Tel. 2 89 39 45 29

**Vale do Lobo**  ■ D 12, S. 121
Wegen des spektakulären Abschlags am 7. Loch über drei Felsenbuchten berühmt.
In Vale do Lobo.; Tel. 2 89 39 39 39

## Segeln

**Marina de Faro**  ■ D 12, S. 121
Freizeithafen mit 270 Liegeplätzen.

**Marina de Lagos**  ■ B 12, S. 120
An der westlichen Südküste mit über 462 Liegeplätzen.
Tel. 2 82 76 27 65

**Marina de Olhào**  ■ D 12, S. 121
An der östlichen Südküste mit über 250 Liegeplätzen. Fertigstellung im Sommer 2001.
Tel. 2 89 31 40 70

**Marina de Vilamoura** ■ C 12, S. 120
20 km von Faro entfernt, mit 1000
Liegeplätzen und Schiffe bis zu einer
Länge von 43 m einer der größten
Yachthäfen Europas.
Tel. 2 89 31 40 70

### Surfen

**Centro de Windsurf e Vela do
Algarve** ■ B 12, S. 120
Praia Grande, Ferragudo,
8500 Portimão; Tel. 2 82 45 11 15

**Escola de Surf da Praia da Areia
Branca** ■ A 7, S. 118
Praia do Areal; 2530 Lourinhã/Peniche;
Tel. 2 61 41 36 57

### Strände

#### Costa Verde

**Ofir** ■ A 2, S. 116
Feiner, langer Sandstrand, kürzere
Klippenbereiche. Dahinter Dünen-
landschaft und Pinienwälder.
Bei Esposende

**Miramar** ■ A 3, S. 116
Langer Strand mit Aussicht auf eine
kleine, wellenumspülte Kapelle auf
einem Felsen. Hausstrand von Porto,
Fischer arbeiten am Strand.
Bei Espinho

#### Costa de Prata

**Costa de Lavos** ■ B 5, S. 118
Badestrand mit weichem Sand.
Fotogen sind die in Reihen aufge-
stellten Sonnenzelte.
Bei Figueira da Foz

**São Martinho do Porto** ■ A 7, S. 118
Lang gestreckte Badebucht mit vie-
len Fischerbooten. Die vorgelagerten
**Berlengas-Inseln** sind ein Taucher-
paradies.
Bei Caldas da Rainha

#### Costa de Lisboa

**Guincho** ■ A 8, S. 118
Weite Strandbucht, die wegen ihrer
strammen Wellen Erlebnischarakter
hat. An Wochenenden stark besucht.
Parkplatzprobleme!

**Melides** ■ B 9, S. 120
Noch nicht überlaufener, endloser
Sandstrand mit kleiner Lagune.
Bei Grândola

#### Algarve

**Cabanas** ■ D 12, S. 121
Langer Sandstrand in der untouristi-
schen Ostalgarve.
Bei Tavira

**Camilo** ■ B 12, S. 120
Kleine, etwas abgelegene Badebucht
in einer schroffen Felsenwand.
Bei Lagos

**Galé** ■ C 12, S. 120
Weiter Strand mit herrlicher Felsenkulisse. Übersichtlich, auch für Kinder geeignet.
Bei Albufeira

## MERIAN-Tipp

**S**trandzelte Der frische Wind
an der Westküste macht die
Hitze erträglich, die Sonnenstrahlen aber nicht ungefähr-
licher. In fast allen Badeorten
werden Strandzelte oder
Sonnendächer (**tendas** oder
**toldos**) vermietet. Der Haut zu-
liebe sollte man auf das Angebot zurückgreifen. Das spart
Gesundheitsschäden, Arztkos-
ten und Nerven. Je nach Strand-
abschnitt variieren die Preise
von 1,5–2,5 €.

Die Sonnenschutzzelte am belebten Strand von Nazaré sehen wie Sara-zenenlager aus.

**Gegensätze** bestimmen das Bild Lissabons – es ist modern und altbacken, großstädtisch und bäuerlich, luxuriös und verkommen. Jetzt begeistert sich Lissabon für die Zukunft.

## Lissabon

■ A 8, S. 118

850 000 Einwohner,
im Großraum 2,1 Mio.
Stadtplan → Klappe hinten

Von der Südseite des Tejo aus gesehen, ruht die legendäre »weiße Stadt« und einstige Zentrale der großen Weltentdeckungen wie eine Diva zwischen den Hängen der sieben Hügel, auf denen sie erbaut wurde. Nichts ist im restlichen Portugal so wie in der Hauptstadt. Lissabon ist die Verbindung nach Europa und in Sachen Fortschritt allen anderen Landesteilen um Längen voraus. Sobald man Lissabon verlassen hat, kommt man in ländliche Gegenden, wirkt alles provinziell.

Die Costa de Lisboa reicht im Norden bis zur Serra de Sintra, die wegen ihrer schönen Waldgebiete und ausgefallenen Sehenswürdigkeiten ein klassisches Ausflugsziel ist. Wo der Tejo mündet, streckt sich die »portugiesische Riviera« mit ihren eleganten Seebädern und weißen Stränden dem Atlantik entgegen. Im Süden umfasst die »Lissabonner Küste« die Flusslandschaft Ribatejo zwischen Tejo und Sado und dehnt sich bis zu den Ebenen des Alentejo. Die Brücke 25 do Abril, das haarige Nadelöhr, durch das man per Auto in den Süden fährt, ist durch die neue Brücke Vasco da Gama im Osten Lissabons kaum entlastet worden.

»Weltschmerz-City« wurde sie genannt, weil hier der traurige **Fado**, schwermütige Dichter und die betörende Form der Dekadenz zu Hause sind. Zwar blättert selbst in der Prachtstraße **Avenida da Liberdade** der Putz von vielen Häusern. Dazwischen wachsen jedoch glänzende Glaspaläste aus dem Boden, und von fatalistischer Rückwärtsgewandtheit ist kaum etwas zu spüren. Unter jungen Leuten findet die Wehmutsmelodie ohnehin nur wenige Fans. Sie arbeiten hektisch am Umbau Lissabons in eine moderne europäische Weltstadt. Ein ehrgeiziges Projekt, das manchmal größenwahnsinnige Züge annimmt, weil dabei die gleichzeitig wachsende Armut in der Stadt vergessen wird.

Lissabon mit seinen knapp eine Million Einwohnern ist eine quirlige Metropole. Sie hat viele Gesichter. Sie ist modern und altbacken, großstädtisch und bäuerlich, luxuriös und verkommen, arrogant und gütig, europäisch und afrikanisch. Wer das Herz der Stadt schlagen hören will, geht zum **Rossio**, dem Lieblingsplatz der Lisboetas. In einem der traditionellen Cafés lassen sie genüsslich etwas Zeit verstreichen, schauen zu, wie die Metroschächte die Menschenmengen ausspucken, und hören blinde Losverkäufer mit rauer Stimme Zauberzahlen und Glücksverheißungen ausrufen. Zwischen Springbrunnen und Taxistand, Blumenfrauen und Nationaltheater begegnen sich alle Gegensätze. Auf dem Weg in die Moderne fehlt es der Stadt jedoch an Freiraum zur Entwicklung. Topografisch steht die hügelige, engmaschige Stadt sich selbst im

Weg. Das Verkehrschaos zu entwirren ist in den engen Straßen ein heilloses Unterfangen. Erkunden Sie deshalb die Stadt lieber zu Fuß oder mit der Metro!

Nach der Wahl zur »Kulturhauptstadt 1994« stand Lissabon mit der **EXPO 1998** wieder im europäischen Rampenlicht. Für die letzte Weltausstellung im 20. Jh. wurde im Osten Lissabons ein Industrie- und Wohngebiet von 330 Hektar abgetragen, um dort einen Mega-Park mit monströsen Ausstellungsgebäuden, der heute als »Parque das Naçoes« für Kulturveranstaltungen genutzt wird, einen Yachthafen, zahlreiche Sportanlagen, Luxuswohnungen und einen Bahnhof, groß wie fünf Fußballfelder, zu montieren. Mit der EXPO erlebte Lissabon die größte urbane Revolution seit dem großen Erdbeben im Jahre 1755.

## Hotels/andere Unterkünfte

### Albergaria Senhora do Monte M
■ f 4

Ruhige Lage auf einem der sieben Hügel Lissabons. Der Blick auf das Castelo und die Altstadt ist ohnegleichen. Rechtzeitig buchen! Calçada do Monte, 39; Metro: Socorro; Tel. 2 18 86 60 02, Fax 21 87 77 83; 28 Zimmer ★★

### Alegria
■ c 3/d 3

Kleine Pension in der Nähe des Botanischen Gartens. Kein Frühstück. Praça da Alegria, 12; Metro: Avenida; Tel. 2 13 47 55 22, Fax 2 13 47 80 70; 28 Zimmer ★

### Alfa Lisboa
Himmelstürmendes Luxushotel. Ab dem vierten Stock schöner Blick auf das **Aqueduto das Águas Livres**. Av. Columbano Bordalo Pinheiro; Metro: Sete Ros; Tel. 2 17 26 21 21, Fax 2 17 26 30 31; 350 Zimmer ★★★★

### Britânia
■ d 2
→ MERIAN-Tipp, S. 14

### Janelas Verdes M
In der kleinen Villa am Rande des Stadtzentrums, wo einst der portugiesische Romancier Eça de Queirós (1845–1900) seinen Bestseller »Os Maias« schrieb, ist heute ein Vier-Sterne-Residencial untergebracht. Eine kleine Oase. Rua das Janelas Verdes, 47; Tel. 2 13 96 81 43, Fax 2 13 96 81 44; 29 Zimmer ★★★

### Lapa Palace
Lissabons luxuriöseste Herberge. In einem umgebauten Palast aus dem 19. Jh. im Nobelstadtteil Lapa. Sehr ruhig in einer Parkanlage. Rua Pau da Bandeira, 4; Tel. 2 13 95 00 05 oder 2 13 95 00 06, Fax 2 13 95 06 65; 94 Zimmer ★★★★

### Lisboa Plaza ♟♟
■ c 3
Vier-Sterne-Hotel mit klassischem Flair in zentraler, ruhiger Lage. Travessa de Salitre; Metro: Avenida; Tel. 2 13 46 39 22, Fax 2 13 47 16 30; 106 Zimmer ★★★

### Suiço Atlántico
Zentral, günstig und ohne hohe Ansprüche. Rua da Glória; Tel. 21 346 17 13, Fax 21 346 90 13; Metro: Rossio ★★

## Sehenswertes

### Aqueduto das Águas Livres
■ a 1/b2
Seine imposantesten Ausmaße erreicht das Aquädukt im **Alcântara-Tal**, das es mit 14 gotischen Spitzbögen bis zu 65 m hoch überspannt. Das Aquädukt mit seinen insgesamt 118 Bögen und 1 km Länge ist das monumentalste, was die Welt an vergleichbaren Konstruktionen zu bieten hat. Von der Grundsteinlegung 1732 bis zum letzten Stein vergingen mehr als hundert Jahre. Die Wasser-

leitungen reichen von Belas bei Sintra bis zur **Mãe d'Água** (Wasserreservoir) nach Amoreiras, wo die Wasserleitungen münden. Man kann auch auf ihnen spazieren gehen (Auskunft im Wassermuseum, Tel. 2 18 13 55 22).

### Avenida da Liberdade ■ c 1/d 4

Trotz des unsäglichen Verkehrs im Stadtzentrum erkämpft sich die alte Prachtstraße, Straße der Freiheit genannt, immer wieder ihre Würde. Die 90 m breite, 1,5 km lange Allee wird von Palmenreihen gesäumt. Brunnen plätschern, Autos hupen, auf den schattigen Bänken suchen Lisboetas und fußmüde Touristen Entspannung. Viele der hübschen alten Stadtvillen sind mittlerweile aus dem Bild verschwunden und protzigen Palästen von Banken und Versicherungen gewichen.
Metro: Restauradores oder Rotunda

### Castelo de São Jorge ■ e 4/e 5

Das Castelo ist einer der schönsten Aussichtspunkte der Stadt. Von hier aus genießt man einen faszinierenden, umfassenden Blick auf die **Tejo**, die rote Stahlbrücke **Ponte do 25 de Abril**, die Stadthügel und die **Baixa**. Hier oben hat man historischen Boden unter den Füßen: Die Burg war einst römisches Forum, westgotisches Kastell, Maurenfestung und Residenz der ersten portugiesischen Könige. Heute spazieren stolze Pfauen zwischen dem Denkmal des ersten Königs D. Afonso Henrique, alten Kanonen und Ruinenresten durch die parkähnliche Anlage.

Im **Centro de Interpretaçio da Cidade de Lisboa-Olisipónia** mitten in der Burg wird eine Multimedia-Show über Lissabons Geschichte von den Anfängen bis heute gezeigt.
Tgl. 10–18 Uhr

### Igreja do Carmo ■ d 4/d 5

Von der ehemaligen Karmeliterkirche sind nur noch Ruinen übrig, ein Werk des schweren Erdbebens im Jahr 1755. Ihre entleerten gotischen Gewölbebögen, die etwas gespenstisch über die Grundmauern hinausragen, tragen zur markanten Skyline Lissabons bei. Der Hohlraum wurde in ein archäologisches Freilichtmuseum mit Sammlungen vorgeschichtlicher bis mittelalterlicher Fundstücke umfunktioniert. Das interessante Museum ist derzeit wegen Bauarbeiten geschlossen.
Calçada do Carmo; Metro: Rossio

### Igreja de São Roque ■ d 4

Die schönste Kirche Lissabons und Portugals. Schlicht ist ihre Struktur, ohne Querschiff und Chorabschluss, aufwendig dagegen die Innendekoration: Sie ist über und über mit weißblauen Fliesen geschmückt. Keine der insgesamt acht Seitenkapellen gleicht der anderen; die wertvollste ist die **Capela de São João Batista** (die vierte von links), die verschwenderisch mit vergoldetem Holzschnitzwerk verziert ist.
Largo Trindade Coelho; Metro: Restauradores

### Mosteiro dos Jerónimos

Gigantische Ausmaße, Harmonie und Verzauberung ohne Ende machen das ehemalige Hieronymitenkloster zu einem der schönsten Baudenkmäler der Welt. Es wurde ab 1500 unter der Herrschaft von König D. Manuel im reinsten manuelinischen Stil erbaut.

Glanzstück des Klosters ist das **Südportal**, vom bedeutendsten Baumeister jener Zeit, João Castilho, kunstvoll aus Stein gehauen. Der Innenraum beeindruckt durch gotische Schlichtheit und das stützenlose Querschiffgewölbe. Im marmornen **Pantheon** befinden sich die Sarkophage nationaler Größen, u. a. von D. Manuel I., Vasco da Gama und Fernando Pessoa.
Praça do Império, Belém; tgl. 10–17 Uhr

*Oben: Das Museu do Chiado – eines der weniger bekannten Museen der Stadt – ist der Kunst des 19. und 20. Jahrhunderts gewidmet (→ S. 57).*

*Mitte: Eine üppige subtropische Gartenlandschaft umgibt das – stilistisch chaotische – Fantasieschloss Palácio Nacional de Sintra (→ S. 65).*

*Unten: Der Thronsaal im Palast von Queluz ist nur eine von vielen prachtvollen Räumlichkeiten (→ S. 63).*

## Palácio dos Marqueses da Fronteira

Zwischen 1650 und 1675 wurde ein Traum wahr: João de Mascarenhas ließ einen umwerfenden Palast im Stil der italienischen Renaissance anlegen. Im Park beeindruckt neben kunstvoll geschnittenen Hecken die überschwängliche Azulejo-Dekoration an Wänden, Treppen, Galerien, Arkaden und Ruhebänken. Daneben sind Grotten, Brunnen und Marmorstatuen von Göttern und Nymphen zu bestaunen. Das Schlossinnere ist nur teilweise zu besichtigen, da es von der Familie bewohnt wird.

Largo de São Domingos de Benfica, 1; Metro: Sete Rios; Führungen Juni–Sept. tgl. 10.30, 11, 11.30 und 12, Okt.–Mai 11 und 12 Uhr; So geschl.; Eintritt 5 €, Sa 7,5 €

## Sé Patriarcal ■ e 5/e 6

Die wuchtige, fensterlose Kathedrale wurde nach der Vertreibung der Mauren aus Lissabon im Jahr 1147 auf den Grundmauern der zerstörten Moschee als Wehrkirche errichtet. Die Bezeichnung »Sé« für Kathedrale leitet sich von »sede« (Bischofssitz) ab. Dank sorgfältiger Restaurierung ist die Romanik praktisch unversehrt geblieben. Der schlichte Grundriss bildet ein lateinisches Kreuz, dem Mittelschiff ist ein Tonnengewölbe aufgesetzt. Auch im Innenraum fehlt ihr jeder übertriebene Schmuck. Aus dem Barock stammt hingegen der prächtige Chor, die Krippe von Machado de Castro in einer Seitenkapelle am Eingang ebenfalls; der Kreuzgang ist gotisch.

Largo da Sé; Metro: Rossio

## Torre de Belém

Der Turm von Belém, erbaut zwischen 1515 und 1521, gehört zu den eindrucksvollsten Beispielen der manuelinischen Baukunst. Ursprünglich war die wie ein Schiffsbug konstruierte Bastion in die Flussmitte hineingebaut worden. Feindliche Schiffe, die in die Flussmündung segelten, mussten von ferne vermuten, dass die nationale Flotte bereits zur Verteidigung bereitstand. Der Tejo versandete im Laufe der Jahrhunderte, und der Torre fand seinen Platz am Ufer. Das Turminnere kann besichtigt werden. Von der obersten Plattform in 35 m Höhe hat man einen guten Blick über den Tejo.

Avenida Marginal, Belém; tgl. 10–17 Uhr im Winter, 10–18 Uhr im Sommer, Mo geschl.; Eintritt: 2 €

### Museen

## Museu do Centro de Arte Moderna

In großzügigen Räumen wunderbar präsentiert, reihen sich zeitgenös-

## MERIAN-Tipp

**K**affeehäuser Am unmittelbarsten und einfachsten lernt man die portugiesische Lebensart bei einer **bica**, dem starken Espresso, im Café kennen. Die Cafés und Kaffeehäuser sind für die Portugiesen die Treffpunkte schlechthin. Um die Jahrhundertwende avancierten die Kaffeehäuser zu den Stammkneipen von Literaten, Künstlern und Intellektuellen, die dort ihren Kaffee tranken, ein paar Gläser kippten, diskutierten oder Verse schrieben. **A Brasileira** (Rua Garrett), **Nicola** (Rossio), **Suiça** (Rossio), **Versailles** (Saldanha) und **Martinho da Arcada** (Praça do Comércio) heißen die berühmtesten.

sische Werke an den Wänden, u. a.
von Almada Negreiros und Amadeo
de Souza-Cardoso.
Rua Dr. Nicolau Bettencourt; Metro: Praça
de Espanha oder São Sebastião; tgl.
10–18, Di 14–18 Uhr, Mo geschl.;
Eintritt 2,5 €

### Museu do Chiado ■ d 5
Eines der schönsten modernsten Museen in Lissabon. Malerei, Skulpturen und Zeichnungen portugiesischer
Künstler der Moderne.
Rua Serpa Pinto, 6; Metro: Baixa-Chiado;
tgl. 10–18, Di 14–18 Uhr, Mo geschl.;
Eintritt 2,5 €

### Museu da Fundação Arpad
Szènes-Vieira da Silva ■ b 1
Die Malerin Maria Helena Vieira da
Silva (1908–1992) zählt zu den wenigen portugiesischen Künstlern mit
internationalem Ruf. 1994 wurde das
Museumsstiftung eröffnet, die einen
kleinen Ausschnitt aus ihrem Werk
und dem ihres Mannes Arpad Szènes
zeigt.
Praça das Amoreiras, 58; Metro: Rato;
tgl. 12–20, So 10–18 Uhr, Di geschl.;
Eintritt 2,5 €

### Museu Fundação Calouste
Gulbenkian nördlich ■ c 1
Das Museum enthält die größte
Kunstsammlung in Portugal. Bemerkenswert sind u. a. die Jugendstilobjekte des französischen Juweliers Lalique und die asiatische Abteilung
mit Vasen und Textilien. Gestiftet
wurden die rund 5000 Kunstwerke
vom armenischen Erdölmagnaten
Calouste Gulbenkian.
Avenida de Berna, 45; Metro: Praça de
Espanha oder São Sebastião; Di–So
10–17 Uhr, Mi 14–18 Uhr, Mo geschl.;
Eintritt 2,5 €

### Museu Nacional de Arte Antiga
Eines der größten europäischen
Museen für alte Kunst. Neben Gemälden von Rubens und Dürer besitzt es

Werke der portugiesischen Naiven
und sakrale Goldschmiedearbeiten.
Sein bedeutendstes Stück ist das Polyptychon des hl. Vinzenz von Nuno
Gonçalves.
Rua das Janelas Verdes, 9; Bahnhof: Santos; tgl. 10–18, Di 14–18 Uhr, Mo geschl.;
Eintritt 2,5 €

### Museu Nacional do Azulejo
Rund 15 000 Kacheln (**azulejos**) sind
in diesem Kachelmuseum im ehemaligen Kloster **Madre de Deus**
zu sehen. Es ist weltweit das einzige Museum seiner Art. Einzelne Kacheln und Monumentalgemälde.
Rua Madre de Deus, 4; tgl. 10–18,
Di 14–18 Uhr, Mo geschl.; Eintritt 2 €

### Museu Rafael Bordalo Pinheiro
Der vielseitige Künstler (1846–1905)
wurde durch seine oft scharfzüngige
Kritik an Gesellschaft und Politik
bekannt, die sich in seinen oft originellen, schelmhaften plastischen
Keramikwerken, Zeichnungen und
Karikaturen zeitgenössischer Persönlichkeiten ausdrückte.
Campo Grande, 382; Metro: Campo Grande; Di–So 10–13 u. 14–18 Uhr; Eintritt 2 €

## Essen und Trinken

### Antiga Confeitaria Nacional de
Belém M
Die königlich lizenzierte Produktionsstätte der famosen **pastéis de nata**
oder **pastéis de Belém** ist unübertroffen. Seit 1837 werden hier
die originalen sahnigsüßen Küchlein fabriziert, Vanille-Sahnecreme in
Blätterteig, die erst kurz vor dem
Weg in den Magen noch mit Zimt bestreut werden.
Rua de Belém, 84–92

### Casa Transmontana ■ d 4
Schlichtes Restaurant mit ebenso
schlichter regionaler Küche aus der
Region Trás-os-Montes. Spezialität
sind u. a. schwere Bohneneintöpfe.

Calçada do Duque, 39; Metro: Rossio
Tel. 2 13 42 03 00 ★★

**Confeitaria Nacional de Baltazar Ca-
stanheiro** M M ■ e 4
Traditionscafé für Damen mit Hut.
Keine Sahnetörtchen, aber allerlei
andere feine, süße Versuchungen.
Praça da Figueira, 18; Metro: Rossio

**Marisqueira da Baixa** ■ d 3/d 4
**Mariscos** (Meeresfrüchte) sind die
Spezialität des Hauses, einem der
schlichteren Fischrestaurants in dieser Gegend, wo die Preise für die
leckeren Krustentiere noch er-
schwinglich sind.
Rua das Portas de Santo Antão, 41;
Metro: Rossio; Tel. 2 13 42 78 67;
tgl. bis 24 Uhr ★★ bis ★★★

**O 1º de Maio** ■ c 4
Man isst an dicht zusammengestell-
ten Tischen, und was die Küche
verlässt, ist immer schmackhaft und
reichlich. Treffpunkt für Intellektu-
elle.
Rua da Atalaia, 8; Metro: Baixa-Chiado;
Tel. 2 13 42 68 40; Sa abends und So geschl. ★★

**Bica do Sapato**
»In«-Restaurant mit Industrie-Flair,
luxuriöser Lage am Tejo und Desig-
ner-Einrichtung.
Avenida Infante D. Henrique, Armazém B,
Cais da Pedra à Bica do Sapato;
Tel. 21 881 03 20; Di–So 12.30–14.30 und
20–23.30 Uhr; keine Metro in der Nähe
★★★

**A Tendinha** M M ■ d 4
Hier liegt Schnaps in der Luft! Gegründet 1840, gehört A Tendinha zu
den ganz alten Kneipen in Lissabon.
Sie ist ein Original und stadtbekannt
wegen ihrer schönen alten Azulejos,
vor allem aber wegen der hier ausge-
schenkten hochprozentigen **gin-
ginha**, einer Kirschschnaps-Speziali-
tät. Man drängelt sich an der Theke,

kippt mehrere Gläser und begegnet
hier – in schöner alter Kneipentradi-
tion – fast ausschließlich Männern.
Praça D. Pedro IV (Rossio), 6; Metro: Rossio; Mo–Fr 12–18 Uhr

**Via Graça** M ■ f 3
Beim Staunen über den sagenhaften
Ausblick auf das bei Nacht erleuch-
tete Castelo und den Tejo verliert
man fast die Hausspezialität **sapateira recheada** (gefüllter Riesenkrebs)
aus dem Blick.
Rua Damasceno Monteiro, 9 b;
Tel. 2 18 87 08 30; Sa mittags und So
geschl. ★★★★

### Einkaufen

**A Carioca** M ■ c 4
Bis unter die Decke sind die Regale
gefüllt mit den verschiedensten Kaf-
fee- und Teesorten.
Rua da Misericórdia, 9; Metro-Station:
Baixa-Chiado

**Ana Salazar**
Mode der portugiesischen Mode-
zarin. In ihrem Laden ist alles zu haben, was den Laufsteg der Eitel-
keiten passierte, Einzelstücke, aber
auch Konfektionsware. Ana's Schick
müssen Sie mit einem tiefen Griff ins
Portemonnaie bezahlen. Auch in der
**Rua do Carmo, 87** im **Chiado**.
Avenida Roma, 16 E; Metro: Roma

**Casa Macário** M ■ d 5
Nostalgisches Traditionsgeschäft,
in dessen Regalen Delikatessen wie
regionale Käsesorten, Kaffee aus aller Herren Länder und Portweine zu
finden sind. Portugiesische Würste.
Rua Augusta, 272; Metro: Rossio

**Luvaria Ulisses** M ■ d 5
Der Verkaufsraum ist höchstens
4 qm groß – doch der Laden hat Stil,
die zum Kauf angebotenen handge-
fertigten Handschuhe nicht minder.
Rua do Carmo, 87 a; Metro: Rossio

**Pitta** ■ d 5
Alteingesessenes Herrengeschäft für den Mann von Welt.
Rua Augusta, 195/197; Metro: Rossio

**Valentim Carvalho** ■ d 4
Schallplatten, CDs und Kassetten in großer Auswahl, auch bei portugiesischer, brasilianischer und afrikanischer Musik.
Praça Dom Pedro IV, (Rossio), 59;
Metro: Rossio

**Vista Alegre** ■ d 5
Die Porzellan-Manufaktur von 1824 versorgte schon den königlichen Hof mit Tischgeschirr. Traditionelles Design, sehr teuer.
Largo do Chiado, 18

## Am Abend

### Bars und Diskotheken
In den letzten Jahren hat sich das atmosphärische Lissabonner Hafenviertel westlich der Praça do Comércio in ein Vergnügungsviertel verwandelt. Entlang der Avenida 24 de Julho über den Stadtteil Alcântara bis hin nach Belém reihen sich ungezählte Bars und Diskotheken aneinander. Der neueste Schrei sind Etablissements, die Bar, Restaurant und Disko unter einem Dach vereinigen – für plauschige Tischgespräche keine optimale Lösung. In Diskos wird allerdings meist kein Eintritt verlangt, die Preise für die Getränke sind dementsprechend hoch. Übrigens: Die Lissabonner Nächte beginnen nicht vor 23 Uhr!

### Alcântara-Café
Szene-Bar mit Restaurant in einer alten Fabrikhalle. Postmoderne Designer-Einrichtung mit Jugendstileinschlag. Wer in Lissabon auf sich hält, verkehrt hier. Die Küche ist italienisch angehaucht.
Rua Maria Luísa Holstein, 15;
Tel. 01/3 63 71 76

**Blues Cáfe**
Neue Bar in einem ausgedienten Lagerhaus direkt am Tejo. Lockeres, unprätentiöses Ambiente. Blues ist Programm, montags auch live.
Rua de Cintura do Porto, 226;
tgl. 23–6 Uhr

**Hot Clube** ■ c 3
Beste Adresse für Jazz und afrikanische Rhythmen.
Praça da Alegria, 39;
Metro: Restauradores; Di–Sa 22–2 Uhr

**Lux Frágil** östlich ■ f 6
Der neueste »In«-Treffpunkt der Lissabonner Schickeria besticht durch avantgardistische Einrichtung und Musik. Vor Mitternacht ist hier jedoch nichts los. Die Türsteher sind wählerisch.
Avenida Infante Dom, Henrique, Armazém A/Cais da Pedra (Santa Apolónia);
Di–So 18–6 Uhr

**Pavilhão Chinês** ■ c 3
Witzige Bar in China-Atmosphäre. Mehrere Räume mit Plüschsofas.
Rua Dom Pedro V, 89; Metro: Restauradores; tgl. 17–2, So ab 21 Uhr

**T-Clube**
Prätentiöse Bar und Disko in sensationeller Lage direkt neben dem Denkmal der Entdeckungen in Belém am Tejo. Die Terrasse befindet sich auf den Bootsstegen.
Avenida Brasília; Edifício Espelho d'Àgua;
tgl. 17–3 Uhr

**Fadolokale**
In der **Alfama**, **Madragoa** und im **Bairro Alto** ist der Fado zu Hause. Die meisten Fadolokale sind sehr auf Touristen eingestellt, und die **fadistas** arbeiten professionell. Die Veranstaltungen beginnen normalerweise zwischen 20.30 und 21 Uhr. Da die bekannten Lokale besonders im Sommer auch von größeren Gruppen stark besucht werden, sollten Sie re-

servieren. Der ursprüngliche Fado, **fado vadio**, der spontan und ungekünstelt unter Portuglesen gesungen wird, ist die Ausnahme.

### Adega do Machado ◼ c 5
Rua do Norte, 91 (Bairro Alto);
Metro: Restauradores; Tel. 2 13 22 46 40

### Faia ◼ c 4
Rua da Barroca, 54/56 (Bairro Alto);
Metro: Restauradores; Tel. 2 13 42 67 42

### São Caetano Ⓜ
Hier treten meistens Amateure auf.
Rua de São Caetano à Lapa, 27 (Lapa);
Tel. 2 13 97 47 92

### Senhor Vinho ◼ a 4
Rua do Meio à Lapa, 18 (Madragoa);
Tel. 2 13 97 26 81

### Kinos
Da praktisch alle Filme im Originalton mit Untertiteln gezeigt werden, ist der Kinobesuch lohnend.

### Cinemateca Portuguesa ◼ c 2
Rua Barata Salgueiro, 39;
Metro: Avenida; Tel. 2 13 54 62 79

### Londres
Avenida de Roma, 7;
Metro: Roma; Tel. 2 18 40 13 13

### São Jorge ◼ c 2
Avenida da Liberdade, 175;
Metro: Restauradores; Tel. 2 13 57 91 44

### Konzerte
**Coliseu dos Recreios** ◼ d 4
Großer, moderner Konzertsaal.
Rua das Portas do Santo Antão, 96;
Metro: Restauradores; Tel. 2 13 43 16 77

### Fundação Calouste Gulbenkian
Klassische und moderne Konzerte, Ballett. Freilichtbühne im Park.
Avenida de Berna, 45; Metro: Praça de Espanha oder São Sebastião;
Tel. 2 17 93 51 31

### Theater und Kleinkunst
**A Barraca** ◼ a 5
Witziges Experimentiertheater.
Largo de Santos, 2; Tel. 2 13 96 52 75

## Service

### Auskunft
**Posto do Turismo** ◼ d 4
Palácio Foz; Praça dos Restauradores;
Tel. 2 13 46 33 14

### Busse (Autocarros)
Tel. 2 13 61 30 00

### Eisenbahn (Caminhos de Ferro)
Tel. 08 00 20 09 04

### Flughafen (Aeroporto)
Tel. 2 18 49 36 89 oder 2 18 40 20 60

### Fundbüro der Polizei (Perdidos e Achados)
Tel. 2 18 53 54 03

### Krankenhäuser
Zentralruf Tel. 21 86 01 31, 21 87 31 31 oder 21 87 22 40

### Kultur-Info
Tel. 2 17 90 10 62 (24 Stunden)

### Lisboa Card
Eine »Kreditkarte« für Touristen, mit der man Lissabon und seine Sehenswürdigkeiten besser kennen lernen soll. Sie ist ab 9,5 € (24 Std.) zu haben – bei kostenloser Benutzung der öffentlichen Verkehrsmittel und freiem Eintritt bei 26 Museen. Auskunft im Tourismus-Büro.

### Notdienste
Tel. 21 52 20 21 oder 2 13 01 77 77

### Polizei
Tel. 2 13 46 61 41 oder 2 13 47 47 30

### Taxiruf
Rádio Taxis Lisboa, Tel. 2 18 15 50 61;
Autocoope, Tel. 2 17 93 27 56

*Oben: Kann denn Kuchen Sünde sein? Die »süßen Meisterstückchen« der Antiga Confeitaria Nacional de Belém sind jedenfalls unwiderstehlich (→ S. 57).*

*Mitte: Der cool gestylte Nightclub »Lux Frágil« ist Treffpunkt der Lissabonner Szene (→ S. 59).*

*Unten: Der Festungs- und Leuchtturm Torre de Belém – Lissabons Wahrzeichen – stand früher auf einer Insel und »bewachte« die Hafeneinfahrt (→ S. 56).*

# Ziele in der Umgebung

## Alcácer do Sal ■ C 9, S. 120

16 000 Einwohner

Reich wurde der Ort im Mittelalter durch das Salz, das in der Mündung des **Rio Sado** gewonnen wurde, und als Umschlagplatz für Getreide aus dem Alentejo. Wenn man heute nach Alcácer do Sal fährt, sieht man immer noch die riesigen Wasserfelder, in denen durch Verdunstung der Wasserspiegel allmählich sinkt und das einst so kostbare Gewürz zurücklässt.

Die Reisfelder in dieser Region sind jüngeren Datums, aber eine wichtige Einnahmequelle. Reste von Wohlstand und Einfluss lassen sich an dem hohen **Castelo** und einigen Kirchen ablesen. Gleich neben der Burg, deren wunderbaren Panoramarundblick auf das Sadotal Sie sich nicht entgehen lassen sollten, wartet die romanische **Igreja de Santa Maria** mit etwas Kunstgenuss auf: einem Renaissanceportal und Azulejo-Schmuck.

## Cascais ■ A 8, S. 118

30 000 Einwohner

Obgleich Cascais die ehemalige Sommerresidenz des Königshauses und einer der beliebtesten, nobelsten Badeorte an der Lissabonner Küste ist, hat er sich im Ortskern den Charme des alten Fischerdorfes bewahrt. An dem kleinen Strand liegen bunte Boote; die Fischer ziehen hier ihren Fang an Land, verkaufen ihn an der **lota** (Fischauktionshalle) und flicken die Netze. Dahinter lockt die kleine Palmenpromenade weg vom Arbeitsalltag in die Welt der Cafés und Geschäfte.

An Wochenenden und während der Saison ist der Badeort allerdings oft überlaufen. Großartige Sehenswürdigkeiten hat Cascais nicht zu bieten. Die manuelinische **Igreja Nossa Senhora da Assunção** lohnt einen Abstecher wegen ihrer schönen Azulejos aus dem 18. Jh. und dem Portal.

Zum Standardprogramm aller Reisebusse gehört die **Boca do Inferno** (»Höllenschlund«), wo das Meer seine Wellen mit tösendem Gebraus in einen 20 m hohen Felsenkessel schlägt.

### Hotels/andere Unterkünfte

#### Albatroz

Komfortable Herbergen gibt es in Cascais unzählige. Die privilegierten Plätze am Kliff und in Strandnähe sind freilich nur wenigen vorbehalten. Dazu gehört auf jeden Fall dieses Luxushotel.
Rua Frederico Arouca, 100;
Tel. 2 14 83 28 21, Fax 2 12 84 48 27;
40 Zimmer ★★★★

#### Estalagem do Farol

Komfortables, frisch renoviertes Hotel in Strandnähe.
Estrada da Boca do Inferno, 7;
Tel. 2 14 83 01 73, Fax 2 14 84 14 47;
18 Zimmer ★★

### Essen und Trinken

#### Apeadeiro

In der Nähe des Hafens, und das Meer ist das Hauptthema in der Küche.
Avenida Vasco da Gama, 32 B;
Tel. 2 14 83 27 31 ★★

#### Dom Leitão

In diesem Restaurant gibt es **leitão**, Spanferkel, mit zartem Fleisch und krosser Haut.
Avenida Vasco da Gama, 36;
Tel. 2 14 86 54 87; Mi geschl.
★★ bis ★★★

# Costa da Caparica

■ A 8, S. 118

Die Costa da Caparica ist der »Hausstrand« Lissabons und wird auch schlicht **a costa** genannt. Zum Abgewöhnen allerdings sind an den Wochenenden allerdings die Staus auf der Tejo-Brücke 25 do Abril und die endlose Parkplatzsuche. Ein kleines Bähnlein bringt die Badehungrigen an die über 20 nummerierten Strände. Der insgesamt 8 km lange, feine Sandstrand ist die einzige Attraktion der »Costa«.

# Estoril

■ A 8, S. 118

25 000 Einwohner

Estoril ist einer der Nobelvororte Lissabons mit vielen vornehmen Villen aus den dreißiger Jahren. Abgesetzte Könige, Aristokraten und Geldadel, die damals vor den politischen Ereignissen in ihrer Heimat das Weite suchten – etwa der Habsburger Karl I. und der letzte italienische König –, ließen sich in den schönen Seebad mit dem angenehmen Mikroklima nieder. Mittlerweile ist der mondäne Glanz allerdings etwas verblasst.

## Hotels / andere Unterkünfte

### Hotel de Inglaterra
Von den vielen teuren Hotels hebt sich dieses Hotel angenehm ab.
Rua do Porto, 1; Tel. 01/4 68 44 61, Fax 4 68 21 08; 52 Zimmer ★★ bis ★★★

## Am Abend

### Casino de Estoril
Im Casino de Estoril können Sie essen, eine Show sehen, eine Kunstausstellung besuchen, über Nacht reich werden oder alles verlieren.
Parque de Estoril/Avenida Aida; tgl. 15–1 Uhr

# Mafra

■ A 8, S. 118

13 500 Einwohner

Bringen Sie Zeit mit. Der Klosterpalast von Mafra ist das Monumentalste, was Portugal an historischen Baudenkmälern vorzuweisen hat. Als Nadelstich gegen den spanischen Nachbarn gedacht, übertrifft er in seinen Ausmaßen noch den Escorial in Madrid.

Auf über 40 000 qm beherbergt der vierstöckige Komplex Basilika, Kloster und Königspalast. Der ebenso bigotte wie verschwenderische Monarch D. João V. gab die Arbeit im Jahre 1717 in Auftrag. Zeitweise waren an die 50 000 Arbeiter auf der Baustelle beschäftigt. Finanziert wurde das gigantomanische Unternehmen mit dem Gold aus der Kolonie Brasilien.

# Queluz

■ A 8, S. 118

48 000 Einwohner

Die Industriestadt Queluz sollte man am besten gleich links liegen lassen; sie ist unansehnlich. Den **Palácio de Queluz** (Largo do Palácio Nacional, tgl. 10–16.30 Uhr, Di geschl., Eintritt 2 €), dem der Ort seinen Ruf verdankt (übersetzt: »Welch ein Licht!«), wird man ohnehin erst am Stadtrand finden.

Sowohl in seinen Proportionen als auch in seiner Harmonie kann das Rokoko-Schloss als das schönste in Portugal gelten. Wegen seiner dreiflügeligen Grundstruktur, den eleganten pastellfarbenen Fassaden und der verschwenderischen Dekoration wird es auch gern als das »portugiesische Versailles« bezeichnet. Interessanter als die optisch austauschbaren Säle im Schloss ist die sorgsam gepflegte **Gartenanlage** mit ihren Buchsbaum-Parterres, Springbrunnen, Statuen, azulejoverkleideten Brücken, Bänken und Wasserkanälen.

# Setúbal ■ B 9, S. 120

90 000 Einwohner

Die an der Mündung des Rio Sado knapp 50 km südöstlich von Lissabon gelegene Stadt hat sich in den letzten Jahren zu einem der größten Hafen- und Industriestandorte in Portugal gemausert. Trotz seines unverkennbaren Großstadtcharakters mit allen sozialen Problemen hat der historische Altstadtkern überlebt, und auch etwas Provinzielles ist spürbar – man braucht nur direkt ins Zentrum, zu den malerischen Gassen und den weiten, palmenbestandenen Plätzen zu gehen. An der Praça Miguel Bombarda findet man das Kloster **Igreja de Jesús** aus dem 15. Jh., das als eines der bedeutendsten Beispiele gotisch-manuelinischer Architektur gilt. Beeindruckend ist vor allem der marmorne Kreuzgang.

Außerhalb der Stadt sieht man das markante **Castelo de São Filipe** hoch auf einem Berg thronen; es wurde 1590 während der spanischen Herrschaft errichtet.

Zum Ausspannen ist der **Parque Natural da Arrábida** nicht weit, der sich entlang der Küste zwischen Setúbal und Sesimbra über fast 11 000 ha erstreckt. Kern des Naturparks ist die **Serra de Arrábida**, ein 180 Mio. Jahre altes Kalksteingebirge mit interessanter Vegetation.

### Hotels / andere Unterkünfte

**Pousada de São Filipe** M
Wer das Glück hat, eines der wenigen Zimmer in der hoch über der Stadt gelegenen Pousada de São Filipe zu reservieren, bekommt einen einmaligen Ausblick auf die Sadomündung und die Landzunge Tróia mitgeliefert.
Castelo de São Filipe; Tel. 2 65 52 38 44, Fax 53 25 38; 14 Zimmer ★ ★ ★ bis ★ ★ ★ ★

### Museen

**Museu do Trabalho**
Eine Einmaligkeit ist das Museum in einer ehemaligen Fischkonservenfabrik, in dem man alles Wissenswerte über die Herstellung der öligen Dosensardinen und aus der Arbeitswelt von Fischern und Bauern erfährt.
Praça de Defensores da República; tgl. 9.30–18 Uhr, Mo geschl.; Eintritt frei

# Sintra ■ A 8, S. 118

21 000 Einwohner

Sintra hat ein ganz besonderes Flair. Es ist nicht nur die unglaublich schöne Lage mit traumhaften Stränden wie der **Praia das Maças** und **Praia Grande** vor der Haustür und dem milden, feuchten Mikroklima. Sintra ist umgeben von der **Serra de Sintra**, einem subtropischen Wald, dessen rund 3000 Pflanzenarten – z. B. exotische Palmen, Baumriesen und ungezählte Farne – hier wie in einem Gewächshaus gedeihen und der dem Ort eine ganz eigene Atmosphäre vermittelt.

In diese idyllische, wild wuchernde Naturlandschaft mit bester Hanglage zogen sich einst Adel und Bourgeoisie Lissabons zum Nichtstun zurück, hinterließen eine stattliche Zahl famoser Schlösser, Paläste, Villen und Gärten. Zwei dieser Paläste sind besonders auffallend und interessant: der **Palácio Nacional de Sintra** und der **Palácio Nacional da Pena**. In einen exotischen Märchenwald, den **Parque de Monserrate**, gelangt man etwa 2 km westlich von Penha Verde.

Jeden zweiten und vierten Sonntag im Monat wird in Sintras hübschem Vorort São Pedro de Sintra die **Feira de São Pedro de Sintra** veranstaltet. Der große Markt ist eine Fundgrube für alle Antik-, Floh- und Textilmarktfreunde.

## Hotels/andere Unterkünfte

### Palácio dos Seteais

Wer den Traum von prächtigen Schlössern und exotischer Natur nachts zu Ende träumen will, tut dies am besten in diesem Luxushotel aus dem 18. Jh. Von hier haben Sie einen sensationellen Blick auf Sintras Bergwelt.

Rua Barbosa du Bocage, 8;
Tel. 01/9 23 32 00, Fax 9 23 42 77;
30 Zimmer ★★★★

## Sehenswertes

### Palácio Nacional da Pena

2 km außerhalb empfängt auf dem Gipfel der Serra de Sintra ein sonderbares Ungetüm den Besucher des Palácio Nacional da Pena (→ Bild S. 9). Fragt der Kunstlaie nach dem Stil – es gibt keinen.

Für Experten lässt der Palast an architektonischen Geschmacklosigkeiten nichts zu wünschen übrig. Zumindest an Fantasie und stilistischem Mut indes hat es dem Schlossherrn Ferdinand von Sachsen-Coburg-Gotha, mit Königin Maria II. verheiratet, nicht gemangelt. Er erwarb die mittelalterlichen Klosterruinen 1839 und ließ sie gründlich zu einem »portugiesischen Neuschwanstein« umbauen. Der Palast ist von einem großen Park mit exotischen Pflanzen und zahlreichen Brunnen umgeben. In ihrer Summe gewinnt die Stillosigkeit allerdings schon wieder das Prädikat: »sehr sehenswert«.

Tgl. 10–16.30 Uhr, Mo geschl.;
Eintritt 2 €

### Palácio Nacional de Sintra

Mitten im Ort steht dieser Palast, der sich durch seine beiden monströsen konischen Küchenschornsteine schon von weitem abhebt. Ursprünglich vermutlich von einem Maurenfürsten erbaut, ist der Zeitgeschmack der nachfolgenden portugiesischen Hausherren an den baulichen Veränderungen deutlich ablesbar. König D. João I. erweiterte ihn kräftig, auf König D. Manuel I. gehen die zierlichen Fenster und Portale mit Säulen, Hufeisenbögen, Astgeflechten, Schiffstauen und anderen maritimen Einschlägen im Stil der Manuelinik zurück.

Besonders sehenswert sind einige Säle, etwa der Saal der Araber (**Sala dos Árabes**) und der Saal der Elstern (**Sala das Pegas**). Der große Schatz des Palastes sind aber die Azulejos – fast alle Räume sind mit polychromen Fliesen verschönt.

Praça da República; tgl. 10–16.30 Uhr, Do geschl.; Eintritt 2 €

### Palácio und Quinta de Monserrate

Der Park bot auf seinen annähernd 140 ha Architekten und Gartenplanern reichlich Platz. Monserrate ist der Name einer kleinen Einsiedelei, die 1540 hier stand. An ihrer Stelle wurde im 18. Jh. ein neogotischer Palast errichtet, in dem später der englische Schriftsteller William Beckford wohnte.

1856 übernahm der millionenschwere Sir Francis Cook den Besitz und ließ das herrschaftliche Haus im orientalisch-romantischen Stil umbauen; man kann es leider nur von außen bewundern.

Estrada de Monserrate; tgl. 10–17 Uhr;
Eintritt für den Park 2 €

## Essen und Trinken

### Cantinho de São Pedro

Nur Gutes kommt aus der Küche vom alteingesessenen **Cantinho de São Pedro** in Sintras Vorort gleichen Namens. Sie sollten unbedingt vorher reservieren oder etwas Wartezeit einkalkulieren.

Praça Dom Fernando II., 18;
Tel. 2 19 23 02 67; So abends und Mo geschl. ★★★

**In grünen Norden** fing alles an: Hier steht die Wiege Portugals. Hier gibt es die meisten Kirchen und Herrenhäuser, die lebendigsten Traditionen und die prachtvollsten Feste.

# Porto  ■ A 3, S. 116

380 000 Einwohner
Stadtplan → S. 69

Costa Verde, »grüne Küste«, heißt
die Region, die die Stadt Porto sowie die historischen Provinzen **Douro
Litoral** und **Minho** umfasst. Grün ist
hier fast alles, die Küste, die Berg-,
Tal- und Flusslandschaft – und der
Wein. Wie von allein wachsen in dem
ausgezeichneten Klima Gemüse,
Obst und, vor allem, Rebstöcke, die
die in aller Welt getrunkenen Portweine hervorbringen.

Im Norden wurde Portugal geboren. Deshalb drängen sich im nationalen Nukleus auf engem Raum
Adelssitze und Kirchen wie Pommes-
buden vor Schulen. Auf Tradition wird
viel Wert gelegt, die minhotischen
Trachten sind die prächtigsten im
ganzen Land. Gesiedelt wurde
spätestens seit der Keltenzeit. Der
Einfluss der Mauren währte nur kurz:
Den Hafen **portus-cale** nahmen die
Christen ihnen bereits um 868 wieder
ab – Porto hat dem ganzen Land seinen Namen gegeben.

Der Norden gilt zwar als reich.
Doch kaum dringt man weiter ins
östliche Landesinnere vor, trifft man
bittere Armut an. Landarbeit in den
gebirgigen Regionen unterliegt harten Bedingungen, die unwegsamen
Berghänge sind meist nur mit Ochs
und Pflug zu bewirtschaften, und den
meisten reicht das durch unzählige
Erbteilungen zerstückelte Land kaum
zum Leben.

Porto wird gern als die »Hauptstadt des Nordens« bezeichnet, viele

*Ein selbstbewusstes Bürgertum hat in
der Altstadt von Porto seine Hand-
schrift hinterlassen. Die dicht gedrängt stehenden Häuser bilden Terrassen – ein malerischer Anblick.*

sagen auch die »heimliche Hauptstadt«. Denn die mit rund 380 000
Einwohnern zweitgrößte Stadt Portugals ist das produktive Zentrum des
Landes. »Hier wird nicht gelebt, hier
wird gearbeitet«, behauptet ein altes
Sprichwort.

Sicher ist, dass Porto eine leben-
dige, weltoffene, selbstbewusste,
anglophil geprägte Handelsstadt ist.
Die alteingesessene Kaufmannschaft
gibt in Portugals Wirtschaft und Politik den Ton an.

Wegen ihrer zahlreichen barocken
Kirchen wird Porto auch als »Barock-
stadt« bezeichnet. Niccolò Nasoni,
Architekt italienischer Herkunft, sind
alle wichtigen Barockbauten der
Stadt zu verdanken. Gegenwärtig ist
die auf Granit gebaute Hügelstadt
durch den Bau der Metro und die
Vorbereitungen für »Porto Kulturhauptstadt Europas 2001« zur Groß-
baustelle mutiert.

## Hotels/andere Unterkünfte

### Albergaria Miradouro M
Noble Vier-Sterne-Herberge in schö-
ner Panorama-Lage.
Rua da Alegria, 598; Tel. 2 25 37 07 17,
Fax 22 53 57 02 06; 30 Zimmer ★★

### Casa do Marechal (TH) 👫
Ein kleiner Stadtpalast von 1940 mit-
ten im Stadtzentrum, der für wenige
Gäste sehr komfortabel hergerichtet
wurde.
Avenida da Boavista, 2652;
Tel. 2 26 10 47 02, Fax 2 26 10 32 41;
5 Zimmer ★★★

### Infante de Sagres
Luxushotel im Belle-Époque-Stil,
eines der besten in Porto. Wenn man
die prachtvolle Eingangshalle betritt,
fühlt man sich wie im Schloss. Die
Diener in Livrée tun ein Übriges. Ein
Erlebnis!
Praça D. Filipa de Lencastre, 62;

Tel. 2 23 39 85 00, Fax 2 23 39 85 99;
75 Zimmer ★★★★

### São José
Nicht königlich, aber gut unterge-
bracht ist man in dieser Herberge.
Ohne Restaurant.
Rua da Alegria, 172–174;
Tel. 2 22 08 02 61, Fax 22 32 04 46;
43 Zimmer ★★

### Spaziergang

Einer der schönsten Stadtspaziergän-
ge beginnt an der **Praça Infante D.
Henrique**. Um die Bronzestatue Heinrich des Seefahrers in der Mitte des
kleinen abschüssigen Platzes erheben sich die mächtige Börse, am
oberen Rand die großen Markthallen
und an seinem Fuße die hübsche
**Igreja de São Nicolau**. Gleich hinter
dem Gotteshaus beginnt das Alt-
stadtviertel **Ribeira**. Hier kann man
durch die vielen engen Gassen
schlendern und die Atmosphäre auf
sich wirken lassen. Die platzähnliche
Ribeira setzt sich über die **Rua de S.
João** mit ihren Cafés fort. Weiter unten an den Kais bietet sich ein um-
werfender Blick auf namhafte Port-
wein-Kellereien, die hier vertäuten
alten Weinschiffe und die beeindruckende Eisenbrücke Ponte de
Dom Luís I.

### Sehenswertes

### Casa do Infante     ■ c 3
Der berühmteste Sohn der Stadt war
Heinrich der Seefahrer, der von etwa
1415 bis 1460 die Entdeckung der
Welt organisierte. In diesem Haus aus
Granitquadern soll er 1394 geboren
worden sein. Später wurde es in ein
Zollhaus umfunktioniert.
Rua da Alfândega Velha

### Estação de São Bento    ■ d 1/d 2
Die große Eingangshalle des Bahn-
hofs wurde 1930 tapetenartig mit
blauweißen Fliesenbildern verziert.
Thema der kunstvollen Keramikplatten sind ländliche Szenen, historische Ereignisse und die Geschichte
des Transportwesens.
Praça da Liberdade

### Igreja de Santa Clara    ■ d 2/d 3
Nicht groß, aber glänzend: Der Innenraum ist über und über mit goldenem Schnitzwerk, **talha dourada**,
versehen, dessen barocker Verzie-
rungswahn einem den Atem raubt
und alle anderen Versuche an Opu-
lenz um Längen schlägt.
Largo 1° de Dezembro

### Igreja de São Francisco    ■ b 3
Vermutlich im Jahre 1245 begonnen,
wurde die Konventkirche erst 1410
vollendet. Der ursprüngliche Bau mit
dem romanischen Portal und der
frühgotischen Rosette ist im Laufe
der folgenden Um- und Anbauten an
den nördlichen Rand gedrängt worden. Alles andere stammt aus dem
17. Jh. oder späterer Zeit. Vor dem
dreischiffigen Innenraum hat der barocke Hang zum Überfluss ebenfalls
nicht Halt gemacht: Das gesamte
Schnitzwerk von Altären, Säulen und
Decke ist mit mattem Feingold
überzogen.
Rua do Infante D. Henrique

### Palácio da Bolsa    ■ b 3
Eindruck schindet die palastähnliche
Börse, die die Bedeutung der Wirt-
schaftswelt nur zu gut repräsentiert.
Das hohe Haus der Banken und Kon-
tore wurde 1844 eröffnet. Die Mit-
glieder des portuensischen Wirt-
schaftsclubs **Associação Comercial
do Porto** haben ihn selbst finanziert.
Glanzpunkt des Gebäudes ist der
neomaurische Festsaal **Salão Árabe**,
in dem man sich wie in der Alhambra
in Granada fühlt.
Rua Ferreira Borges; tgl. 9–12.30 und
14–17.30 Uhr, Sa u. So geschl.;
Eintritt 3,75 €

### Ponte de Dom Luís I ■ d 3

Die stählerne Doppelbrücke über den
Douro ist eine kühne Eisenkonstruk-
tion, die in zwei Etagen das steil ab-
fallende Dourotal (172 m) überspannt und die alte Unter- und Oberstadt von Porto mit Vila Nova de Gaia
verbindet. Der Entwurf stammt von
Gustave Eiffel (1886 Einweihung).

### Ribeira ■ c 3

Sehenswürdigkeit Nummer eins in
Porto! Am Hafenkai siedelten sich
einst Fischer an; es ist das älteste
Quartier der Stadt und wurde wegen
seiner Lage **Ribeira**, Fluss, genannt.
Die malerischen Häuser der Ribeira
sind großteils restauriert. Die
UNESCO hat das Ribeira-Viertel ins

Weltkulturgut aufgenommen. Nicht wegzudenken aus dem Bild sind die alten Weinschiffe, **barcos rabelos,** und die berühmten Portweinkeller von Vila Nova de Gaia.

### Sé ■ c 2/c 3

Auf dem höchsten Punkt der Altstadt thront die Kathedrale, ein romanischer Trutzbau aus dem 12. Jh. Er wurde seit dem 17. Jh. leider mehrfach umgebaut. Der Innenraum eröffnet wenig Kunstgenuss, am interessantesten sind der barocke **Sakramentsaltar** aus Silber und der azulejogeschmückte gotische **Kreuzgang.**
Terreiro da Sé

### Torre dos Clérigos ■ b 1/c 1

Der markante Glockenturm ist das Wahrzeichen der Stadt von 1755. Mit fast 76 m Höhe diente der Turm einst Seefahrern als Orientierungshilfe, heute – nach 225 Stufen »Leidensweg« – den Touristen als Panoramaplattform.
Rua S. Filipe Neri; tgl. 10–12 und 14–17 Uhr; Eintritt 1 €

### Museen

### Casa Museu Guerra Junqueiro ■ c 3

Sammler, Revolutionsheld und Literat war Guerra Junqueiro (1850–1923) Stifter des eleganten Privathauses. Das Inventar spiegelt den luxuriösen Wohnstil des privilegierten Bürgertums wider.
Rua de D. Hugo, 32; Di–Sa 10–12.30 und 14–17.30 Uhr, Do 14–17.30 Uhr; Eintritt 0,75 €

### Fundação de Serralves

Einst Villa eines reichen Textilfabrikanten, heute Kulturzentrum. Der großzügige Bau aus den dreißiger Jahren bietet reichlich Platz für wechselnde Kunstausstellungen. Herrliche Parkanlage.
Rua de Serralves, 977; tgl. Di–So 10–19 Uhr; Eintritt 4 €

### Museu Nacional de Soares dos Reis ■ a 1

In dem Palast aus dem 18. Jh. werden prähistorische Funde, dekorative Kunst, Meisterwerke portugiesischer Malerei vom 16. bis 19. Jh. sowie Skulpturen des Künstlers Soares dos Reis präsentiert.
Rua de D. Manuel II; tgl. 10.30–12.30 und 14–17.30 Uhr; Eintritt 1,5 €

### Essen und Trinken

### Aleixo M

Nackte Mauern mit ungezählten Familienfotos umrahmen die Tische, auf denen köstliches **cabrito** (Zicklein) und **filetes de pescada** (Filets vom Schellfisch) serviert werden.
Rua da Estação, 216;
Tel. 2 25 37 63 09; So geschl. ★ ★

### Café Majestic ■ d 1

Das Café der Cafés. Die Spiegel sind erblindet, von den Wänden bröckelt der Putz, die Kandelaber wackeln – alles stammt original aus der Entstehungszeit von 1921.
Rua de Santa Catarina, 112

### O Ginjal M

Wo auch Portugiesen gern hingehen, isst man immer gut.
Rua do Bonjardim, 724;
Tel. 2 22 00 66 61; Sa abends geschl. ★

### Ó Macedo

Etwas unscheinbar von außen, überwältigend das Kellergewölbe von innen. Fischspezialitäten.
Rua do Passeio Alegre, 552;
Tel. 2 26 17 01 66; So geschl. ★ ★

### Mercearia M M ■ c 3

Ein ehemaliges Lebensmittelgeschäft räumte seine Lager, um Tischen und Stühlen Platz zu machen. Regionale Küche im historischen Ribeira-Viertel.
Rua Cais da Ribeira, 32;
Tel. 2 22 00 43 89; So geschl. ★ ★

Oben: Treffpunkt der Portuenser –
und der Touristen – ist das einstige
Hafenviertel Cais da Ribeira am Ufer
des Douro. Unbedingt sehenswert (→
S. 69)!

Mitte: Regelrecht atemberaubend
präsentiert sich der Innenraum der
Igreja de São Francisco. Die Schnit-
zereien sind über und über mit Blatt-
gold bedeckt (→ S. 68).

Unten: In Citânias de Briteiros wurde
zwischen den Resten einer keltiberischen Siedlung zwei Hütten aus der
Eisenzeit anschaulich rekonstruiert
(→ S. 73).

### Portucale

Auch die feine Gesellschaft von Porto liebt den Panoramablick vom 14. Stock. Spezialität ist das Nationalgericht des Nordens: **tripas à moda de Porto** (Kaldaunen nach Portuenser Art). Man sollte möglichst rechtzeitig reservieren.
Rua da Alegria, 598; Tel. 2 25 37 07 17; tgl. geöffnet ★★★

### Einkaufen

Die beliebtesten Einkaufsstraßen im Zentrum sind die Rua das Flores, Rua de Cedofeita, Rua dos Clérigos, Rua 31 de Janeiro, Rua de Passos Manuel, Rua de Sá da Bandeira, Rua de Santa Catarina.

### Ana Campos

Silber modern – die Künstlerin kreiert aus dem edlen Metall Schmuck und Gebrauchsgegenstände.
Rua Álvaro Gomes, 80

### CRAT – Centro Regional de Artes Tradicionais M ■ b 3

Ausstellung mit guten Einkaufsmöglichkeiten von Kunsthandwerk in einem mittelalterlichen Palast.
Rua da Reboleira, 37

### Galeria Vantang

Praktisches in zeitgenössischem Design.
Avenida da Boavista, 1635, Laden Nr. 3–4

### Vista Alegre ■ c 1

Feines Porzellan, Service und Tischzubehör vom königlichen Hoflieferanten Vista Alegre, der seit 1824 das Nonplusultra der Porzellane herstellt.
Rua Cândido dos Reis, 18

### Am Abend

Das Altstadtquartier **Ribeira** am Douro-Ufer ist das Viertel der Bars, Kneipen und Restaurants.

### Discoteca Indústria

Industrielles Flair ist »in«: Zu heißen Rhythmen wird eine kesse Sohle riskiert.
Centro Comercial da Foz;
Avenida do Brasil, 843; Mi–So ab 23 Uhr

### Meia-Cave ■ c 3

Bar-Kneipe. Leichte Speisen sind im Angebot. Zeitweise Jazz live.
Praça da Ribeira, 6

### Terminal X

Moderne Mega-Disko, in der bis in die frühen Morgenstunden etwas los ist.
Avenida de Fontes Pereira de Melo, 449;
Mi–So 23–4 Uhr

### Kino
### Batalha ■ d 1

Praça da Batalha; Tel. 2 22 02 24 07

### Casa das Artes

Rua António Cardoso, 175; Tel. 2 26 00 61 53

### Trindade

Rua do Almada, 412; Tel. 22 56 88 94

### Service

### Auskunft
Posto de Turismo
Rua Infante D. Henrique 63
Tel. 22 200 97 70, Fax 22 32 33 03

### Flughafen (Aeroporto Sá Carneiro)
Tel. 2 29 41 32 60

### Polizei für Touristen
Tel. 2 22 08 18 33

# Ziele in der Umgebung

## Amarante ■ B 3, S. 116

11 000 Einwohner

Malerisch liegt die Vinho-Verde-Stadt an den grünen Ufern des Tâmega, der sie in zwei Teile spaltet. Hinter der gewaltigen, aber sehr engen Granitbrücke von 1790 erhebt sich das mächtige Kloster **Mosteiro de São Gonçalo**. Sein Patron ist Schutzheiliger der Stadt und zuständig für die Liebenden, die ihn um Ehepartner und Kindersegen anflehen. Hübsch ist das historische Zentrum mit den Bürgerhäusern.

## Barcelos ■ A 2, S. 116

10 000 Einwohner

Das Krähen eines gebratenen Hahns hat dem ländlichen Ort Berühmtheit und die Legende dem Volksglauben Gerechtigkeit verschafft. Nun ist der Gockel bunt bemalt und glasiert als Tonfigur zum Maskottchen ganz Portugals geworden. Man kann ihn in allen Größen und Varianten auf dem riesigen Bauernmarkt erstehen, der hier jeden Donnerstag stattfindet – die größte Attraktion in Portugals keramischem Zentrum.

## Braga ■ B 2, S. 116

80 000 Einwohner

Zur Römerzeit gelangte Braga als Schnittpunkt wichtiger Fernstraßen zu Bedeutung. Heute kennzeichnet den Industriestandort Farblosigkeit und Tristesse. Die Bischofsstadt wird jedoch auch das »portugiesische Rom« genannt, was sakrale Sehenswürdigkeiten verspricht: In Braga befinden sich die meisten Gotteshäuser Portugals, und es sind die pompösesten. Die ursprünglich romanische **Sé** offeriert dem Besucher einen Stil-Cocktail, der **Palácio dos Biscainhos** stellt sich als typischer Stadtpalast des verschwenderisch lebenden Adels dar.

Bragas kirchlicher Superlativ liegt 5 km nordöstlich auf dem Gipfel des bewaldeten Hügels: das **Santuário Bom Jesús do Monte**. Die Wallfahrtskirche wurde 1725 gebaut und ist berühmt wegen ihrer gigantischen Treppenanlage **Via Sacra**, deren prachtvoller Schmuck dem Pilger den leidvollen Aufstieg der fast 1000 Stufen versüßt. Sie führt in symmetrischen Zweiertreppen zum **Monte Espinho** hinauf. Unterwegs werden die Episoden der Passion Christi in Szene gesetzt; Kapellen, Urnen, Statuen und reiche Verzierungen mit Symbolen, etwa der Treue, Hoffnung und Mildtätigkeit, muntern den Bußfertigen auf.

Zum Übernachten bietet sich das **Hotel Castelo do Bom Jesús** Ⓜ (Parque do Bom Jesús do Monte, Tel. 2 53 67 65 66, Fax 2 53 67 76 91, 25 Zimmer, ★★) an. An kalten Tagen verzehrt man im Restaurant **Inácio** (Praça Conde São Joaquim, 4, Campo das Hortas, Tel. 2 53 61 69 76, Di geschl., ★★★) die bodenständigen Speisen am Kamin.

## Citânias de Briteiros
■ B 2, S. 116

Die kuriose prähistorische Ruinensiedlung liegt 22 km südöstlich von Braga. Auf dem 120 x 250 m großen Ausgrabungsfeld lassen sich Strukturen und Funktionen der primitiven Gründung eindeutig nachvollziehen.

Die Anlage umfasst rund 150 Ruinen strohgedeckter Granithütten, davon zwei rekonstruiert, kopfsteingepflasterte Wege, eine Wasserquelle mit Leitungssystem und Zisterne, eine Wallanlage mit mehreren Mauerringen sowie Gärten und Ställe.

## Guimarães ■ B 2/B 3, S. 116

55 000 Einwohner

Klein ist die Industriestadt, aber sie steckt voller Geschichte: Hier steht die »Wiege der Nation«, weil hier Portugals erster König, Afonso Henriques, geboren und Guimarães 1139 die erste Hauptstadt des jungen Königreichs wurde. Das gut erhaltene, monströse **Castelo** aus dem 10. Jh.

spricht Bände von den kriegerischen Zeiten.

Zum romanischen Grundstein mit acht Türmen kamen in den folgenden Jahren weitere zinnenbekrönte Befestigungsmauern und ein 27 m hoher Bergfried hinzu. Nicht gerade schön, aber außergewöhnlich ist der **Paço Ducal**, der Palast der Herzöge von Bragança aus dem 15. Jh., den Diktator Salazar 1933 gründlich verändern ließ.

Für das historische Zentrum einige Besichtigungsvorschläge: die **Igreja de São Francisco**, ein schönes Beispiel für portugiesische Gotik, die **Igreja dos Santos Passos** wegen ihrer Barockfassade sowie das **Museu Martins Sarmento** (Rua Dr. A. Pimento, tgl. 9.30–12 und 14–17 Uhr, Mo geschl., Eintritt 1,5 €), das interessanteste prähistorische Funde birgt, u. a. aus der **Citânia de Briteiros** (→ S. 73).

Architektonisch besonders geglückt ist das Kloster **Santa Marinha da Costa**, das im 12. Jh. von Augustinern gegründet wurde, und heute als Pousada (Monte Penha, Tel. 2 53 51 44 53, Fax 2 53 51 44 59, 51 Zimmer, ★★★ bis ★★★★) dient. Der klösterliche Geist schwebt immer noch durch die vergrößerten Zimmerzellen und den parkähnlichen Kreuzgang.

## Peneda-Gerês ■ B 1, S. 116

Peneda-Gerês ist der einzige portugiesische Nationalpark. Er wurde im Jahre 1971 gegründet. Den Wanderer erwartet hier ein Paradies von weitläufigen Wäldern, Bergseen und zerklüfteten Gebirgsketten. Auf den 72 000 ha gibt es infolge verschiedener Klimazonen eine große Vielfalt an Flora und Fauna, finden sogar selten gewordene Tiere wie Wolf, Steinadler und Wildpferde noch ein Refugium. Dolmengräber sind z. B. in **Mezio** und **Pitões** anzu-

treffen. Der Park schließt 114 Siedlungen ein, in denen etwa 11 000 Menschen wohnen.

In den urwüchsig wirkenden Dörfern wie **Peneda, Soajo, Lindoso** und **Fafião** stolpert man über archaische Wohnformen: Die Häuser sind strohgedeckt, Granitblöcke ohne Mörtel sind zu Wänden aufgetürmt. Am Dorfplatz befindet sich die Waschstelle, an der Generationen von Frauen Wäsche geschlagen haben, am Dorfrand die Wolfsfallen, **fojos de lobo**. Die kleinen Kapellen ähnelnden Maisspeicher, **espigueiros** (17./18. Jh.), thronen auf Säulen, um Mäuse abzuhalten.

### Service

**Auskunft**
**Servício dos Parques Naturais**
Rua Ferreira da Lapa, 29; Lissabon;
Tel. 2 13 52 33 17

## Viana do Castelo
■ A 2, S. 116

14 000 Einwohner

Nördlich von Porto ist dieser alte Hafenort an der Mündung des Rio Lima die größte Stadt. Die Römer nannten sie **Pulcra**, »Schöne«. Vianas Blütezeit führt ins 16. und 17. Jh., aus denen im Umfeld der **Praça da República** mit ihrem umwerfenden Ensemble aus **Renaissancebrunnen** (1551), altem **Rathaus** (um 1525) und **Casa da Misericórdia** (1589) – einem der schönsten Plätze Portugals – einige Kirchen, Patrizierhäuser und enge Gassen einen Besuch lohnen. Nicht zu vergessen der Bahnhof **Estação Ferroviária** von 1882, einer der schönsten Europas.

Übernachten können Sie beispielsweise in der **Pousada da Monte de Sta. Luzia** (Monte de Sta. Luzia, Tel. 2 58 82 88 89, Fax 2 58 82 88 92, 55 Zimmer ★★).

**Wildromantisch** wirkt die Gebirgslandschaft. Wie in keiner anderen Region des Landes hat hier der Mensch der Natur das Feld überlassen.

## Viseu

■ C 4, S. 116

24 000 Einwohner

Die Namen der drei gebirgigen Regionen – **Beira Alta**, **Beira Baixa** und **Trás-os-Montes** – weisen schon auf ihre inselhafte Lage hin. **Beira** bedeutet »Rand«, **Trás-os-Montes** heißt »hinter den Bergen«. Eingekeilt von Gebirgsketten und Feindesland, haben sie sich zu »Hinterwelten« entwickelt. Manchmal kommt man von Tal zu Tal, ohne einem Haus oder auch nur einer Ziegenherde zu begegnen. In Trás-os-Montes sagen die Leute, dass weder Christus noch die Nelkenrevolution den Weg zu ihnen über die Berge fanden. Wer keine Nachbarn hat, neigt zum Robinson...

Manche Bergdörfer scheinen aus dem granitenen Fels zu wachsen. Sie wirken ausgestorben. Die meisten Häuser sind verschlossen, verfallen, ihre Bewohner an die Küste gezogen oder ausgewandert; das Hinterland entleert sich mehr und mehr. Zurück bleiben die Alten – das Durchschnittsalter in manchen Dörfern liegt bei 60 Jahren. Entschließt sich ein Jugendlicher, gegen den Trend, in seinem Dorf »hinter den Bergen« auszuharren, sind gleich Journalisten zur Stelle, um den komischen Kauz zu interviewen.

Alles wirkt hübsch archaisch, idyllisch, aber eben auch sehr widerborstig. Das Klima ist rau, und niemandem will es recht gelingen, den Bergfels in eine blühende Landschaft zu verwandeln. Industrie siedelt sich hier nicht an. Die Menschen leben von Landwirtschaft, Schaf- und Ziegenzucht und Handel – so gut es eben geht. Dafür kommen die leckersten Käsesorten und **presuntos**, Schinken, aus dieser Gegend.

Wer sich in dieser Region nur auf der Durchreise befindet, kann hier die schönsten, stillsten Landschaften entdecken: die **Serra da Estrela**, das Sternengebirge, das fast 2000 m Höhe erreicht und im Winter sogar mit Schnee bedeckt ist, Fluss- und Bergtäler, wild wuchernde Wälder, Naturparks, Stauseen, Weinberge, weite Wiesen, Kastanien- und Olivenhaine. Fährt man an der Grenze zu Spanien entlang, wird man feststellen, dass Portugal ein Land der Burgen ist.

Das von Weinbergen und Wäldern umgebene Viseu ist die bedeutendste Stadt in der touristischen Region Montanhas. Obwohl sie eine bis in die Römerzeit zurückreichende Vergangenheit besitzt, eine alte Bischofs- und eine junge Universitätsstadt ist, hat sie als Zentrum der Landwirtschaft eine größere Bedeutung. Dank einer stattlichen Anzahl aus dem Mittelalter erhaltener Bauten, imposanter Wohnhäuser und Adelspaläste liegt besitzergreifendes Flair in der Luft.

Berühmt wurde Viseu durch den **Dão-Wein**, ein Wein mit hohem Alkoholgehalt, der hier angebaut wird, durch den Landschaftsmaler Grão Vasco und den lusitanischen Volkshelden Viriato, der von hier stammen soll. Zur Malerstadt wurde Viseu im 16. Jh. dank Vasco Fernandes, genannt Grão Vasco (»Großer Vasco«), dessen Kunst zahlreiche Verehrer anzog. Er begründete die **Escola de Viseu**, die zur bedeutendsten Malerschule Portugals wurde.

## Hotels/andere Unterkünfte

### Casa dos Gomes (AT) 👫

Gemütliches Landhaus im typischen Stil der Region. Wer Lust hat, kann bei der Ernte, Weinlese und beim Brotbacken mitmachen.
São João de Lourosa; Tel. 2 32 46 13 41, Fax 2 32 46 91 18; 7 Zimmer ⭐

### Grão Vasco

Eine Vier-Sterne-Herberge, Viseus erstes Hotel. Mitten im Stadtzentrum mit eigener Parkanlage und Swimmingpool. 1992 völlig restauriert.
Rua Gaspar Barreiros; Tel. 2 32 42 35 11, Fax 2 32 42 64 44; 110 Zimmer ⭐⭐

### Quinta de São Caetano (TH) Ⓜ Ⓜ

Elegantes Herrschaftshaus aus dem 17. Jh., in dem Tradition groß geschrieben wird.
Rua Poça das Feiticeiras, 38; Tel. 2 32 42 39 84, Fax 2 32 42 17 61; 6 Zimmer ⭐⭐

## Sehenswertes

### Cava do Viriato

Die achteckige römische Festungsanlage war einst durch einen Graben gesichert, der bei Bedrohung durch feindliche Truppen geflutet werden konnte.

Zur Erinnerung an den Widerstandskampf der Lusitanier gegen die Invasoren steht an dieser Stelle auch das **Monumento de Viriato**, das Denkmal des »ersten Portugiesen«. Der legendäre Volksheld soll um 147 v. Chr. die steile Karriere vom Schäfer zum Anführer des stärksten iberischen Stammes, der Lusitanier, gemacht haben.
Avenida da Bélgica

### Rossio

Der zentrale Platz der Stadt wirkt durch sein hübsches architektonisches Ensemble.

Im Süden erhebt sich die **Igreja Terceiros de São Francisco** (1768), in der Altarbilder und Kanzeln mit reich vergoldetem Schnitzwerk sowie eine Reihe antiker Azulejos zu sehen sind.

An der Ostseite schmückt eine wunderschöne blauweiße Kachelwand mit regionalen Motiven, die sich bis zum Largo Major Teles hinzieht, das städtische Foyer.
Praça da República

### Sé

Die Kathedrale aus Granit gibt sich äußerlich in romanisch-gotischer Strenge. Die später hinzugefügte frühbarocke Fassadendekoration lockert sie kaum auf. Eine Rarität ist

## MERIAN-Tipp

**Q**ueijo da Serra Die würzige regionale Spezialität hat den Ruf, der beste Schafkäse der Welt zu sein. Oft kopiert, nie erreicht, wird er in der Serra da Estrela wie zu Großmutters Zeiten nach altem Rezept hergestellt. Damit er nicht so schnell austrocknet, wickelt man ihm ein feuchtes Leinentuch um den Bauch. Kaufen kann man ihn in ganz Portugal, vor Ort ist er jedoch am günstigsten. Für Großabnehmer wird er neuerdings auch industriell mit Milchpulver hergestellt.

Oben: Archaische Bilder begegnen dem Reisenden auf Schritt und Tritt. Das moderne, vereinte Europa scheint weit.

Mitte: Am Rossio, dem Hauptplatz von Viseu, ist dieses herrliche Kachelgemälde zu sehen – eine Kunst, die die Portugiesen bereits im 8. Jahrhundert von den Mauren erlernt haben.

Unten: Eines der wichtigsten landwirtschaftlichen Exportgüter, Korkrinde, wird verladen.

im dunklen Innenraum das manuelinische Knotengewölbe, das auf gewaltigen Säulen ruht. In den Arkaden des Renaissance-Kreuzgangs ließ der Erbauer wunderschöne Azulejos anbringen. Überschwenglich mit Gold verziert ist der barocke Hauptaltar, dem das prächtige Fresko-Gewölbe etwas von seinem Glanz stiehlt.
Praça da Sé

### Museen

#### Casa-Museu Almeida Moreira
Die Möbel des sammelwütigen Kunstliebhabers Almeida Moreira sind exquisit, die Gemälde zeitgenössisch, die Keramik ausgefallen und das Porzellan unbezahlbar.
Largo Major Teles; tgl. 9.30–13 und 14–17.30 Uhr, Mo geschl.; Eintritt 1,25 €

#### Museu Grão Vasco
Hinter den Mauern des alten Bischofspalastes befindet sich eine der bedeutendsten Gemäldesammlungen nationaler Künstler, außerdem werden in dem Museum Bilder der französischen, flämischen und spanischen Schule gezeigt.
Praça da Sé; tgl. 9.30–13.30 und 14–17.30 Uhr, Mo geschl.; Eintritt 1,25 €

### Essen und Trinken

#### O Cortiço M
Rustikales schick gemacht. Originelles Kellerrestaurant in einem alten Granithaus mit guter Küche und günstigen Preisen.
Rua Augusto Hilário, 43; Tel. 2 32 42 38 53
Tgl. geöff. ★★

#### A Muralha M
Neues »In«-Restaurant der Besserverdienenden. Historisches Ambiente, exzellente regionale Küche, guter Service und immer voll.
Largo da Misericórdia; Tel. 2 32 42 77 72
Tgl. geöffnet ★★★

### Einkaufen

#### Casa Ribeira
Gute Adresse für traditionelle und künstlerische Keramik. Auch Arbeiten aus schwarzem Ton.
Largo de N. Sra. da Conceição

#### Tecedeiras de Figueiró
Kunsthandwerk aus Wolle, Baumwolle und Leinen. Tischwäsche, vor allem aber Teppiche.
Figueiró – Viseu

### Service

#### Auskunft
**Posto de Turismo**
Avenida Calouste Gulbenkian;
Tel. 2 32 42 09 50, Fax 2 32 42 18 64

# Ziele in der Umgebung

## Bragança ■ E 2, S. 117
15 000 Einwohner

Im letzten Winkel Portugals, nur 20 km von der Grenze zu Spanien entfernt, liegt die imposante Festungsstadt. So dicht am feindlichen Nachbarn vermutet man hier kaum den Stammsitz des letzten portugiesischen Königshauses, das Portugal von 1640 bis 1910 regierte. Von den drei portugiesischen Königsgeschlechtern war die Dynastie Bragança wohl die machtbesessenste und prunksüchtigste.

Aus der Nähe zu Spanien resultiert die monströse **Festung**, die dem herannahenden Besucher in unfriedlicheren Zeiten schon von weitem wie eine deutliche Drohgebärde vorgekommen sein muss. Lange Zeit galt die Burg mit der doppelten zinnenbekrönten Ringmauer und 18 Wehrtürmen als uneinnehmbar. Der enorme Festungsring bietet innen genügend Platz für eine Siedlung, für Felder, die Kirche **Igreja de**

**Santa Maria do Castelo** aus dem 18. Jh. (u. a. schönes Renaissance-portal, Deckengemälde) und den **Domus Municipalis**, eine Art Rathaus. Auf einem ungleichmäßigen fünfeckigen Grundriss errichtet, wurden ab 1300 im ersten Stock des Hauses Sitzungen über Landrecht, Krieg und Frieden abgehalten.

Im unteren Stadtteil lohnt sich ein Besuch der **Sé**, der ursprünglich romanischen Kathedrale. Ihr Renaissance-Outfit erhielt sie erst im 16. Jh. Für einen Sakralbau besitzt sie einen selten niedrigen Turm. Im Innern fallen die 39 Holztafeln an den Wänden und den Kassettendecken auf, die das Leben des hl. Ignatius von Loyola erzählen.

Ruhige, stilvolle Unterkünfte finden Sie außerhalb von Bragança, wie z. B. im **Moinho do Caniço** oder in der **Pousada de São Bartolomeu**.

### Hotels/andere Unterkünfte

**Moinho do Caniço (TR)** M
In der hübschen alten Mühle am Rio Baceiro nächtigt man rustikal.
Ponte de Castrelos, Tel. 27 32 35 77; 2 Zimmer ★

**Pousada de S. Bartolomeu**
Auf dem Gipfel des Nogueira-Gebirges warten schlichte, aber bequeme Zimmer auf Sie; man kann auch nur zum Essen herkommen.
Estrada de Turismo; Tel. 2 73 33 14 93, Fax 27 32 34 53; 28 Zimmer ★★

### Essen und Trinken

**O Geadas**
Hier bekommt man den besten Wildschweinbraten der Gegend.
Rua do Loredo; Tel. 27 32 44 13 ★

**Solar Bragançano** M
Für das historische Ambiente muss man mitbezahlen.
Praça da Sé, 34, 1°; Tel. 27 32 38 75 ★★

# Castelo Branco ■ E 6, S. 119

30 000 Einwohner

Die Ruinen der Templerburg, die mittelalterlichen Gassen und Kirchenbauten werden in den Schatten gestellt von der großen Attraktion Castelo Brancos, der bischöflichen Residenz mit ihrem **Jardim Episcopal** (Rua Bartolomeu da Costa, tgl. 8–20 Uhr). Der barocke Garten zwischen Apfelsinenbäumen, kunstvoll bearbeiteten Buchsbaumhecken, verspielt angelegten Teichen, Springbrunnen und Statuen darf getrost zu den schönsten in Portugal gezählt werden. Das Kurioseste allerdings ist der Treppenaufgang mit seiner steinernen Freilichtgalerie portugiesischer Könige, die fast kabarettistische Züge trägt. Selbst die drei Philipps aus der Zeit des spanischen Intermezzos (1580– 1640) flanieren hier als Statuen.

### Hotels/andere Unterkünfte

**Colina do Castelo**
Für ein Drei-Sterne-Hotel sehr komfortabel.
Rua da Piscina; Tel. 2 72 32 98 56, Fax 2 72 32 97 59; 103 Zimmer ★★

### Museen

**Museu de Francisco Tavares Proença Júnior/Oficina-Escola de Bordados**
Im **Paço Episcopal** befinden sich das Museum für Vor- und Frühgeschichte und die Oficina-Escola de Bordados, in der gelehrt und Besuchern vorgeführt wird, wie die für die Gegend berühmten kunsthandwerklichen Arbeiten aus Leinen, Seide und Baumwolle entstehen. Man kann in den Werkstätten beispielsweise bei der Herstellung von Kissen zusehen. Auch Verkauf.
Rua Bartolomeu da Costa; tgl. 9–12.30 und 14–17.30 Uhr; Eintritt 1,5 €

**Essen und Trinken**

**Praça Velha**
Das Zicklein, **cabrito grelhado à Praça Velha**, zergeht auf der Zunge.
Largo Luís de Camões, 17;
Tel. 2 72 32 86 40; Mo geschl.
★★ bis ★★★

# Guarda ■ D 4, S. 117

18 000 Einwohner

Mitten in der Welt kahler Felsen liegt Guarda, die höchstgelegene Stadt Portugals. Sie diente als Bollwerk gegen von Osten eindringende Feinde – Guarda bedeutet »Wächter« –, weshalb sie häufig unter Zerstörungen litt. Sehenswert sind der alte **Burgturm**, Reste der **Wallanlagen** und vor allem die **Kathedrale**, aus der in der Bauzeit von 1390 bis 1516 eine imposante, erstaunlich harmonische Kreuzung aus Burg, Schloss und Kirche wurde. Auf dem Domhügel trumpft die kühne **Sé** mit zwei achteckigen Türmen auf. Wer sich für Siedlungsgeschichte, Archäologie, Ethnologie und Gemälde der Escola de Viseu interessiert, sollte ins **Museu Regional da Guarda** (Antigo Seminário Episcopal, tgl. 10–12.30 und 14–17.30 Uhr, Mo geschl., Eintritt 1,5 €) gehen.

# Lamego ■ C 3, S. 116

10 000 Einwohner

Zwar ist die alte Bischofsstadt für ihre Schaumweine und Schinken bekannt. Doch deswegen fährt niemand hierher. Highlight ist die barocke Wallfahrtskirche **Santuário de Nossa Senhora dos Remédios**, die weniger wegen eines strahlenden Kirchenbaus als vielmehr wegen der aufregenden Treppenkonstruktion Karriere gemacht hat. Alljährlich am 8. September schleppen sich Hunderttausende von Gläubigen die 686 Stufen zum verehrten Heiligtum hoch, um dort Wunder zu erbitten.

Ein wahrhaft steiniger Weg, der allerdings unterwegs durch blauweiße Fliesenbilder, Kapellen, Terrassen, Statuen und Brunnen verschönt wird. Wer das reizvolle Douro-Tal noch erkunden will, sollte eine Übernachtung einplanen, z. B. im modernen Vier-Sterne-Hotel **Sopete Lamego** (Quinta da Vista Alegre; Tel. 2 54 65 61 71, Fax 2 54 65 61 80; 90 Zimmer ★ bis ★★).

# Monsanto ■ F 6, S. 119

250 Einwohner

Zwischen riesigen schwarzen Granitblöcken, bemoosten Felswänden und Farnlandschaften scheint sich das Burgdorf auf der Gipfelspitze aus den schroffen Gebirgsfelsen regelrecht herauszuzupeln. Die Häuser haben sich der herben Umgebung angepasst, die Menschen auch. Dies ist eine Welt für sich, die nach anderen Rhythmen und Gesetzen lebt. Vor Jahren erhielt das Dorf die Auszeichnung »das portugiesischste Dorf«. 1994 wurde es im Rahmen eines Programmes »historische Dörfer« unter Denkmalschutz gestellt. Die bizarre Atmosphäre von Monsanto muss man sich auf den felsigen Treppen freilich erst ersteigen.

# Serra da Estrela

■ D 5/E 5, S. 119

Das »Sternengebirge« ist mit seinen 1993 m Höhe sozusagen die direkte Verbindung zum Himmel. Portugals höchster Punkt, der **Torre**, erreicht 1991 m (bei Manteigas), mehr als die Hälfte der Fläche liegt über 700 m. Die gigantischen Granitblöcke drängen sich zwischen den Städten Guarda, Covilhã, Coimbra und Viseu in die Höhe. Dazwischen schuf das quartäre Eis Platz für hufeisenförmige Täler, nackte Felsschluchten und Gletscherseen. Auf der Reise durch das uralte Gestein stößt man auf Wiesen, Weinberge und märchenhafte Bergdörfer wie z. B. **Piódão** oder **Avô**. Seit 1976 ist die Serra da Estrela ein Naturpark (Auskünfte: Tel. 2 75 98 23 82).

# Vila Real ■ C 3, S. 116

14 000 Einwohner

Obgleich die Provinz die ärmste in Portugal ist, staunt man in Vila Real, der »Königlichen Stadt«, über zahlreiche mit Wappen und Balkonen geschmückte Bürger- und Adelshäuser und die gotische **Sé**. Bekannt ist die Stadt für ihre Keramik und den Rosé-Wein. Die Bocksbeutelflaschen haben jedoch nicht nur den Inhalt berühmt gemacht, sondern auch das Schloss auf dem Etikett. Dort, in dem 4 km östlich von Vila Real gelegenen **Solar de Mateus**, wird der Wein hergestellt. Umgeben von einer kunstvollen Gartenanlage erhebt sich die Barockfassade wie eine Theaterkulisse. Schloss und Garten können besichtigt werden (Sommer: 9–19.30, Winter: 10–13 und 14–17 Uhr; Eintritt 5 €, nur Garten 3 €).

**Casa Agrícola da Levada**
Hier übernachten Sie in einem alten Gutshaus.
Timpeira; Tel. 259322190, Fax 259346955; 4 Zimmer ★★

**O Espideiro** M M
Dieses Restaurant liegt 1,5 km nördlich von Vila Real am Fluss Corgo. Es werden ausgezeichnete regionale Gerichte zubereitet.
Avenida Almeida Lucena; Tel. 259322302 ★★

*Was für Touristen ein pittoresker Anblick ist, wird zunehmend zum Problem: Das Bergland leidet an Entvölkerung, viele Dörfer sind nur noch Museumskulissen.*

# EXTRA: PORTUGAL MIT KINDERN

Portugal ist als ausgesprochen kinderfreundliches Land bekannt. Eltern und die dazugehörige Großfamilie scheinen ihren Kids grenzenlose Toleranz entgegenzubringen. Unter box geöffnet wird. Künftig achtet eine doppelte Elternwacht darauf, ob ein Kind zu weit hinausschwimmt oder die Nase eine zusätzliche Portion Sonnencreme verträgt.

**Willkommene Gäste sind Ihre Kleinen überall in Portugal – nur spielen müssen sie selber. Intoleranz gegenüber Kindern ist ein selten anzutreffendes Phänomen.**

Dieser ausgeprochen lockere, unkomplizerte Umgang mit Kindern in Portugal erleichtert vielen Eltern den Urlaub. Ansonsten findet man allerdings nur wenige Einrichtungen, die sich direkt an Kinder portugiesischen Kindern wird Ihr Nachwuchs schnell Spielkameraden finden. Im Nu sind am Strand die kleinen Urlaubsgäste in den portugiesischen Familienverband mit aufgenommen, und selbstverständlich bekommt der neue Freund am Strand auch ein Sandwich, wenn die Kühl- wenden oder als kindgerecht bezeichnet werden könnten, etwa öffentliche Wickelräume oder Hochstühle in Restaurants. In vielen größeren Städten gibt es inzwischen mehr und mehr Agenturen oder Organisationen, die über Hotels Babysitter vermitteln.

### Feira Popular ◼ A 8, S. 118

Dieser Jahrmarkt ist in Lissabon eine Dauereinrichtung. Karussells, Autosscooter, Popcorn-Stände und Restaurants sorgen für Action.
Avenida da República; Metro: Entre Campos; Mo–Fr 19–1, Sa–So 13–1 Uhr; Eintritt 1,25 €

### Jardim Zoológico ◼ A 8, S. 118

Der einzige Tierpark in Portugal, gegründet 1884, befindet sich in Lissabon. Nach umfassenden Renovierungsarbeiten fühlen sich Giraffen, Flusspferde, Elefanten & Co. richtig wohl. Highlight für die meisten Kinder dürfte sicherlich die Delfin-Show sein.
Estrada de Benfica, 158–160; Metro: Sete Rios; tgl. 9–20, im Winter bis 18 Uhr; Eintritt für Kinder ab 3,5 €, für Erwachsene ab 5 €

### Portugal dos Pequeninos ◼ C 5, S. 118

Portugal samt seiner Ex-Kolonien – für Kinder maßstabgerecht verkleinert. Kinderpark und Freilichtmuseum am südlichen Mondego-Ufer.
Santa Clara, Coimbra; tgl. 9–17.30, im Sommer bis 19 Uhr; Eintritt Kinder 1,25 €, Erwachsene 1,5 €

### Wasserspiel- und spaß

Buddeln und Baden können Kinder natürlich den ganzen Tag am Strand. Höhepunkt des Wasserspaßes sind die riesigen **Aquaparques** an der Algarve. Sie bieten Vergnügen für den ganzen Tag – Schwimmbäder, Rutschen und Wasserfälle, Spielplätze, Kino, Cafés und Restaurants. Die Tagespreise der Wasserparks liegen bei 5 bis 7,5 €. Alle liegen gut erreichbar an der zentralen Verkehrsader der Algarve, der Estrada Nacional EN 125. Eine Auswahl:

### Slide & Splash ◼ C 12, S. 120

Vale Judeu, Estômbar; 8400 Lagoa

### Zoomarine ◼ C 12, S. 120

Guia; 8200 Albufeira

Neugierig beäugt und fröhlich empfangen wird man – wie hier in Elvas, dem Festungsstädtchen an der spanischen Grenze – von portugiesischen Kindern fast überall.

## MERIAN-Tipp

**Familienlokale** Praktisch alle schlichteren portugiesischen Restaurants sind für einen Besuch mit Kindern empfehlenswert. In solchen Familienbetrieben, in denen die Mutter kocht, der Vater den Wein auswählt und die Tochter serviert, ist man flexibel und unkompliziert. Wenn die Kleinen zappelig werden, dürfen sie auch schon mal mit in die Küche kommen. Für den kleinen Hunger wird fast immer eine halbe Portion (**meia dose**) zum halben Preis angeboten.

# Entdeckerfreude wird in Portugal belohnt: Wer Land und Leute genauer kennen lernen möchte, begibt sich auch mal auf abgelegene Pfade – mit dem Auto, Schiff oder per Pedes.

Malerische Landschaft bei
Beja im Alentejo.

# Auf der Bäderstraße

Zu viel Sonne, zu viel Erdbeereis? Im nordportugiesischen **Trás-os-Montes** können Sie dem Speck, den Hautfältchen und dem Stress zu Leibe rücken. Von »Bäderstraße« zu sprechen erfordert etwas Wohlwollen, aber tun wir es mal. Die schönsten, traditionsreichsten Thermalbäder liegen an und in der Nähe der ziemlich unromantischen Schnellstraße N 2 zwischen Chaves und Vila Real.

*Stilvolle Gesundheitspflege: Portugals Kurbäder atmen noch das Flair einer vergangenen Epoche.*

Schon die Römer schwörten damals auf die Heilkraft ihrer Quellen. Einige davon, wie **Vidago** und **Pedras Salgadas**, erlebten um die Jahrhundertwende ihre ganz große Glanzzeit. Danach ist dem Adel das Geld ausgegangen, und Kuren sind in Portugal nur selten auf Rezept erhältlich. Aus der Belle Epoque jener Tage haben sich Palasthotels, Villen und prächtige Parkanlagen erhalten.

Nach altem Brauch hat gerade in Nordportugal Wasser, das aus dem Fels entspringt, eine besondere Bedeutung: Quillt es, wie die Leute sagen, aus den »Eingeweiden der Erde« oder aus dem »Herzen der Berge«, so ist es ein »gutes«, ein »geheiligtes« Wasser. Bis heute hat sich der Brauch gehalten, an den bekannten Quellen das **água sagrada** abzuzapfen, in Kanister zu füllen und mit nach Hause zu nehmen. Man trinkt es, verwendet es im Kochtopf oder füllt damit den Kühlwasserbehälter im Auto. Es bringt Glück, hält Böses und Krankheiten fern.

*Wer aktive Erholung sucht, kann in der bergigen Umgebung wandern.*

In der paradiesischen Umgebung der transmontanischen Thermalbäder kann man vorübergehend vom Touristendasein ausspannen, einen Schluck guten Wassers zu sich nehmen, die Heilung abwarten oder gleich zum nächsten Bad weiterfahren. Wer das eine oder andere hartnäckigere Zipperlein auf ärztlichen Rat hin pflegen möchte, kann aber auch, nach Geschmack und Voranmeldung, länger bleiben und sich in die Obhut von geschultem Personal begeben. Für Zerstreuung neben der Gesundheitspflege ist auch gesorgt, denn Nordportugal ist landschaftlich außerordentlich schön und abwechslungsreich. Viele historische Orte stehen zur Entdeckung zur Verfügung, vielleicht unternehmen Sie auch einen Abstecher nach Spanien. Dem Naturfreund empfehlen sich die nahen Naturparks **Peneda-Gerês**, **Montesinho** und **Alvão**.

**C**haves, eine Stadt in bergiger Umgebung, liegt zehn Kilometer von der spanischen Grenze entfernt. Auch der römische Stadtgründer Kaiser Flavius Vespasian hatte diesen Ort wegen der Lage und der thermischen Quellen **Aquae Flaviae** schon schön gefunden; er hinterließ eine 140 Meter lange Bogenbrücke. Über der Stadt thront eine beeindruckende Burg aus dem 12. Jahrhundert mit dem zinnenbewehrten **Torre de Menagem**. Von hier führt der Weg hinunter zu den Thermen **Caldas de Chaves** und dem modern gestylten Kurhaus, wo Rheuma und Magen-Darm-Leiden kuriert werden. Das Heilwasser brodelt mit einer Temperatur von 75 Grad – so heiß wie nirgendwo sonst in Europa – aus dem Boden (Thermalbad Tel. 2 76 33 24 45, Fax 2 76 32 77 24). Wer über Nacht in dem Ort bleiben will, dem bietet sich das alte Kurhotel **de Chaves**, das Vier-Sterne-Hotel **Aquae Flaviae** (Praça do Brasil, Tel. 2 76 30 90 00, Fax 2 76 30 90 10, 170 Zimmer ★★) oder die ordentliche Pension **Jardim das Caldas** (Alameda do Tabolado, 5, Tel. 2 76 33 11 89, 13 Zimmer ★) an.

*Schon die Römer schätzten die Thermalquellen von Chaves.*

*Einsame Wald- und Gebirgslandschaften – der Nationalpark Peneda-Gerês ist eine Idylle par excellence.*

Chaves

20 km N103

Carvalhelhos

N103

10 km

Von **Chaves** aus fährt man 43 Kilometer die N 103 in Richtung Boticas auf die **Serra do Barroso** zu. Eingerahmt vom Gebirge, hat sich um die Thermalquellen **Caldas Santas de Carvalhelhos** ein kleiner Kurort gebildet, inmitten einer Landschaft von Eichen, Kastanien, Heidekraut und Weinstöcken. Die Quelle, die hier auf 775 Meter Höhe entspringt, enthält Bikarbonat, Fluor und Natrium, und man schreibt ihr therapeutische Heilwirkung bei Kreislauf-, Verdauungs- und Hautproblemen zu. Das köstliche Wasser wird in Flaschen abgefüllt und ist überall in Portugal zu haben (Thermalbad Tel. 2 76 41 51 50, Fax 2 76 41 51 74).

Boticas

15 km

N2

Vidago

Zurück nach Boticas. Bleiben Sie auf der 311, halten sich an die Richtungsschilder nach **Vidago**, das man nach 25 Kilometern erreicht. Am Fuße der Serra de Padrela erstrahlt der Glanz der Belle Epoque, der sich besonders im 1910 gebauten, luxuriösen Jugendstil-Grandhotel **Vidago Palace** (Parque de Vidago; Tel. 2 76 90 73 56, Fax 2 76 90 73 59; 74 Zimmer ★★★ bis ★★★★) widerspiegelt. Nicht weniger romantisch sind die verlassenen Sanatorien und Hotels, Zeugen der Blütezeit des Kurbades, als die Blaublütigen und Reichen aus Portugal und Spanien alle hierher fuhren, um ihren Verdauungsapparat, Atemwege, Haut und Nervensystem wieder in Schwung zu bringen.

15 km N2

Zwischen den Pavillons und Seen im Kurpark sausen schon seit 1936 die Golfbälle durch die Luft. Vidago ist ein Paradies für Nostalgiker – die Anwendungszentren allerdings sind hochmodern. Das Mineralwasser genießt ganz Portugal aus Flaschen. Aus der Quelle, den **Termas de Vidago**, fließt es bei 10 Grad, die Mineralisierung ist mit 5622 Milligramm pro Liter sehr hoch. Die Thermalsaison beginnt am 1. Juni und endet am 30. September (Thermalbad Tel. 2 76 90 73 56, Fax 2 76 90 73 59).

Pedras Salgadas

Von Vidago nach **Pedras Salgadas** sind es nur zwölf Kilometer, die man auf der N 2 in Richtung Vila Pouca de Aguiar gut zurückgelegt hat. Sein Heilwasser kann sich leicht mit Selters und Vichy messen. 1871 wurde die heilende Wirkung des Wassers bei Störungen des Magen-Darm-Traktes,

bei Diabetes, Rheuma sowie Nieren- und Leberlei-
den festgestellt. Aus sieben verschiedenen Quellen
sprudelt das kohlensäure-, natrium-, eisen- und
fluorhaltige Wasser: Grande Alcalina, D. Fernando,
Maria Pia, Penedo, Preciosa, Saboroasa. Die siebte
entspringt unter der gläsernen Glocke des Rundpa-
villons »Nascente Pedras Salgadas«, die 1875 hier
kanalisiert wurde. Wenig später, 1879, stand bereits das erste Kurhotel, das Grand Hotel, und die
königliche Familie reiste zur Kur. 1910 wurde ein
Casino gebaut. Heute liegt der Hauch des Vergäng-
lichen über dem Ort. Dafür gelangt aber das erfri-
schende Mineralwasser in Flaschen und somit in
fast jedes Restaurant. Unter Portugiesen gilt es als
das beste Mineralwasser. Man kann es übrigens
auch direkt aus der Quelle trinken.

Unbedingt sollte man das Flair des Fin de Siècle
auf sich wirken lassen und sich die Zeit für einen
Spaziergang durch den Park mit seinen Baumriesen, Brunnen und Badehäusern nehmen. Die Bade-
saison in Pedras Salgadas beginnt am 1. Juni und
hört am 30. September auf (Thermalbad
Tel. 2 59 43 71 40, Fax 2 59 43 71 41).

*Der Glanz der Jahr-
hundertwende ist
etwas verblichen,
doch das Quellwas-
ser von Pedras Sal-
gadas ist immer
noch im ganzen
Land berühmt – und
sehr gesund!*

**Dauer:** Tagestour; **Karte:** → S. 116/117

# ✦ 10 Von Dorf zu Dorf

*Entdeckenswert im Hinterland: kleine Dörfer von herber Schönheit.*

Abseits vom schmalen bevölkerten Küstenstreifen der Costa de Prata tun sich ungeahnte Welten auf: In der **Cordilheira Central**, dem portugiesischen Zentralgebirge mit der Serra da Lousã, der Serra de Açor, der Serra da Estrela und der Serra da Gardunha, kann man auf Entdeckungstour gehen. Man trifft auf Berglandschaften aus uraltem Gestein, Flusstäler, die sich zwischen Schiefer und Granit gegraben haben, aufregende Moränenlandschaften, Eichenhaine und Kastanienwälder, die mehr und mehr von Monokulturen wie Kiefer und Eukalyptus verdrängt werden. Das größte Problem dieser Regionen ist die Entvölkerung; sei es durch Auswanderung oder Landflucht. Seit 1994 werden hier mit EU-Unterstützung zehn besonders schöne Dörfer restauriert, und der Tourismus soll sie beleben.

*In den Touristenämtern können geführte Wanderungen gebucht werden.*

Ganz anders dagegen die **Aldeias Serranas**, Bergdörfer in der Serra da Lousã, die fast ganz ausgestorben sind. Niemand hatte versucht, die Bewohner zu halten. Zurückgeblieben sind bizarre Reste einer hinterwäldlerischen Zivilisation.

Nehmen Sie sich Zeit für die vorgeschlagene Entdeckungstour. Die Serpentinen haben es in sich, und die Beschilderung fordert manchenorts das besonnene Nachdenken heraus. Außerdem wollen die Dörfer zu Fuß erkundet werden. Wegen der schlechten Ausschilderung ist es ratsam, sich einer der vom Naturschutzverein QUERCUS und dem regionalen Tourismusamt organisierten naturkundlichen Spaziergänge anzuschließen.

Coimbra ○
21 km
N236
Lousã ○

Ausgangspunkt für beide Routen ist **Coimbra**. Wollen Sie zu den Aldeias Serranas fahren, verlassen Sie die Stadt in südöstlicher Richtung nach Lousã. Bald wird es bergiger, die **Serra da Lousã** kündigt sich an, ein vorwiegend aus Schiefer bestehendes Gebirge. Ihr höchster Punkt liegt auf 1202 Metern bei Alvo do Trevim. Nach Kilometer 21 taucht **Lousã** auf, ein hübscher, freundlicher, luftiger Ort, dessen weiße Häuser barocke Eleganz verströmen und auf einstigen Reichtum hindeuten.

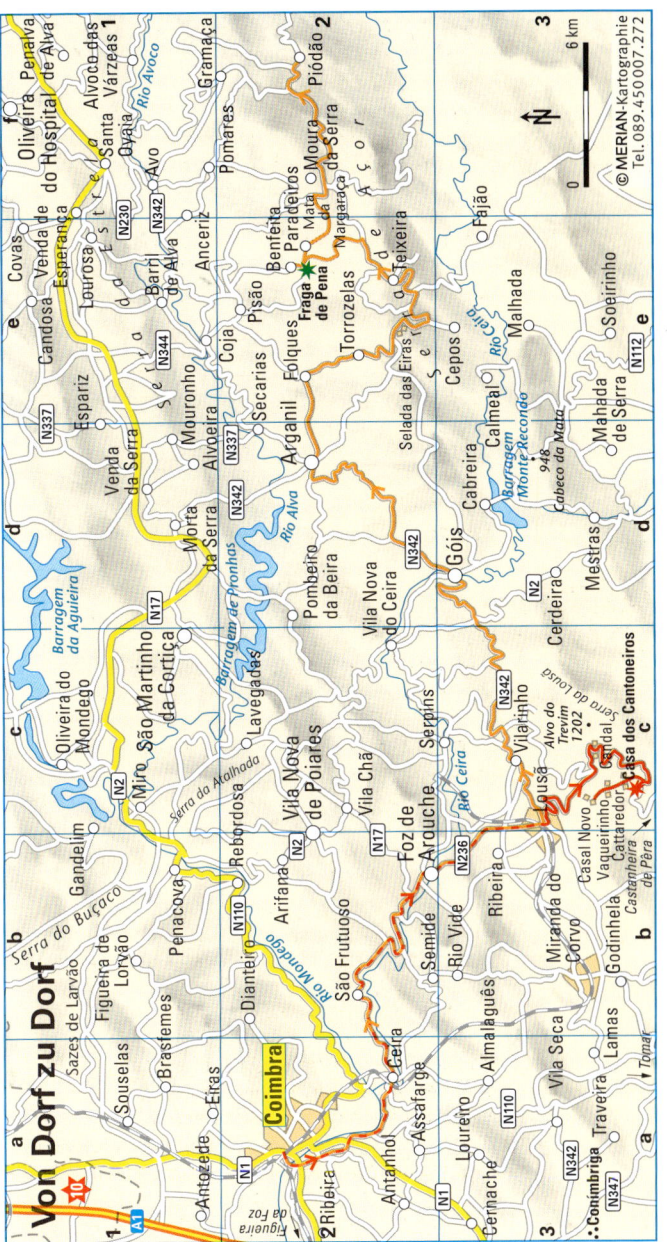

Lousã ○
[N236]

14 km

Casal Novo ○

Fahren Sie in Richtung Castanheira de Pêra und folgen der N 236. Hinter Candal biegt man 300 Meter vor der **Casa dos Cantoneiros** (Wärterhäuschen) rechts in einen Sandweg ein, der zu den abgelegenen Bergdörfern **Catarredor**, **Vaqueirinho**, **Talasnal** und **Casal Novo** führt. Den Wagen stellen Sie am Sandweg ab und gehen auf der N 236 etwa 150 Schritte bergabwärts, bis linker Hand ein kleiner Abstieg in den Wald hineinführt. Orientieren Sie sich immer an den blauen Markierungen, die auf Steinen, Bäumen und Mauern aufgetragen sind. Widerborstig und archaisch ist die Atmosphäre hier oben; nichts Modernes hat sich in diese entlegenen Dörfer eingeschlichen. Stil und Proportionen der Architektur gehorchen klimatischen und geologischen Bedingungen. Die Häuser sind schlicht und zweckmäßig, die Baustoffe dafür lieferte die Natur. Im Erdgeschoss befinden sich die Ställe für Schweine und Ziegen, im Stock darüber leben, von unten gewärmt, die Menschen – bizarre Szenerien aus Schiefer und Individualismus. In einigen der Häuser haben es sich deutsche und holländische Althippies wohnlich gemacht.

Um zum Wagen zurückzukehren, gehen Sie den Sandweg zurück. Geführte Wandertouren erfragen bei: **Região de Turismo de Coimbra**, Tel. 2 39 85 59 30 (Adresse → Posto de Turismo, S. 37), oder **QUERCUS**, Av. Emídio Navarro, 81–4°–6, 3000 Coimbra, Tel. 2 39 49 12 40.

Auch zum »historischen Dorf« **Piódão** fahren Sie über Lousã. Nehmen Sie die N 342, um dann 19 Kilometer über Vilarinho nach **Góis** zu fahren. 13 Kilometer nördlich von Góis führt der Asphalt nach Arganil. Hier zweigt eine Straße in Richtung **Folques** ab. Sie lotst den Besucher in ein Universum, in dem 365 Tage im Jahr Stille herrscht. In weiten Abschnitten zeugt kein Haus, kein Stall von menschlichem Leben. Allein die hüfthohen, aufgeschichteten Schiefermauern entlang der dürftig asphaltierten Straßen lassen auf die Anwesenheit von denkenden Lebewesen schließen. Nach Torrozelas steigt die Fahrbahn an, man passiert das Straßenkreuz bei Selada das Eiras und fährt weiter nach **Teixeira**. Bei Porto Castanheiro schwenkt man in einen Weg mit schlechtem Straßenbelag ein und orientiert sich an den gelben Hinweisschildern zur Mata da Margaraça und den Wasserfällen vom Fraga de Pena. Bei Pardieiros befinden Sie sich schon mitten in der **Mata da Margaraça**, einem als Bioreservat klassifizierten Waldgebiet. Es beherbergt den letzten Rest der ursprünglichen Pflanzendecke Portugals – wie Eiche, Kastanie, Kirschlorbeerbäume und Ulmen sowie einige endemische Pflanzen, beispielsweise Salmonssiegel und Türkenbund. Kaum merklich hat unterdessen der Übergang von der Serra da Lousã zur **Serra de Açor** stattgefunden, deren Schiefergestein sich bis zu 1350 Meter Höhe stapelt.

**Z**um Höhepunkt der Tour gelangt man, wenn man ab **Paradeiros** auf der N 344 und ab Moura da Serra auf der N 508 nach **Piódão** fährt. Das Dorf ist ein Juwel, was mittlerweile auch an den zahlreich an- und abfahrenden Reisebussen zu erkennen ist. Anders als die meisten Bergdörfer zeichnet Piódão sich weder durch eine Burg und Festungsmauern noch durch Kirchen aus – es gibt nur eine –, sondern durch seine harmonische, in dieser gebirgigen Gegend eigenartig bürgerlich wirkende Architektur. Mit dem Berg **Montes Hermínios** gehen die Häuser eine heilige Allianz ein; sie schmiegen sich an seinen steilen, terrassierten Hang und gruppieren sich um den Marktplatz wie ein Amphitheater. In den insgesamt 150 Häusern leben nur noch rund 70 Menschen, davon sind etwa 80 Prozent über 60 Jahre alt. Bis zu drei Stockwerken haben sie den dunklen Schiefer aufgetürmt. Der Schmuck ist schlicht: blaue Türen, Gitterfenster, mal rote, mal schwarze Spitzdächer und einige Weinranken. Zu jeder Tageszeit lässt der Schiefer Piódão in einem anderen Licht erscheinen.

**A**uf dem Hang gegenüber wird jetzt mitten in die Stille ein Hotelkomplex gebaut. Als Quartier in der Nähe bietet sich auch das ordentliche Vier-Sterne-Residencial **Canário** an (Rua Oliveira Matos, 3300 Arganil, Tel. 2 35 20 24 26, Fax 2 35 20 53 68, 24 Zimmer ★).

**Dauer:** Zweitagesausflug

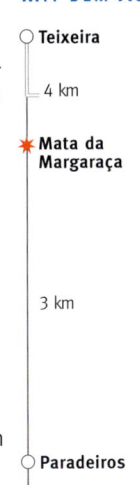

○ **Teixeira**

└ 4 km

✳ **Mata da Margaraça**

3 km

○ **Paradeiros**

┌ 12 km

○ **Piódão**

# Auf dem Rio Douro

Bei dem Wort Douro liegt Wein in der Luft. An den mächtigsten portugiesischen Fluss denken wahrscheinlich die wenigsten zuerst. Dennoch bietet er an seinen Gestaden nicht nur weltberühmte Trauben, sondern auch eine der aufregendsten Naturlandschaften. Seine Wasser legen eine Strecke von 895 Kilometern von ihrer Quelle beim spanischen Burgos zurück – innerhalb Portugals davon nur 210 Kilometer –, bevor sie bei Porto in den Atlantik fließen. In Spanien längst nicht so beeindruckend, hat sich der Douro in Portugal ein gewaltiges Flusstal mit tief eingeschnittenen, windungsreichen Tälern geschaffen. Innerhalb Portugals weist der Flusslauf ein Gefälle von jeweils einem Meter auf 1,7 Kilometer auf – das hat schon beinahe Wildwassercharakter!

*Nicht nur ein magischer Name für Weinkenner: Naturerlebnis Douro.*

Mit dem Motorschiff kann man ins Herz des Portwein-Landes eindringen, von **Porto** bis nach **Peso da Régua**. Frühes Aufstehen gehört zum Programm: Um 8 Uhr werden am Anleger der »Ribeira« in Porto die Leinen der komfortablen Cruise-Schiffe losgemacht. Bei Porto gräbt der Douro sich durch einen spektakulären Cañon aus Granit, trennt die Stadt in zwei Hälften, die sie mit Brücken zusammenklammert. Man kann die herrliche Kulisse der portuensischen Altstadt an sich vorüberziehen lassen, fährt unter vier Brücken hindurch und an den Portweinkellern von Vila Nova de Gaia vorbei.

*Schiff ahoi in Porto: vorbei an der malerischen Altstadt.*

Eine Stunde nach Abfahrt gibt es Frühstück. Unterdessen schippert man durch schluchtartige Täler, an ausgedehnten Pinienwäldern, Flussmündungen, kleinen Siedlungen und Berghängen mit endlos terrassierten Rebstockreihen vorbei. Bei **Barqueiros** beginnt das Anbaugebiet des Portweins. Inzwischen ist das neblig-feuchte atlantische Porto-Klima unter kontinentalen Einfluss geraten; es wird zunehmend heißer. Für Trauben ein Paradies: Die Sonne sorgt für den hohen Zuckergehalt, der Schiefer konserviert die Wärme im Boden. Zwischen Mitte September und Mitte

*Genießen Sie die Landschaft bei einem Glas Portwein.*

Oktober steuert der Kapitän das Schiff dicht an den Ufern entlang, so dass man fast bei der Weinlese zuschauen kann. Männer und Frauen schneiden die Reben mit dem Messer ab und werfen sie in die Kiepen (**gigos**), die sie auf dem Rücken tragen. Man kommt an den berühmtesten Portweinlagen vorbei. Ein Glas des süffigen Edelgetränks gibt es natürlich auch an Bord.

Unterwegs gilt es zwei Staudämme zu passieren: den **Eclusa de Crestuma-Lever,** bei dem das Schiff zwischen den engen Betonwänden der Schleuse 14 Meter Fallhöhe zu bewältigen hat, und nach dem Mittagessen den **Eclusa do Carrapatelo,** in dem das Schiff um 35 Meter abgesenkt wird. Endstation ist gegen 16.30 Uhr **Régua**. Die Rückfahrt von Régua nach Porto per Zug startet um 17.45 Uhr, Ankunft in Porto ist um 20 Uhr.

*Eindrucksvoll ist Europas tiefste Kammerschleuse.*

Diese Touren werden von verschiedenen Gesellschaften angeboten: **Douro Azul** (Rua de São João, 68–3º Fte., 4050 Porto; Tel. 2 22 08 32 94); **Vistadouro** (Av. Comendador Ferreira de Matos, 403, Sala 405, 4450 Matosinhos; Tel. 2 29 38 79 49). Der Preis liegt bei ca. 75 €, Versorgung an Bord und Rückfahrt mit dem Zug inkl.
**Dauer:** Tagesausflug; **Karte:** → S. 116

*Beliebtes Fotomotiv: Die historischen Transport-Segelboote auf dem Douro sehen vor der hübschen Kulisse von Porto noch malerischer aus.*

# Gipfelstürmer in der Serra de Monchique

Zu Fuß gehen hat in Portugal nur eine Tradition, die Armut: Freiwillig begibt sich kaum jemand auf Schusters Rappen. Jeder sieht zu, dass er sich zur Überbrückung von Distanzen – zumal bei der Hitze – wenigstens einen Eselskarren oder ein Moped organisiert. In ländlichen Regionen wird der Wanderer bestaunt, als käme er geradewegs vom Mond. Offiziell beschilderte Wanderwege oder Wanderkarten gibt es daher nicht.

*Sprudelnde Quellen, frische Luft und Pflanzenvielfalt bietet das Hinterland.*

Die Serra de Monchique ist die Alternative zum Meer. Sie ist aus Granitgestein geformt, was die abwechslungsreichere Vegetation bedingt. Im Frühjahr blühen und duften zwischen dem dunklen Gestein zahlreiche Pflanzen. Die abfallenden Hänge werden von Terrassen gegliedert, einsame, schon verfallene Bauernhäuser zeugen von dem schwierigen Leben am Berg. Der Hauptort **Monchique**, ein verschlafenes Bergstädtchen, liegt auf rund 400 Metern Höhe. Der auf 902 Metern gelegene Gipfel der Serra, **Fóia**, zieht die meisten Besucher an. Bei klarer Sicht bietet er einen herrlicher Blick in die Berglandschaft bis nach Faro; die Antennen der Radiostation muss man ignorieren. Die Strecke umfasst rund zehn Kilometer bei mittlerem Schwierigkeitsgrad.

*Interessantes am Wegesrand: eine Ruine und eine Gebetsstätte.*

Die Wanderung beginnt im Ortszentrum von Monchique, am **Largo 5 de Outubro**. Man verlässt den Platz über die gepflasterte Rua de Porto Funda, biegt links in die Travessa de Guerreiras ein, geht die Stufen hoch, überquert eine Gasse und steigt weiter an bis zur nächsten Kreuzung. Der Weg führt zu den Ruinen des Colégio de Santa Catarina, wo man sich links halten muss. Nach etwa zehn Minuten und einem absolvierten steilen Aufstieg haben Sie Monchique verlassen. Wenn Sie die Straße dann nach rechts hinuntergehen, schlagen Sie einen schmalen Weg ein, in dessen linker Mauer unterwegs eine kleine Mariengebetsstätte zu finden ist. Bald gelangen Sie zu einem herrlichen Aussichtspunkt auf die Serra und auf den Picota, den mit 774 Metern etwas niedrigeren Nachbargipfel von Fóia; er ist an seinem trigonometrischen Messpunkt zu erkennen. Gehen Sie dann an einer Rechtsabbiegung vorbei und geradeaus weiter zu den Ruinen des Franziskanerklosters **Convento de Nossa Senhora de Desterro** von 1632. Von der Aussichtsterrasse eröffnet sich wiederum ein eindrucksvoller Panoramablick auf die üppige Vegetation der Serra.

*Der Lohn der Müh: ein herrlicher Blick über grüne Berghänge.*

Am Kloster geht es daraufhin rechts vorbei durch einen waldigen Abschnitt. Der Weg führt auf gleichbleibender Höhe um den Hang herum. Wo die Marschroute ansteigt, biegen Sie links ein und folgen dem steiler werdenden Verlauf. Nach etwa fünf Minuten erreichen Sie eine Gabelung, an der Sie sich rechts halten und auf einen breiten befestigten Weg stoßen. Im Zickzack wenden Sie sich zunächst nach links, dann gleich wieder nach rechts auf einen holperigen Pfad, von dort an einer Abzweigung nach links, auf der man weitergeht. Anschließend folgt ein etwa fünfminütiger Aufstieg durch einen intensiv duftenden Pinien- und Eukalyptuswald bis zu einem von rechts einmündenden Weg, in den Sie schließlich einbiegen und etwa zehn Minuten gehen.

*Ein Pinienwäldchen spendet Schatten und erfrischt die Sinne.*

Ein etwas steiler Abstieg ist zu bewältigen, bevor man an den Hauptweg gelangt. Folgen Sie diesem, über einen Bach hinweg, bis zu einer scharfen Rechtskurve. Entscheiden Sie sich hier für den kleinen Waldweg geradeaus, der Sie zu einer steilen Strecke bringt. Man bleibt etwa fünf Minuten auf diesem Weg. Wenn man aus dem Eukalyptuswald heraustritt, kommen bald schon die Antennen des Fóia-Gipfels und der Stausee **Barragem da Bravura** in Sicht. Der Weg steigt nun serpentinenartig an. Ab einer scharfen Rechtsbiegung, in der linker Hand ein Bauernhaus steht, lässt die Steigung nach. Nun sind es nur noch 200 Meter bis zur Fóia. Nach einer wohlverdienten Rast gehen Sie den gleichen Weg zurück.

**Dauer:** gut 3 Stunden; **Karte:** → S. 120 ■ B 11

# Von A(nreise) bis Z(oll). Mit aktuellen Wechselkursen und genauer Klimatabelle, Geschichte auf einen Blick, Register und vielen anderen nützlichen Infos.

*In der Provinz Minho reifen die berühmten Trauben für den Portwein.*

### Mit dem Auto

Rund 3000 km trennen Deutschland und Portugal. Eine Strecke, die Sie nicht »in einem Rutsch« erledigen sollten, weil Sie dann garantiert erst richtig urlaubsreif sind. Man sollte für die Reise gut drei Tage veranschlagen. Unbedingt mitzunehmen ist die grüne Versicherungskarte.

In Sachen Urlaubskasse müssen Sie an den Mautstationen der französischen und spanischen Autobahnen tief ins Portemonnaie greifen. Landstraße zu fahren ist billiger, dauert aber auch etwas länger. In Spanien achtet die **Guarda Civil** scharf auf ausländische Kennzeichen und bittet, etwa bei Geschwindigkeitsüberschreitungen, gnadenlos zur Kasse. Wenn Sie nicht zur Hand haben, können Sie getrost damit rechnen, zur nächsten Bank bzw. zum nächsten Geldautomaten geschickt zu werden. Gleiches gilt für Portugal. Lassen Sie sich in so einem Fall immer eine Quittung ausstellen.

An der Grenze zu Spanien gibt es 18 Übergänge. Die wichtigsten sind **Valença do Minho** im Norden, **Vilar Formosa** und **Elvas** in Mittelportugal und **Vila Real de Santo António** im Süden. Sie sind ganzjährig von 7 bzw. 9 Uhr bis 18 bzw. 24 Uhr geöffnet. Genaue Informationen erhalten Sie beim Portugiesischen Touristikamt in Frankfurt (→ Auskunft, S. 101) und bei:
**Guarda Fiscal** (Serviço de Fronteiras); Rua Cruz de Santa Apolónia, 2, 1100 Lisboa; Tel. 2 18 14 80 09

### Mit dem Flugzeug

Das Festland besitzt drei internationale Flughäfen: Lissabon, Porto und Faro. Fluggesellschaften wie **TAP Air Portugal**, **British Airways**, **KLM**, **Lufthansa**, **Swissair** und **Austrian Airlines** bieten teilweise tägliche Direktflüge ab Frankfurt, Zürich, Genf, Basel und Wien nach Lissabon und Porto an. Der Nonstop-Flug Frankfurt–Lissabon dauert etwa drei Stunden; bei den Direktflügen muss man mit ca. zwei Stunden mehr rechnen. Die Preise unterscheiden sich je nach Anbieter und Saison. Billiger als mit Linienflügen fliegt man – nach Faro, Lissabon und Porto – mit Chartergesellschaften wie **Portugália**, **Hapag Lloyd**, **Condor**, **LTU** und **Hamburg Airlines**. Charterverbindungen von verschiedenen deutschen Städten.

Der Lissabonner Flughafen liegt 13 km nördlich vom Stadtzentrum entfernt, der Flughafen von Porto 15 km, der von Faro 7 km. In die Lissabonner Innenstadt gelangt man entweder per Taxi oder mit dem Bustransfer **Aerobus**. Diese vollklimatisierten Kleinbusse verkehren von 7–21 Uhr im 15- bis 20-Minuten-Takt zwischen dem Flughafen und dem Stadtzentrum (Praça do Comércio).

### Mit dem Zug

Die Verbindungen nach Portugal machen keinen Spaß. Mehrmaliges Umsteigen und Wartezeiten sind inbegriffen. Die schnellsten Verbindungen führen über Paris (Austerlitz). Von dort aus gibt es zwei Möglichkeiten: Von Paris geht es weiter nach Irún, wo wegen der Radumstellung auf die spanische Gleisbreite immer ein längerer Halt eingeplant ist. Dann geht es weiter nach Lissabon; insgesamt muss man für die Strecke ca. 30 Stunden einkalkulieren. Alternativ (und das ist die zweite Möglichkeit) können Sie den Talgo über Madrid und weiter nach Lissabon nehmen. Die Fahrt dauert insgesamt jedoch etwa 44 Stunden.

Alle Schienenwege führen zu **Lissabons** zentralem Bahnhof **Santa Apolónia** (geöffnet von 8 bis 22 Uhr). Von dort laufen die Züge zur Weiterfahrt nach Porto aus. Der **Rossio-Bahnhof** in Lissabon verbindet Lissabon mit Sintra. Der Bahnhof **Cais do Sodré** führt zu den Küsten-Vororten Estoril und Cascais. In **Porto** kommen Sie am Bahnhof **Campanhã** an (geöffnet von 8 bis 20 Uhr). Der Bahnhof in **Coimbra** wickelt seinen Zugverkehr zwischen 8.30 und 21 Uhr ab.

### Auskunft

**In der Bundesrepublik Deutschland**
**Portugiesisches Touristik- und Handelsbüro**
Schäfergasse 17, 60313 Frankfurt/Main;
Tel. 0 69/23 40 94, Fax 23 14 33

**In Österreich**
**Portugiesisches Tourismusamt**
Stubenring 16, 1010 Wien;
Tel. 01/5 13 26 70, Fax 5 12 88 28

**In der Schweiz**
**Portugiesisches Tourismusamt**
Badenerstr. 15, 8004 Zürich;
Tel. 01/2 41 00 01, Fax 2 41 00 12

**In Portugal**
**Posto de Turismo**
– Praça dos Restauradores
(Palácio Foz)       ■ d4, Klappe hinten

1200 Lisboa; Tel. 2 13 46 36 43, 2 13 42 52 31
Fax 2 13 46 87 72
– Praça D. João I., 43       ■ d 1, S. 69
4000 Porto; Tel. 22 31 75 14

### Azulejos

Azulejos sind Portugals typischer Dekorationsschmuck. Importiert von den Mauren, brachten es die Portugiesen über die Jahrhunderte in der Herstellung der quadratischen gemusterten Fliesen aus glasiertem Ton zur Meisterschaft. Kaum eine Kirche, ein Kloster oder Palast, Bahnhof oder Café, wo die zugleich konservierenden und klimatisierenden Keramikplatten nicht Hausfassaden, Innenräume, Höfe oder Gartenanlagen schmückten. Ihr Name kommt vom arabischen Wort al-Zulay, was so viel bedeutet wie kleiner Stein.

### Bevölkerung

In Portugal leben knapp 10 Mio. Einwohner auf einer Fläche von rund 92 000 qkm. Darunter sind einige Hunderttausende Schwarze, die nach 1975 aus den ehemaligen afrikanischen Kolonien eingewandert sind.

### Entfernungen (in km) zwischen wichtigen Städten in Portugal

|  | Braga | Bragança | Cast. Branco | Coimbra | Évora | Faro | Lagos | Lissabon | Nazaré | Porto | Viseu |
|---|---|---|---|---|---|---|---|---|---|---|---|
| **Braga** | – | 223 | 330,5 | 170 | 423,5 | 655 | 648 | 377 | 289 | 62 | 187 |
| **Bragança** | 223 | – | 290 | 310 | 498 | 720 | 800 | 506 | 425 | 214 | 223 |
| **Cast. Branco** | 330,5 | 290 | – | 155 | 210 | 430 | 510 | 251 | 248 | 268,5 | 166 |
| **Coimbra** | 170 | 310 | 155 | – | 248 | 480 | 482 | 196 | 114 | 113,5 | 91 |
| **Évora** | 423,5 | 498 | 210 | 248 | – | 221 | 251 | 129 | 191 | 362 | 339 |
| **Faro** | 655 | 720 | 430 | 480 | 221 | – | 80 | 268 | 412 | 578 | 571 |
| **Lagos** | 648 | 800 | 510 | 482 | 251 | 80 | – | 300 | 395 | 587 | 564 |
| **Lissabon** | 377 | 506 | 251 | 196 | 129 | 268 | 300 | – | 130 | 315 | 287 |
| **Nazaré** | 289 | 425 | 248 | 114 | 191 | 412 | 395 | 130 | – | 223 | 205 |
| **Porto** | 62 | 214 | 268,5 | 113,5 | 362 | 578 | 587 | 315 | 223 | – | 125 |
| **Viseu** | 187 | 223 | 166 | 91 | 339 | 571 | 564 | 287 | 205 | 125 | – |

Portugal ist ein klassisches Auswanderungsland; nach wie vor ist Armut der Hauptgrund dafür. Seit der gewachsenen Freizügigkeit innerhalb der EU-Grenzen wandern auch viele qualifizierte Arbeitskräfte aus. Am dichtesten konzentriert sich die Bevölkerung im Küstenbereich, wo die meisten Städte und die attraktivsten Arbeitsplätze zu finden und wo Industrie und Gewerbe am weitesten entwickelt sind.

## Camping

Da die Portugiesen selbst gern campen, ist ganz Portugal mit Campingplätzen (**Parque de Campismo**) gut versorgt, und sie sind meist sehr gepflegt. Je nach Ausstattung und Serviceangebot sind sie in vier Kategorien unterteilt. Wildcampen ist verboten. Buchhandlungen verkaufen einen mehrsprachigen Campingführer (**roteiro campista**), den schmalen **guia campista** vergibt das Portugiesische Touristikamt in Frankfurt.

### Auskünfte
**Federação Nacional de Campismo e Caravanismo**
Av. Coronel Eduardo Galhardo, 24, 1170 Lisboa; Tel. 2 18 12 68 90, Fax 2 18 12 69 18

### Orbitur
Zentrale Camping-Reservierung.
Rua Diogo do Couto, 1–8°, 1100 Lisboa; Tel. 2 18 11 70 70, 2 18 14 80 45

## Diplomatische Vertretungen

### Botschaft der Bundesrepublik Deutschland ■ d 2, Klappe hinten
Campo dos Mártires da Pátria, 38, 1100 Lisboa; Tel. 2 18 81 02 10

### Botschaft der Republik Österreich
■ b 1/b 2, Klappe hinten
Rua das Amoreiras, 70–73, 1200 Lisboa; Tel. 2 13 87 41 61

### Botschaft der Schweiz
Travessa do Patrocínio, 1, 1300 Lisboa; Tel. 2 16 73 97 31 21

## Einkaufen

Das portugiesische Kunsthandwerk (**artesanato**) ist außerordentlich vielfältig. Von Region zu Region ändern sich Technik und Textil der Stickerinnen, die Flechtform der Korbmacher oder Formen, Farben und Motive der Keramikhersteller.

Im Norden etwa werden Ochsen zur Feldarbeit eingesetzt, die in kunstvoll geschnitzten Jochs (**jugos**) laufen. Im Süden verrichten Esel die Arbeit. Wer genügend Platz hat, kann sich ein mit Quasten, Kordeln und Spiegelscherben bunt geschmücktes Eselsgeschirr (**arreios**) mitnehmen.

In Lissabons **Bairro Alto** hat sich in den letzten Jahren eine regelrechte Szene für originelle Designerarbeiten entwickelt. Mit viel Geschmack und Mut zum Einzelstück bearbeiten Designer aller Sparten die verschiedensten Materialien. Sie entwerfen Gebrauchs- und Dekorationsgegenstände, ausgefallene Regale oder Tische, originelle Lampen und natürlich Mode. Für weite Transportwege sperriger Gegenstände haben sie übrigens stets Lösungen parat.

### Azulejos
Fliesen sind in Portugal über Jahrhunderte das wichtigste Dekorationsmittel gewesen. Kostbare antike Fliesen kann der Geduldige mit etwas Glück manchmal noch auf Trödelmärkten oder in Antiquitäten-Geschäften auftreiben. Es gibt aber auch wunderschöne ausgefallene Stücke neu zu kaufen. Sogar bekannte Maler wie etwa Manuel Cargaleiro oder Edurado Nery haben die kleinen Quadrate für sich entdeckt.

### Filigranschmuck
Filigraner Silberschmuck stammt

meist aus den Goldschmieden des Nordens. Gold wird eher selten verarbeitet; meist handelt es sich um vergoldetes Silber. Im reichen Norden ist Filigranschmuck ein wesentlicher Bestandteil der regionalen Trachten.

### Keramik

Charakteristisch ist die rotbraune Gebrauchskeramik, die auf allen Märkten und an vielen Ständen in den Urlaubsorten feilgeboten wird.
Berühmt sind die Tonarbeiten von den Drehscheiben in Porches. Teller, Schalen, Krüge und allerlei Figuren aus dem Alentejo sind mit plakativen bäuerlichen Blumen- und Tierbildern handbemalt, etwa aus Redondo oder Estremoz. Einer nationalen Legende entspringt der **Galo de Barcelos**, der Hahn von Barcelos. Kunterbunt und in allen Größen kann man ihn jeden Donnerstag auf dem großen Markt in Barcelos erstehen. Da er zu einem portugiesischen Markenzeichen geworden ist, gibt es ihn freilich in jedem Souvenirgeschäft.

### Korbwaren

Flechtwerk aus Binsen (**vimes**) wie Körbe, Taschen oder Stühle sind

hübsch und hervorragend verarbeitet, aber nicht immer leicht im Koffer zu verstauen. Schön für den Strand, vor allem für Kinder, sind die Strohhüte, die von den portugiesischen Landfrauen bei der Arbeit auf dem Feld getragen werden.

### Kulinarisches

Jede Region stellt ihren eigenen aromatischen, würzigen Käse her, meist auf der Basis von Schaf- und Ziegenmilch. Als Hartkäse eignen sich die kleinen runden Exemplare gut als Mitbringsel. Hervorragend ist der **queijo da Serra**. In den Bergregionen gibt es äußerst schmackhaften rohen Schinken (**presunto**) zu kaufen. Kaltgepresstes Olivenöl kann man überall erstehen; das beste ist das »jungfräuliche«, **azeite virgem extra**. Algarvische Spezialitäten sind der **medronho**, ein Schnaps aus der Frucht der Baumerdbeere, und **amêndoa amarga**, ein Mandellikör.

Den Norden Portugals kann man wohl nicht ohne eine Flasche Portwein im Gepäck verlassen. Der **Vintage** ist ein besonders guter Jahrgangsportwein, der nach dem Öffnen schnell getrunken werden muss.

### Schmiedearbeiten

In allen Bergregionen, an der Costa Verde und im Algarve trifft man die unterschiedlichsten Gegenstände aus handgeschmiedetem Kupfer, Messing, Zinn und Eisen an. Interessant sind die **cataplanas**, große Schmortöpfe, in denen der berühmte Fischeintopf zubereitet wird.

### Stickereien

Stickereien (**bordados**) gehören zu den teils sehr aufwendigen Trachten; typisch sind zum Beispiel die bunten Tücher aus dem Minho. Einsame Spitze sind die Lochstickereien aus Madeira, mit denen Tischdecken, Sets, Servietten, Taschentücher, Nachthemden und auch Blusen verziert sind. Diese aufwendigen, kostbaren Arbeiten gehören zu den beliebtesten Mitbringseln. Sie stammen ursprünglich aus Madeira, sind aber auch auf dem Kontinent zu haben. Die Originale sind an der kleinen Bleiplombe, dem Gütesiegel des **Instituto de Bordados, Tapeçaria e Artesanato de Madeira** (I.B.T.A.M.), zu erkennen.

### Teppiche

Eine Besonderheit sind die aus der ländlichen Kleinstadt Arraiolos (nordwestlich von Évora) stammenden traditionellen Wollteppiche, die seit dem 17. Jh. hergestellt werden. Sie werden nicht gewebt, sondern im Kreuzstich gestickt. Auch die Teppiche aus der alentejanischen Stadt Portalegre sind berühmt. Die »Manufactura de Tapeçaria« gilt als die größte europäische Teppichfabrik. Die Wollteppiche und Gobelins werden nach alten Vorlagen oder Entwürfen moderner Künstler hergestellt. Farbenfroh, leicht transportierbar und preisgünstig sind die **mantas de trapos,** Flickenteppiche.

### Fado

Fado ist die Wehmutsmelodie, die von Sehnsucht, Schicksal, Liebe und Trennungsschmerz erzählt. Bevor das Klagelied gegen Ende des 19. Jh. gesellschaftsfähig wurde, war es nur in den düsteren Hafenspelunken von Lissabons Armenviertel Alfama, Mouraria und der Bairro Alto zu hören, wo Seeleute, Zuhälter, Prostituierte und Bohémiens verkehrten. Begleitet von einer dickbauchigen **guitarra portuguesa** und der sanften **viola,** der klassischen Gitarre, geben sich die **fadistas** weltentrückt und mit ekstatischem Ausdruck ihrer Klage genießerisch dem: **o gosto de ser triste** – der Genuss, traurig zu sein. So ist der **fado vadio,** der spontan und ungekünstelt unter den Por-

tugiesen entsteht, heute aber nur noch selten zu hören. In Lissabon wird Fado als touristische Attraktion gepflegt, ist teuer und manchmal mehr Varieté als portugiesische Volksmusik. Im Unterschied zum **Fado de Lisboa** wird der **Fado de Coimbra** ausschließlich von Männern, meist Studenten, in einem schwarzen hochgeschlossenen Umhängemantel (**capa**) gesungen. Früher warben sie mit ihren Serenaden um Herzensgunst, heute verdienen sie damit ihr Studium.

### Feiertage

| | |
|---|---|
| **1. Januar** | Neujahr |
| **Februar** | Karnevalsdienstag |
| **April** | Karfreitag |
| **April** | Ostern (ohne Ostermontag) |
| **25. April** | Nelkenrevolution (1974) |
| **1. Mai** | Tag der Arbeit |
| **Mai/Juni** | Fronleichnam |
| **10. Juni** | Nationalfeiertag |
| **13. Juni** | Tag des hl. Antonius |
| **15. August** | Mariä Himmelfahrt |
| **5. Oktober** | Proklamation der Republik (1910) |
| **1. November** | Allerheiligen |
| **1. Dezember** | Restauration (1640) |
| **8. Dezember** | Unbefleckte Empfängnis |
| **25. Dezember** | Weihnachten |

### Feste, Festspiele und Stierkampf

#### Mai/Juni
#### Festa do Corpo de Deus

In Monção wird Christi Himmelfahrt nach mittelalterlicher Tradition als Drachenkampf dargestellt. Auf dem zentralen Largo da Feira tritt der hl. Georg seinen Kampf gegen das böse Pappungeheuer an.

#### Festa de São Gonçalo

Ganz Amarante ist zur Feier des Stadtpatrons und Schutzheiligen der

Verliebten auf den Beinen. Nach heidnischem Fruchtbarkeitsbrauch beschenkt sich die Jugend mit frivolem Gebäck in Phallusform.
1. Juni-Woche

### Festa do Santo António
Für die Abwendung von allerlei Übel gut, widmen die Portugiesen ihrem hl. Antonius ihre turbulentesten Feste. Am schönsten ist es in Lissabon, dessen Stadtpatron der Heilige ist. Folkloregruppen der verschiedenen Stadtteile ziehen singend und tanzend vom Marques de Pombal zum Restauradores. Die Lisboetas schenken sich Blumentöpfe mit dem unheilabwehrenden Basilikum (**manjerico**) und Liebessprüchen und tanzen bis in die frühen Morgen.
12./13. Juni

### Festa do São João
In Porto tanzen die Bewohner durch die Straßen und klopfen sich mit Lauchstangen und quietschenden Plastikhämmern wohlwollend auf die Köpfe; sie feiern dabei stärker das heidnische Sonnenwendfest als den Namenspatron des Festes, Johannes den Täufer.
23./24. Juni

*August*
### Festa de Nossa Senhora de Agonia
Die an Trachten und Schmuck wohl aufwendigste Prozession Portugals wird in Viana do Castelo zu Ehren der heiligen Jungfrau abgehalten. Bauern und Fischer ziehen mit Ochsenkarren in die Stadt, um sich feierlich segnen zu lassen.
Ende August

## Fernsehen

Der **Rádio Televisão Portuguesa** ist das staatliche Fernsehen, das seine Programme über zwei Kanäle, **RTP 1** und **RTP 2**, ausstrahlt. Außerdem gibt es zwei private Sender, **SIC** und die

**Televisão Independente** (TVI) der katholischen Kirche. Das Programm besteht im Wesentlichen aus Unterhaltungssendungen, Kinderprogrammen und vielen amerikanischen Actionfilmen. Da eigene Produktionen teuer sind, werden die meisten Spielfilme im Ausland gekauft und im Originalton mit Untertiteln gezeigt. Aus Brasilien kommen ungezählte **telenovelas** (Seifenopern).

## FKK

Nacktbaden ist generell nicht erlaubt in Portugal. In manchen touristischen Zentren haben sich jedoch an abgelegenen Stellen FKK-Strände etabliert, wo Nudisten geduldet werden. Es gibt drei offiziell ausgewiesene legale FKK-Strände: **Praia Aldeia de Meco** bei Sesimbra, die **Praia 19** an der Costa da Caparica, dem Hausstrand Lissabons, und die **Praia do Brasil** in Tavira. Viele, besonders jüngere Portugiesinnen baden und sonnen ebenfalls top-less.

| Nebenkosten in Euro | |
|---|---|
| 1 bica (Espresso) | ab 0,50 |
| 1 Bier | ab 0,80 |
| 1 Cola | ab 0,90 |
| 1 Brot (ca. 500g) | ab 1,60 |
| 1 Schachtel Zigaretten | 2,00 |
| 1 Liter Benzin | 0,90 |
| Fahrt mit öffentl. Verkehrsmitteln (Einzelfahrt) | 1,00 |
| Mietwagen/Tag | ab 25,00 |

### Fotografieren

Filme sind verhältnismäßig teuer, sollten also besser mitgebracht werden. Fotogeschäfte bieten überall Schnellentwicklungsdienst an.

### Geld

Seit dem 1. Januar 1999 sind die Umrechnungskurse zwischen den Währungen der Mitgliedsstaaten der Europäischen Währungsunion und dem Euro festgelegt. Preise sind in diesem Reiseführer durchgängig in Euro angegeben. Zur Erinnerung: 1 € = 1,95583 DM = 200,482 Esc. = (Stand März 2001) 1,53 sFr.

Am 1. Januar 2002 werden die Euro-Banknoten und -Münzen in Umlauf gebracht. Frühestens zu diesem Termin werden Sie also um die lästigen Wechselmodalitäten herumkommen. Spätestens am 1. Juli 2002 verlieren dann die einzelstaatlichen Währungen – also auch der portugiesische Escudo – ihre Gültigkeit als gesetzliches Zahlungsmittel.

In Portugal wird mit **Escudos** bezahlt, kurz Esc. oder PTE. Ein Escudo hat 100 Centavos. Es gibt Münzen zu 1, 10, 20, 100 und 200 Esc. sowie Scheine zu 500, 1000, 2000, 5000 und 10 000 Esc. Ein **conto** entspricht 1000 Escudos.

Banken sind von Mo–Fr durchgehend von 8.30–15 Uhr geöffnet. Euro- und Reiseschecks nimmt bei Vorlage des Personalausweises jede Bank entgegen, der Höchstbetrag pro Scheck beträgt 40 000 Esc. Banken und Wechselstuben (**câmbio**) erheben teilweise sehr hohe Gebühren. Jederzeit und günstiger kann man mit einer EC-Karte Geld an den **Multibanco**-Automaten (kurz: MB) ziehen.

In touristischen Zentren werden **Kreditkarten**, vor allem Visa, Mastercard und Eurocard, von allen größeren Hotels, Restaurants und Geschäften akzeptiert.

Landes- und Fremdwährung kann bis zu einem Wert von 2 500 000 Esc. ein- und ohne Deklaration wieder ausgeführt werden.

### Geschäftszeiten

Geschäfte öffnen in Portugal werktags von 9–13 und 15–19, Sa von 9–13 Uhr, die meisten Supermärkte (**supermercados**), kleine Lebensmittelläden und Boutiquen in den Tourenzentren auch sonntags. In **Centros Comerciais** (Shopping Centers) kann man oft von 10 bis 24 Uhr einkaufen.

### Internet

**Frankfurt**
www.icepfra@portug.al.f.eunet.de
**Wien**
icepvie@icepvie.co.at
**Zürich**
icep@dial.eunet.ch

**Internet Wechselkurse**
www.dn.pt/eco/tab1.htm

**Internet Wetterinformationen:**
www.du.pt/tpo/tex2tpo.htm

### Kleidung

Da Portugals Klima atlantischem Einfluss unterliegt, kann an der Westküste abends ein recht frischer Wind aufwehen. Deshalb gehören eine warme Strickjacke oder ein Pullover in jeden Koffer. Ansonsten ist man mit Baumwoll- oder Leinenstoffen bei sommerlichen Temperaturen immer gut ausgerüstet.

Im Winter sollte man zusätzlich eine Regenjacke, evtl. einen Schirm einpacken, da es mitunter stark regnen kann. Portugiesische Häuser sind normalerweise nicht beheizt. Strandbekleidung ist beim Besuch von Kirchen selbstverständlich unangebracht.

## Manuelinischer Stil

Überreich mit maritimen Symbolen geschmückt, erinnert der in der Welt einzigartige Baustil an Portugals Hauptbeschäftigung im 15. Jh., der Welteroberung. Auf der Höhe seiner Macht setzte König D. Manuel I. (1495–1521) mit dieser nach ihm benannten Kunstrichtung sich und der Seefahrernation ein Denkmal. Die schlichte, monumentale Grundstruktur stammt aus der Spätgotik. Stilelemente der Frührenaissance und der orientalischen Welt ergänzen sie. Die Krönung ist die Dekoration: Dickes Takelwerk umrankt Portale, Fenster und Arkaden, verschlungen, geknotet und mit Seetang bewachsen, korallenbesetzte Säulen stehen zur Seite. Meeresgetier wie Muscheln und Algen sind detailverliebt in den Stein gemeißelt. Über allem prankt die Armillarsphäre, ein altes astronomisches Gerät zum Messen der Himmelskreise, und das Kreuz der Christusritter.

## Medizinische Versorgung

In Städten und größeren Ortschaften sucht man bei Verletzungen oder Erkrankungen die ständig besetzte Notaufnahme (**Urgência**) eines Krankenhauses (**Hospital**) auf, auf dem Lande das Gesundheitszentrum (**Centro de Saúde**). Die Centros de Saúde sind normalerweise von 8–18 Uhr geöffnet. Bei Vorlage der Quittung werden die Kosten von den heimatlichen Krankenkassen erstattet. **Farmácias** sind von 9–13 und von 15–19 Uhr geöffnet. Da es keine Notdienste gibt, bleibt im Notfall nur die Fahrt in die nächstgrößere Ortschaft mit Krankenhaus, entweder mit der Ambulanz **ambulância** oder dem Privatwagen. Nachts und sonntags diensthabende Apotheken sind im Aushang angezeigt.

## Die genauen Klimadaten von Lissabon

| | | Januar | Februar | März | April | Mai | Juni | Juli | August | September | Oktober | November | Dezember |
|---|---|---|---|---|---|---|---|---|---|---|---|---|---|
| Durchschnittl. Temp. in °C | Tag | 15,3 | 16,1 | 17,5 | 19,7 | 21,9 | 25,2 | 28,2 | 28,2 | 25,7 | 22,4 | 18,9 | 16,2 |
| | Nacht | 9,0 | 9,5 | 11,1 | 12,5 | 14,4 | 17,5 | 19,5 | 19,9 | 18,6 | 15,7 | 12,6 | 9,8 |
| Sonnenstunden pro Tag | | 4,9 | 6,0 | 6,6 | 9,1 | 10,8 | 11,2 | 12,5 | 11,8 | 8,6 | 7,4 | 5,4 | 6,0 |
| Regentage | | 7 | 6 | 8 | 5 | 3 | 1 | 0 | 0 | 2 | 4 | 7 | 7 |
| Wassertemp. in °C | | 15 | 15 | 15 | 16 | 17 | 18 | 19 | 20 | 20 | 19 | 17 | 16 |

Quelle: Deutscher Wetterdienst, Offenbach

### Notruf

**Europäischer Notruf für Polizei, Feuerwehr** und **Erste Hilfe** Tel. 1 12
An den Autobahnen stehen orangefarbene Notrufsäulen. Auf Knopfdruck antwortet eine Stimme, die nach allen für den Unfall wichtigen Umständen fragt.

Bei Autopannen hilft das portugiesische Pendant zum ADAC, der **Automóvel Club de Portugal (ACP)**
Rua Rosa Araújo, 24, 1200 Lisboa;
Tel. 2 13 56 39 31
Notdienst mit Service rund um die Uhr:
Tel. 2 19 42 50 95

### Politik

Nach der unblutigen Nelkenrevolution, die 1974 die Diktatur ablöste, und einer von aller Welt bestaunten sozialistischen Phase steuerten die portugiesischen Politkapitäne schnell wieder in konservatives Fahrwasser. 1985 kamen die konservativen Sozialdemokraten (PSD) unter Ministerpräsident Ánibal Cavaco Silva an die Macht. Sein Verdienst ist die politische Stabilisierung des Landes innerhalb Europas. Im Wahljahr 1995 war die Stimmung in der Bevölkerung zu Ungunsten der PSD gesunken. So war es keine große Überraschung, als bei den Parlamentswahlen Ende 1995 die Sozialisten (PS) als Sieger hervorgingen. Neuer Chef der Minderheitenregierung wurde António Guterres. Die Anfang 1996 folgenden Präsidentschaftswahlen – Staatspräsident Mário Soares musste nach zehnjähriger Amtszeit seinen Stuhl räumen – drängten die Sozialdemokraten gänzlich in die Opposition. Neuer portugiesischer Staatspräsident ist der Sozialist Jorge Sampaio. In dem semi-präsidentialen portugiesischen System reichen die Kompetenzen des Staatspräsidenten weit über repräsentative Funktionen hinaus.

Trotz diverser Niederlagen bei den Volksabstimmungen zum Schwangerschaftsabbruch und zu einer umfassenden Gebietsreform erfreut sich Guterres in der Bevölkerung großer Beliebtheit. Er steht für eine glänzende Wirtschaftsentwicklung und niedrige Arbeitslosenrate. Ende 1999 gewannen die Sozialisten erneut die Parlamentswahlen.

### Post

Schalterstunden der **Correios** oder **CCT** sind um 9.30–18 Uhr, in kleineren Orten oft mit Abweichungen bis zu einer Stunde. Einige schließen zwischen 12.30 und 15 Uhr. Samstags vormittags haben nur Hauptpostämter sowie Postämter an Flughäfen geöffnet.

Auf Postkarten und Briefe in EU-Länder gehören Briefmarken (**selos**) im Wert von 0,47 €. Die Beförderung von und nach Mitteleuropa dauert in der Regel etwa fünf Tage. Wenig schneller, aber etwas teurer geht's mit der **Correio Azul**, die in die blauen Briefkästen eingeworfen werden muss.

### Radio

Der staatliche Hörfunk firmiert unter **Rádio Difusão Portuguesa**, seine Sender heißen Antena 1, Antena 2 und Antena 3. Im Algarve sendet **Rádio Lagoa** von Mo–Sa um 19 Uhr touristische Informationen auf Deutsch und Englisch. Die katholische Kirche hat mit **Rádio Renascença** (»Radio Wiedergeburt«) ihren eigenen Hörfunkkanal.

### Reisedokumente

Staatsbürger eines EU-Mitgliedslandes können bei einem Aufenthalt bis zu 90 Tagen mit dem Personalausweis bzw. der nationalen Identitätskarte einreisen.

## Reisewetter

Obwohl Portugal nicht am Mittelmeer, sondern am Atlantik liegt, herrscht ein typisch mediterranes Klima mit langen, heißen Sommern und wenig Regen im Winter vor. Die Westküste und der Norden unterliegen atlantischem Einfluss. Im Binnenland, besonders in den Bergregionen, begegnet man kontinentalem Klima mit sehr heißen, trockenen Sommern, wo sich die Temperaturen auch nachts kaum abkühlen, und oft extrem kalten Wintern. An der südlichen Algaveküste indes sind selbst im Winter Luft- und Wasserwerte bis 16 °C und durchschnittlich fünf bis sechs Sonnenstunden am Tag normal. Die Niederschläge nehmen nach Norden hin zu, in den Bergregionen fallen sie im Winter auch als Schnee. Die Wassertemperaturen liegen an der Algarveküste generell höher als an der windigen Atlantikküste.

## Sprache

Portugiesisch steht unter den weltweit meistgesprochenen Sprachen an fünfter Stelle. 180 Mio. Menschen sprechen diese Sprache – die meisten sind Brasilianer. Ihr charakteristischer Klang bildet sich durch die Mischung aus Vokalen, Diphthongen, Nasallauten, stimmhaften und stimmlosen Zischlauten und dem kehlig gesprochenen »r«. Wortschatz und Grammatik stammen überwiegend aus dem Lateinischen. Auch die arabische Vergangenheit hat Spuren hinterlassen. Den Olivenbaum nennen die Portugiesen zwar nach dem Lateinischen **oliveira**, seine Frucht aber nach dem Arabischen **azeitona** und das Öl **azeite**.

## Stromspannung

Die Standardspannung beträgt 220 Volt, vereinzelt 110 Volt.

## Talha Dourada

Das vergoldete Holzschnitzwerk, kurz auch **talha** genannt, gehört zu den typischen Dekorationselementen des portugiesischen Barock. Mit dieser Kunstepoche fiel die Entdeckung des Goldes in Portugals Kolonie Brasilien zusammen, woraufhin im Mutterland alles Holz in Kirchen und Adelspalästen verschwenderisch mit dem Edelmetall überzogen wurde.

## Telefon

Telefonieren kann man in jeder Post sowie in Telefonzellen mit Münzeinwurf oder Plastikkarte. Die **cartões de credifone** gibt es in Postämtern und Tabakgeschäften (**tabacarias**). Allerdings sind regional unterschiedliche Telefonkarten im Gebrauch. So kann z. B. die im Algarve gültige Telefonkarte in Lissabon nicht benutzt werden. In vielen Restaurants stehen öffentliche Münzapparate; sie sind an dem grünen Schild mit dem roten Postreiter zu erkennen oder am Schild **telefones**.

**Vorwahlnummern**
Portugal → D 00 49
Portugal → A 00 43
Portugal → CH 00 41
D, A, CH → Portugal 0 03 51

**Ende 1999 wurde in ganz Portugal das Telefonnummernsystem geändert. Seitdem ist die Vorwahl Bestandteil der Rufnummer, die 0 wurde durch eine 2 ersetzt. Auch der Fax-Nr. wird die 2 plus Vorwahl vorangestellt.**
Portugal ist an die Mobilfunktelefonnetze D1 und D2 angeschlossen.

## Tiere

Für Tiere muss an der Grenze ein kurz vor der Abreise ausgestelltes amtstierärztliches Gesundheitszeugnis vorgelegt und der Nachweis einer Tollwutimpfung erbracht werden.

### Trinkgeld

Bedienung ist in den Preisen inbegriffen, Trinkgeld also eine individuelle Entscheidung. Bei gutem Service sind 10 Prozent vom Rechnungsbetrag angemessen.

### Trinkwasser

Leitungswasser ist fast überall trinkbar. In entlegenen Bergregionen kann man vorsichtshalber auf käufliches Mineralwasser zurückgreifen.

### Verkehrsverbindungen

#### Auto
Die Straßen haben sich in den letzten Jahren erheblich verbessert. Lissabon und Porto sind durch eine Autobahn verbunden, die Trasse Lissabon–Algarve ist im Bau. Die Nationalstraßen sind dennoch stark befahren, weil viele die Autobahngebühren sparen.

Ein neuralgischer Punkt ist in Lissabon die Ponte 25 de Abril, gegenwärtig noch die einzige Brücke über den Rio Tejo, die die Hauptstadt mit dem Südteil des Landes verbindet. Eine zweite ist im Bau. Auf leisten Nebenstrecken muss man sich auf unbefestigte Straßenränder und Schlaglöcher gefasst machen. Unbeleuchtete Eselskarren und Fußgänger am Straßenrand stellen ein weiteres Gefahrenpotenzial dar.

Das ansonsten für seine **brandos costumes** (sanfte Sitten) viel gerühmte portugiesische Volk lässt im Straßenverkehr gewisse anarchistische Züge erkennen. Stellen Sie sich auf halsbrecherische Fahrpraktiken ein. Beliebt sind dichtes Auffahren bei hoher Geschwindigkeit und waghalsige Überholmanöver.

Die portugiesische Polizei achtet

übrigens streng auf die Einhaltung der **Verkehrsregeln**. In geschlossenen Ortschaften sind 50 km/h erlaubt, auf Landstraßen 90 km/h und auf Autobahnen 120 km/h. Wer sich mit mehr als 0,5 Promille ans Steuer setzt, dem drohen hohe Geldbußen, der Entzug des Führerscheins oder gar Gefängnis. Es herrscht Anschnallpflicht. Wer in Städten seinen Wagen außerhalb markierter Parkzonen abstellt, muss damit rechnen, dass das Auto abgeschleppt wird. Ein Bußgeld ist obendrein fällig.

#### Tankstellen
sind meist von 7 bis 20 Uhr geöffnet, in größeren Städten und an Schnellstraßen auch bis 24 Uhr. An den Zapfsäulen gibt es Super- (98 Oktan) und Normalbenzin (91 Oktan) sowie bleifreies Benzin (**sem chumbo**; 95 Oktan).

#### Mietwagen
Rent-a-Car-Firmen haben an den Flughäfen ihre Schalter. Viele Reiseveranstalter bieten Fly & Drive-Arrangements an, die meist günstiger sind, als Flug und Wagen einzeln zu buchen. Voraussetzungen sind das Mindestalter von 21 Jahren, ein gültiger Personalausweis und Führerschein.

#### Fahrrad
In größeren Urlaubsorten an der Küste kann man Fahrräder mieten. Vorsicht: Das Fahrrad ist in Portugal kein gängiges Verkehrsmittel! Die holperigen Straßen sind nur für Tourenräder oder Mountainbikes geeignet.

#### Bus
Die meisten Orte sind durch das dichte Busnetz der **EVA Transportes S.A.** und einiger kleinerer Gesellschaften verbunden, die auch das Hinterland relativ gut abdecken. Die Überlandbusse, **Expressos**, sind durchweg komfortabel und verkehren täglich zwischen den großen

Städten. Der zentrale Busbahnhof in Lissabon befindet sich in der Rua Casal Ribeiro, 18 (Saldanha).

### Bahn

Zwischen Lissabon, Coimbra und Porto verkehren Schnellzüge, **Alfas**, die komfortabel sind und dementsprechend stark frequentiert. Reservierung erforderlich! Außerdem existieren Regionalzüge (**Regionais**) sowie **Intercitys** und **Interregiões** (Schnellzüge) in den verschiedenen Landesteilen. Wer viel fährt, kauft am besten den Touristenpass (**Bilhete Turístico**), der ohne Kilometerbeschränkung für sieben, 14 oder 21 Tage gültig ist. Fahrpläne erhalten Sie an Bahnhöfen und im Handel (**CP Guia Horário Oficial**).

### Taxis

sind schwarz-grün oder beige. In den Ortschaften gilt der Preis des Taxameters, außerhalb der Stadtgrenze wird nach Kilometern abgerechnet, wobei auch die Rückfahrt bezahlt werden muss. In jedem Taxi hängt eine Liste mit den gültigen Preisen aus. Der Start- und Tarifpreis liegen bei 1,4 €. Für Gepäck werden 1,5 € aufgeschlagen. Von 22 bis 6 Uhr und an Wochenenden wird ein Zuschlag von ca. 20 Prozent erhoben.

### Wirtschaft

Nach dem Beitritt zur Europäischen Gemeinschaft 1986 erlebte Portugal ein beispielloses Wirtschaftswunder. Die portugiesischen Wachstumsraten zählten zu den höchsten in Europa. Dennoch ist Portugal das ärmste Land Europas geblieben, und auch die »Europhorie« hat sich inzwischen gelegt. Denn gewisse Gruppen und Landesteile blieben vom Aufschwung praktisch ausgeschlossen.

Was den Fortschritt am meisten behindert, ist der Mangel an qualifizierter Ausbildung. Die Zahl ausländischer Investoren ist seit der Öffnung nach Europa zwar erheblich gestiegen. Ihre Interessen beschränken sich indes weitgehend auf arbeitsintensive Bereiche wie etwa der Auto-, Schuh- und Textilproduktion.

Ein mehr oder minder zuverlässiger Wirtschaftszweig ist der Tourismus, der zusammen mit den Überweisungen der im Ausland arbeitenden Portugiesen die meisten Devisen einbringt.

### Zeitungen

Deutschsprachige Zeitungen, Magazine und Illustrierte sind in allen touristischen Zentren zu haben. Die bekannteste konservative Tageszeitung ist der Lissabonner *Diário de Notícias*. In Porto beherrscht der konservative *Jornal de Notícias* das Meinungsbild und versorgt den ganzen Norden. Hervorragend gemacht ist *O Público*, eine Tageszeitung mit hohem Anspruch an Inhalt und Stil. Beliebteste Wochenzeitung ist der liberale *O Expresso*. In der Aufmachung, aber nicht immer in der Qualität dem *Spiegel* oder der *Time* ähnlich ist das Magazin *Visão*.

### Zeitverschiebung

Im Sommer stellen nach Portugal reisende Mitteleuropäer ihre Uhren bei der Ankunft eine Stunde zurück.

### Zoll

Sofern mitgeführte Waren dem privaten Verbrauch dienen, unterliegen Reisende aus Mitgliedsländern der EU keinen Ein- oder Ausfuhrbeschränkungen. Für Schweizer Staatsbürger sind die Freimengen beschränkt: 2 l Wein, 1 l Spirituosen mit mehr oder 1,5 l mit weniger als 22 Prozent Vol. Alkoholgehalt, 200 Zigaretten oder 50 Zigarren, Souvenirs bis zum Wert von 200 sFr.

### Ca. 133 v. Chr.
Die Lusitanier, die keltiberischen Vorfahren der Portugiesen, werden von den Römern unterworfen.

### 410–711
Sueben und Westgoten erobern das Land.

### ab 711
Die Mauren nehmen die Iberische Halbinsel ein. Von Norden her beginnt bald darauf die christliche Reconquista. 868 wird Porto, 878 wird Coímbra zurückerobert.

### 1095
Zum Dank für seine Kriegshilfe erhält der burgundische Graf Heinrich vom spanischen König die Landschaft Portucale.

### 1139
Heinrichs Sohn, Alfonso Henriques (1109–1185), lässt sich zum König ausrufen. Nach einer verlorenen Schlacht erkennen die Spanier ihn 1143 an. Portugal ist unabhängig.

### 1147
Lissabon und Santarém werden von den Mauren zurückerobert.

### 1249
Die letzten Mauren werden aus dem Algarve vertrieben. Damit gewinnt Portugal als erstes europäisches Land seine territoriale Einheit.

### 1385
Die Portugiesen verteidigen ihre Unabhängigkeit gegen die Spanier in der Schlacht von Aljubarrota. Mit König D. João I. (1385–1433) kommt die Dynastie Avis an die Macht.

### 1415
Die Portugiesen nehmen das arabische Handelszentrum Ceuta ein.

### Bis 1460
Unter der Leitung des Infante Henrique (Heinrich der Seefahrer), dritter Sohn von König D. João I., entdecken und erobern die Portugiesen systematisch die afrikanische Westküste, einschließlich der Inseln Madeira und Azoren.

### 1488
Bartolomeu Dias umrundet die Südspitze Afrikas.

### 1497/1498
Vasco da Gama erreicht Calicut in Vorderindien.

### 1500
Pedro Álvares Cabral entdeckt Brasilien.

### 1495–1521
Unter König D. Manuel I. erlebt Portugal sein »Goldenes Zeitalter« und steigt zur Weltmacht auf. Nie wieder sollte Portugal so mächtig und reich sein.

### 1578
Der junge, bigotte König D. Sebastião kämpft bei Alcácer-Quibir gegen die Mauren. Sein rätselhaftes Verschwinden wird zum nationalen Mythos stilisiert. Nachfolger wird der greise Kardinal Henrique, der bald darauf stirbt. Der Thron verwaist.

### 1580–1640
Spanien annektiert Portugal. Spaniens Feinde werden nun auch Portugals Feinde. Das Kolonialreich in Asien schrumpft, das Land verliert beim Untergang der spanischen Armada ebenfalls seine Flotte und wird von der rigorosen Steuerpolitik Philipps II. ausgeblutet. Nach erfolgreichem Aufstand wird die Dynastie Bragança begründet.

**1703**
Der Methuen-Vertrag bringt Portugal in wirtschaftliche Abhängigkeit von England.

**1755**
Großes Erdbeben in Lissabon. Danach ließ der Staatsminister Pombal die Stadt im Eiltempo schachbrettartig wieder aufbauen.

**1807**
Napoleonische Truppen rücken nach Lissabon. Der gesamte Königshof flieht nach Brasilien.

**1811**
Die Engländer befreien das Land, Portugal gerät für fast zehn Jahre unter englische Statthalterschaft.

**1822**
Nachdem der König in eine Verfassung eingewilligt hat, bricht zwischen Monarchisten und Liberalen ein Bürgerkrieg aus.

**1867**
Abschaffung der Todesstrafe.

**1869**
Verbot der Sklaverei in Portugal und allen Kolonien.

**1910**
Die Republik wird ausgerufen. In 16 Jahren erlebt Portugal 44 Regierungswechsel.

**1916**
Portugal tritt auf der Seite der Alliierten in den Ersten Weltkrieg ein.

**1926**
Staatsbankrott und anhaltende Finanzkrisen führen zu einem Militärputsch, der Auftakt für 46 Jahre Diktatur.

**1928–1968**
António de Oliveira Salazar wird zunächst Finanzminister, bald darauf Ministerpräsident. Er begründet den Estado Novo und gibt ihm eine neue Verfassung. Zensur, Bespitzelungen, Gefängnis und Folter werden Alltag in Portugal. Nach Salazars Tod wird Marcelo Caetano sein Nachfolger.

**1961**
Die afrikanischen Befreiungskriege brechen aus.

**1974**
Mit der unblutigen Nelkenrevolution wird das diktatorische Regime gestürzt. Portugal entlässt als letztes Kolonialland seine Kolonien in die Unabhängigkeit. Der Demokratisierungsprozess beginnt.

**1986**
Portugal wird Mitglied der Europäischen Gemeinschaft und erlebt einen enormen wirtschaftlichen Aufschwung.

**1985–1995**
Portugal wird von den konservativen Sozialdemokraten (PSD) unter Ánibal Cavaco Silva regiert. Nach zehn Jahren Cavaquismo, wie seine immer deutlicher autoritäre Züge aufweisende Politik genannt wurde, gerät die Regierung zunehmend unter Druck. Im Jahre 1995 verliert die PSD die Wahlen zu Gunsten der Sozialisten (PS).

**1998**
In Lissabon findet die EXPO '98 statt, die letzte Weltausstellung des 20. Jh.

**1999**
Macau, letztes Überbleibsel des einstigen kolonialen Weltreiches, fällt an China zurück.

## Wichtige Wörter und Ausdrücke

| | |
|---|---|
| Ja | *sim* |
| Nein | *não* |
| Bitte | *por favor/se faz favor* |
| Danke | *obrigado/a (Frauen sagen: obrigada)* |
| Und | *e* |
| Wie bitte? | *como?/como disse?* |
| Ich verstehe nicht | *não comprende/ não percebe* |
| Entschuldigung | *desculpe/peço desculpa!* |
| Guten Morgen | *bom dia* |
| Guten Tag | *bom dia (nach 13 Uhr: boa tarde)* |
| Guten Abend | *boa tarde (spät: boa noite)* |
| Hallo | *olá* |
| Ich heiße... | *sou.../o meu nome é...* |
| Ich komme aus... | *venho de...* |
| Wie geht's? | *como vai?/como está?* |
| Danke, gut | *bem, obrigado* |
| Wer, was, welcher | *a quem, o quê, qual* |
| Wie viel | *quanto* |
| Wo ist | *onde está/onde é* |
| Wann | *quando* |
| Wie lange | *quanto tempo* |
| Ich möchte | *queria/gostaria* |
| Sprechen Sie Deutsch? | *fala alemão?* |
| Auf Wiedersehen | *até logo* |
| bis gleich (unter Freunden) | *tchau* |
| bis wir uns wiedersehen | *até à vista* |
| (wenn der Abschied endgültig ist) | *adeus* |
| Heute | *hoje* |
| Morgen | *amanha* |

## Zahlen und Wochentage

| | |
|---|---|
| eins | *um* |
| zwei | *dois* |
| drei | *trés* |
| vier | *quantro* |
| fünf | *cinco* |
| sechs | *seis* |
| sieben | *sete* |
| acht | *oito* |
| neun | *nove* |
| zehn | *dez* |
| hundert | *cem* |
| fünfhundert | *quinhentos* |
| tausend | *mil* |
| zweitausend | *dois mil* |
| fünftausend | *cinco mil* |
| zehntausend | *dez mil* |
| | |
| Montag | *segunda-feira* |
| Dienstag | *terca-feira* |
| Mittwoch | *quarta-feira* |
| Donnerstag | *quinta-feira* |
| Freitag | *sexta-feira* |
| Samstag | *sábado* |
| Sonntag | *domingo* |

## Mit und ohne Auto unterwegs

| | |
|---|---|
| Wie weit ist es nach... | *quantos minutos/ quilómetros ainda faltam para...* |
| Wie kommt man nach... | *por favor, podia dizer-me o caminho/ a direcção para...* |
| Wo ist... | *onde é...* |
| – die nächste Werkstatt | *– a próxima oficina* |
| – der Bahnhof | *– a estação de caminho ferro* |
| – der Busbahnhof | *– caminho de autocarro* |
| – die nächste Busstation/ U-Bahn | *– o próximo paragem de autocarro/metro* |
| – der Flughafen | *– o aeroporto* |
| – die Touristeninformation | *– posto de turismo* |

– die nächste    – o próximo banco
   Bank

– die nächste    – a próxima bomba
   Tankstelle       de gasolina

Wo finde ich...   onde está /onde
              posso encontra...

– einen Arzt     – um médico

– eine Apotheke   – uma farmácia

Bitte volltanken!   cheio, se faz favor!

Normalbenzin/   gasolina/super/
   Super/blei-     sem chumbo/
   frei/Diesel     gasóleo

rechts/links/    à direita/à esquer-
   geradeaus     da/em frente

Ich möchte ein   quera alugar um
   Auto/Fahrrad   carro/uma bicicleta
   mieten

Wir hatten      tivemos um
   einen Unfall    acidente

Eine Fahrkarte   um bilhete para...
   nach... bitte    se faz favor!

## Übernachtung

Ich suche ein    procuro um hotel
   Hotel

Ich suche ein    queria um quarto
   Zimmer für    para...
   ... Personen

Haben Sie      ainda tem quartos?
   Zimmer frei?

– für eine Nacht   – para uma noite

– für zwei Tage   – para dois dias

– für eine       – para uma
   Woche        semana

Ich habe ein     mandei reservar
   Zimmer       um quarto
   reserviert

Wie viel kostet   quanto custa o
   das Zimmer?   quarto?

– mit Frühstück   – com pequeno
               almoço

– mit Halb-      – com meia pensão
   pension

Kann ich das    poderia mon-
   Zimmer      strarme o quarto?
   sehen?       posso ver o quarto?

Ich nehme das   queria o quarto
   Zimmer

Kann ich mit    posso pagar com
   Kreditkarte    cartão?
   zahlen?

Wecken Sie     acorde-me ás oito,
   mich um acht   se faz favor

Haben Sie noch   ainda tem um lugar
   Platz für ein   para uma tenda/
   Zelt/einen    para uma cara-
   Wohnwagen?   vana?

## Restaurant

Die Speisekarte   a ementa, se faz
   bitte        favor

Die Rechnung    a conta, se faz
   bitte        favor

Ich hätte gern    queria um café
   einen Kaffee

– Espresso      – uma bica café com
              leite

– Milchkaffee    – galão

Wo finde ich    onde está a casa
   Toiletten?    de banho?

Kellner/in      o senhor/a sen-
   (oder nur)    hora (se faz favor)

Frühstück      pequeno almoço

Mittagessen     almoço

Abendessen     jantar

## Einkaufen

Wo gibt es...    onde posso com-
              prar...

Haben Sie...    onde há tem...

Wie viel kostet   quanto custa?
   das?

Es ist zu teuer   e muito caro/é caro
              demais

Geben Sie mir    cem gramas, se faz
   bitte 100     favor/o meio qulo/
   Gramm/ein    um quilo
   Pfund/ein Kilo

Danke, das ist    obrigado/a é tudo
   alles

geöffnet       aberto

geschlossen     fechado

Bäckerei       padaria

Lebensmittel-    minimercado/
   geschäft     supermercado

Markt         mercado (ge

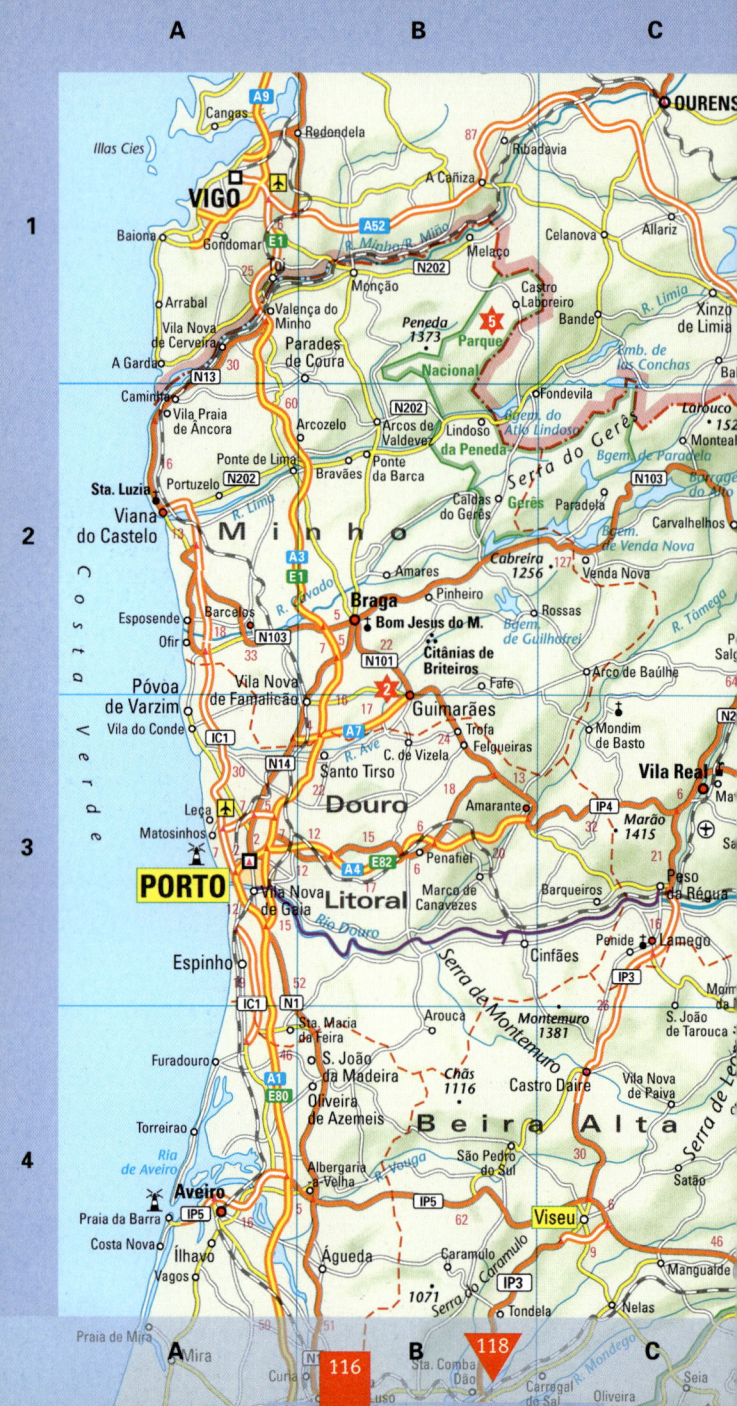

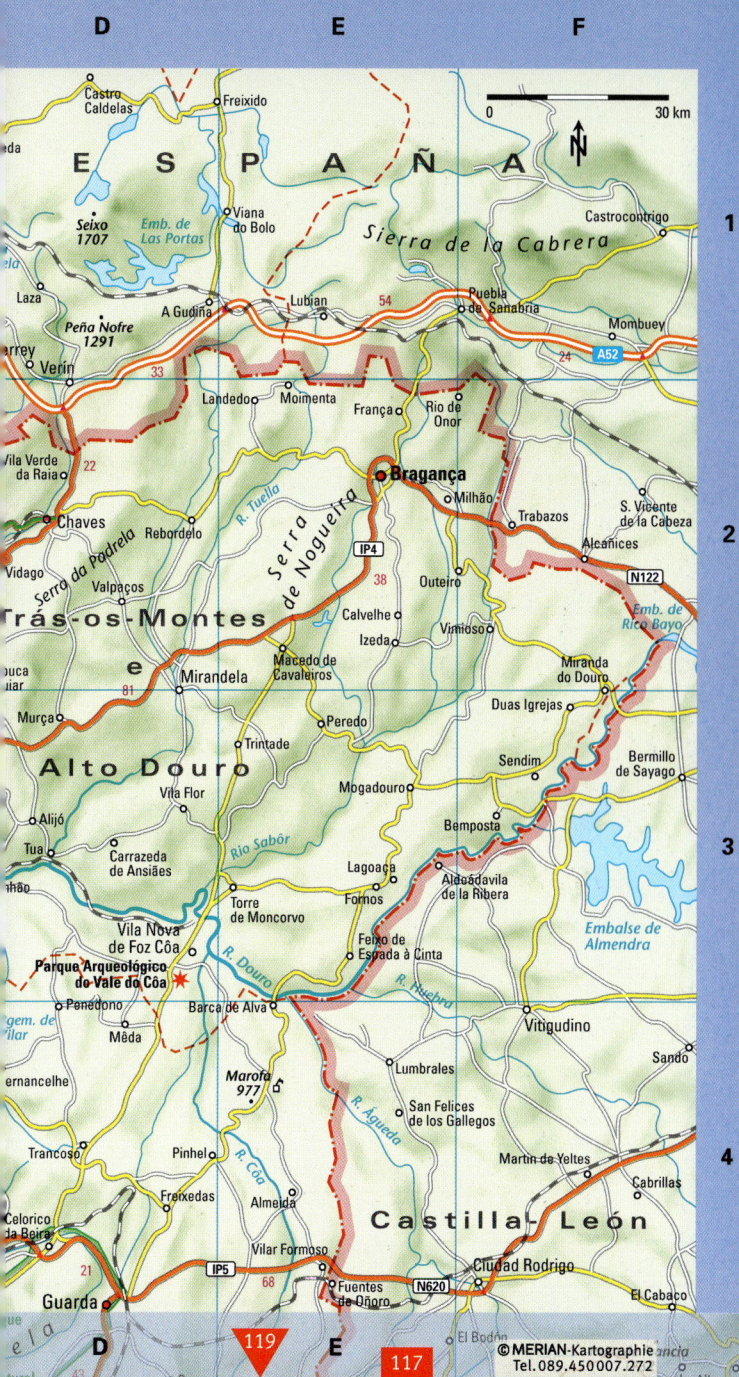

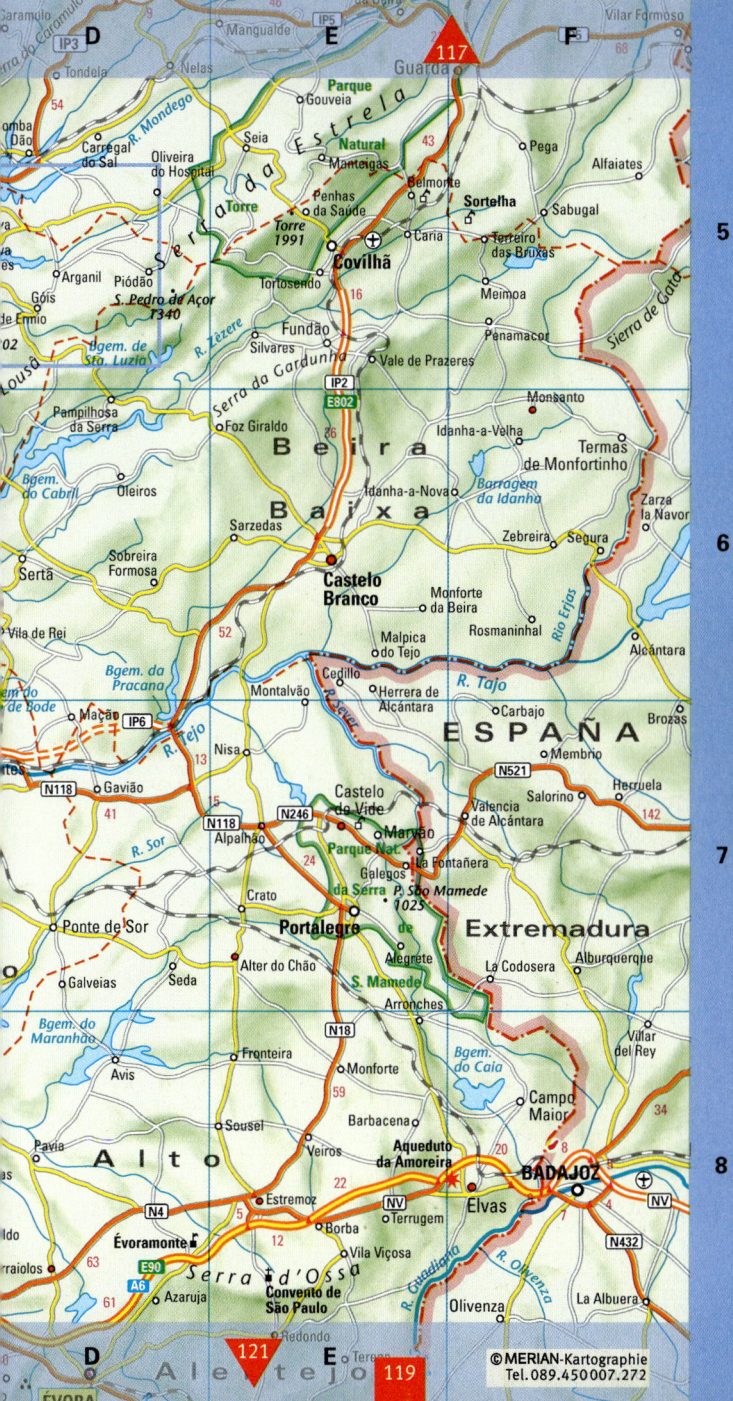

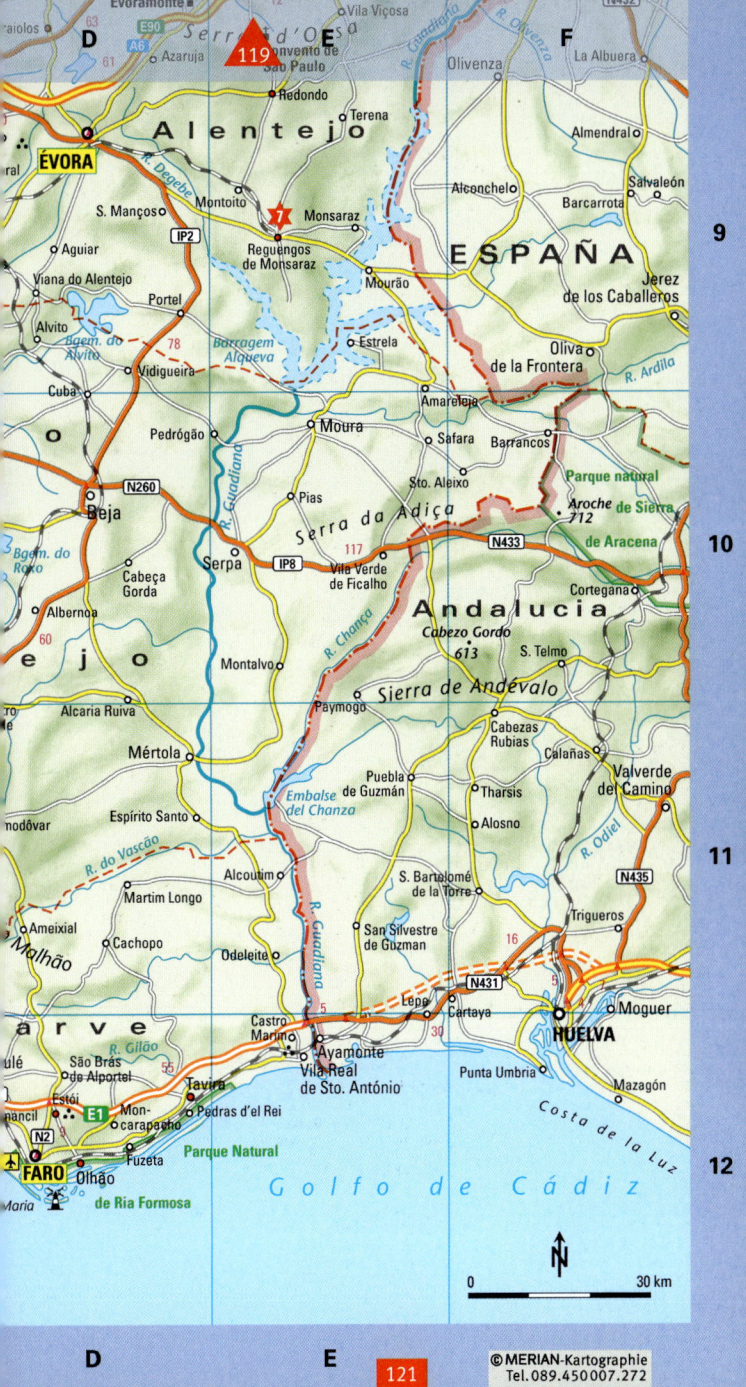

**Zeichenerklärung**

| | |
|---|---|
| ○ | Orte |
| Δ | Kap, Insel |
| ▲ | Gebirge |
| ∞ | Landschaft |
| ~ | Gewässer, Strand |
| ★ | Sehenswürdigkeit |
| ☆ | Nationalpark |

# Orts- und Sachregister

Hier finden Sie alphabetisch aufgeführt alle in diesem Band beschriebenen Orte und Ziele, Routen und Touren. Bei einzelnen Sehenswürdigkeiten steht jeweils der dazugehörige Ort in Klammern, bei Hotels steht zusätzlich die Abkürzung H für Hotel. Außerdem enthält das Register wichtige Stichworte sowie alle MERIAN-Tipps und Extras dieses Reiseführers. Wird ein Begriff mehrfach aufgeführt, verweist die **fett** gedruckte Zahl auf die Hauptnennung im Band.

# MERIAN
## Die Lust am Reisen.

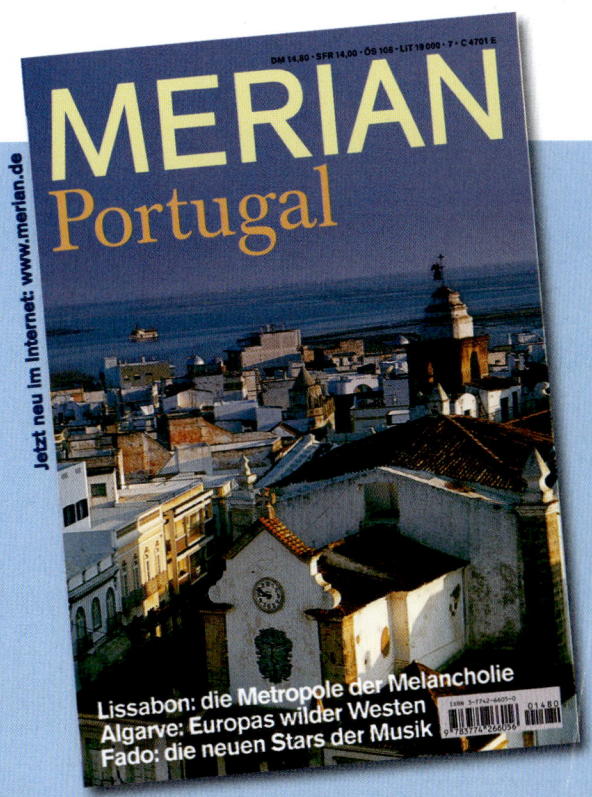

## IMPRESSUM

**Liebe Leserinnen und Leser,**

**wir freuen uns, Ihre Meinung zu diesem Reiseführer zu erfahren. Bitte schreiben Sie uns, wenn Sie Berichtigungen und Ergänzungsvorschläge haben oder wenn Ihnen etwas besonders gut gefällt:**

Gräfe und Unzer Verlag, Reiseredaktion, Postfach 86 03 66, 81630 München
E-Mail: merian-live@graefe-und-unzer.de

Alle Angaben in diesem Reiseführer sind gewissenhaft geprüft. Preise, Öffnungszeiten usw. können sich aber schnell ändern. Für eventuelle Fehler übernimmt der Verlag keine Haftung.

© Gräfe und Unzer Verlag GmbH, München

| Auflage | 5. | 4. | 3. | 2. | 1. |
|---------|----|----|----|----|----|
| Jahr    | 05 | 04 | 03 | 02 | 01 |

Lektorat: Karin Szpott
Redaktion: Manfred Viglahn
Kartenredaktion:
Reinhard Piontkowski

**Bei Interesse an Karten aus MERIAN-Reiseführern schreiben Sie bitte an: iPublish GmbH, geomatics, Berg-am-Laim-Straße 47, 81673 München E-Mail: geomatics@ipublish.de**

Gestaltung: Ludwig Kaiser
Karten: MERIAN-Kartographie
Produktion: Maike Harmeier
Satz: Design-Typo-Print GmbH
Druck und Bindung: Stürtz AG, Würzburg
ISBN 3–7742–6078–8

Fotos: Alle Fotos von H. G. Roth außer
W. Dieterich 45m; R. Freyer 9m, 55u, 71u; laif/R. Osang 9o, 55o, 61o, 61m, 84/85, 87, 98/99; laif/Zanetti 31m; B. Schümann 11; M. Thomas 35o

Gedruckt auf Primaset (Stora Enso) von Papier Union